教育部高职高专教育电子商务专业教学改革试点建设项目
职业教育“十二五”规划教材
21世纪高等职业教育精品教材·电子商务专业

电子商务网站建设与管理

Dianzi Shangwu Wangzhan Jianshe Yu Guanli

（第五版）

蔡元萍 逯柳 主编

东北财经大学出版社
Dongbei University of Finance & Economics Press
大连

图书在版编目（CIP）数据

电子商务网站建设与管理/蔡元萍，逯柳主编．—5版．—大连：东北财经大学出版社，2022.5

（21世纪高等职业教育精品教材·电子商务专业）

ISBN 978-7-5654-4476-0

Ⅰ.电… Ⅱ.①蔡… ②逯… Ⅲ.电子商务-网站建设-高等职业教育-教材 Ⅳ.①F713.361.2 ②TP393.092.1

中国版本图书馆CIP数据核字（2022）第041227号

东北财经大学出版社出版

（大连市黑石礁尖山街217号　邮政编码　116025）

网　址：http://www.dufep.cn

读者信箱：dufep@dufe.edu.cn

大连日升彩色印刷有限公司印刷　东北财经大学出版社发行

幅面尺寸：185mm×260mm　字数：292千字　印张：14

2022年5月第5版　2022年5月第1次印刷

责任编辑：郭海雷　赵　楠　责任校对：王芃南　曲以欢　周　晗

封面设计：张智波　版式设计：原　皓

定价：35.00元

教学支持　售后服务　联系电话：（0411）84710309

第五版前言

在新一轮技术革命和产业变革的推动下，电商发展被赋予更加丰富的内涵，电商企业更注重以消费者为中心，注重掌握、了解和预测用户的需求，继而系统性地创造产品和场景，来满足不同消费群体的真实需求和潜在需求。随着大数据、人工智能等现代技术的发展，消费多样化、个性化、小众化发展趋势显著，消费者之间的信息交流显著增强，社交互动消费需求逐渐凸显，催生了更多电商新模式。电子商务网站建设是发展电商的首要条件，电子商务网站建设的好坏关系到电子商务的长久发展。

为了充分发挥高等职业教育的优势，培养我国经济社会发展需要的专门人才，适应互联网经济的发展，满足社会对电子商务网站高级专门人才的需要，我们编写了本教材。随时5G技术的普及，企业会更多地采用响应式的建站技术，网站已经逐渐被移动端网站、微网站、H5页面、小程序所替代。所以，我们根据时代潮流，对于本书原有的网站设计做出一定的变动。另外，国家对网站安全性要求也越来越高，本次修订增加了一些安全管理内容。同时，本书注重满足应用型职业岗位群所需新型人才的特定素质、技能的要求，并将这些要求贯穿到各项目的具体任务上，用实际操作的技能训练和实训题来促使学生进一步加深理解和巩固所学的知识。本次修订在理论体系、组织结构和阐述方法等方面进行了一些新的尝试，以适应高等职业教育教学的需要。编者将行业的新技术、新工艺、新规范作为内容模块及相应课程思政精神融入教材中，深入挖掘思政元素、开发高质量的课程思政教学资源。

本书基于“项目导向、任务驱动、学做合一”的编写思路，从电子商务网站建设的基本原理入手，系统地讲述了电子商务网站建设的基本技术、应用技巧及电子商务网站创建的实际过程。全书共分7个项目，主要内容包括项目1整体规划设计、项目2客户端交互、项目3数据库设计、项目4Web页面设计、项目5购物车设计、项目6网站后台管理设计、项目7网站发布与部署；通过实例模拟网站创建的全过程。全书由基本理论入手，按照电子商务网站创建的全过程展开介绍，特别适合初学者由浅入深地学习。

为了提高学生兴趣和掌握有效的方法，本书尽量采用图文并茂的形式，深入浅出地介绍电子商务网站创建的基本技巧，并在各项目前面设计了“项目导入”，在各项目中有“任务目标”“任务引入”“任务分析”“任务实施”“相关知识”等模块，项目后面附有“特别提示”“能力拓展”等技能训练。考虑到高职高专学生的学习特点和就业需要，本书在内容的选取和设计上，遵循了国家职业资格认证对电子商务网站建设与管理相关职业岗位的知识、能力、素质要求，并结合企业电子商务网站建设实际业务流程，使学生在“教、学、做”一体化教学模式过程中，充分发挥其主体作用；让老师把教学的着力点放在引导学生的“学和做”上，培养学生可持续发展的能力、职业迁移能力与创新能力。本书知识面广、操作性强、难度适中、自成体系，不仅适合高职高专电子商务专业的学生使用，也适合本科层次专业学生使用。

本书编者所在的哈尔滨职业技术学院的电子商务专业为教育部国家级高职高专教育教学改革试点专业，国家“双高计划”电子商务专业群牵头专业，教学成果丰硕。本书由蔡元萍、逯柳任主编，郝国良任副主编。其中项目1和项目2由蔡元萍、郝国良编写；项目3由郝国良、杨兆辉编写；项目4、项目5、项目6和项目7由蔡元萍、逯柳编写。哈尔滨职业技术学院杨兆辉任主审，蔡元萍总纂并定稿。

本书在编写过程中参阅了大量文献，并得到了东北财经大学出版社的大力支持，在此一并致谢。由于编写时间仓促，编者水平有限，书中难免有疏漏，敬请同行专家和广大读者批评指正。

编　者

2021年11月

目 录

项目1
整体规划设计

项目导入

建设网站之前，首先要进行网站规划。企业网站的规划是指在遵守国家法律的条件下，从战略高度，对网站建设、运营进行的全盘谋略与策划，包括总体规划和详细规划。一个网站的成功与否与建站前的网站规划有着极为重要的关系。在建立网站前应明确建设网站的目的，确定网站的功能、规模和投入费用，进行必要的市场分析等。只有进行详细的规划，才能避免在网站建设中出现过多问题，使网站建设顺利进行。

任务1.1 撰写网站规划书

任务目标

1. 知识目标

（1）了解网站需求调研的步骤；

（2）了解网站可行性分析；

（3）掌握网站规划书的撰写。

2. 能力目标

具备网站规划和平台系统设计的能力。

3. 素质目标

（1）培养学生动手能力和基本素质；

（2）培养学生自信心及个性化发展的能力。

任务引入

网站规划是指在遵守国家法律的条件下，网站建设前应对市场进行分析，确定网站目的和功能，并根据需要对网站建设中的技术、内容、费用、测试、维护等进行规划。网站规划对网站建设起到计划和指导的作用，对网站的内容和维护起到定位作用。网站规划书的写作要科学、认真、实事求是、与时俱进，应尽可能涵盖网站规划中的各个方面，应全面、完整、系统地体现网站开发过程中各项工作的要求和标准。

任务分析

一个网站的成功与否与建站前的网站规划有着极为重要的关系。在建立网站前应明确建设网站的目的及方向，确定网站的功能、规模以及费用，进行必要的市场分析等。只有进行详细的规划，才能避免在网站建设中出现过多问题，使网站建设能顺利进行，符合客户的要求。

网站规划书应尽可能涵盖网站规划中的各个方面。网站规划书的写作要科学、认真、实事求是、与时俱进，体现出网站价值理念，凸显客户的需求。

任务实施

限于篇幅，这里只给出了网站规划书的目录和第一部分项目概述内容。

（1）网站规划书的目录。

参考“相关知识”中“网站规划书的内容”，列出网站规划书的目录如下：

1 项目概述

1.1 项目名称

1.2 项目背景

1.3 项目目标
1.4 项目内容
1.5 项目的投资规模与建设周期
2 项目需求分析
2.1 企业业务分析
2.2 市场分析
2.3 竞争对手分析
3 项目可行性分析
3.1 技术可行性
3.2 经济可行性
3.3 业务实施可行性
4 项目总体规划
4.1 网站目标定位
4.2 网站运营模式
4.3 网站技术规划
4.4 网站域名规划
5 网站平台系统设计
5.1 网站网络结构设计
5.2 网站安全设计
5.3 硬件选型方案
5.4 软件选型方案
6 网站应用系统设计
6.1 网站形象设计
6.2 网站功能设计
7 项目实施方案
7.1 网站实施的任务
7.2 网站实施人员组织
7.3 网站实施进度计划
8 项目运营管理计划
8.1 网站推广计划
8.2 市场策略计划
8.3 网站组织管理计划
8.4 网站系统管理计划
8.5 网站安全管理计划
9 项目预算
10 项目评估
10.1 风险因素
10.2 对策

（2）网站规划书的项目概述示范。

1 项目概述

1.1 项目名称

DNA鉴定中心网站项目策划

1.2 项目背景

随着互联网技术的普及以及网络技术发展的日新月异，网站已成为树立集团形象、弘扬社会主义核心价值观、宣传公司产品的重要方式之一，也是许多客户了解企业的一种重要途径，因此网站会直接影响到通过互联网了解企业的客户对于企业的印象。网站已经成为企业营销的重要辅助性工具之一，所以现在各大企业都建立了自己的网站。网站作为展示企业形象及对外宣传的重要手段，也已经越来越被人们所认可。而网站作为企业信息的主要载体之一，相应地其建设需求也被提上日程。

1.3 项目目标

◆ 通过精美的网页设计，更好、更美观地展示企业形象。

◆ 建立更加完善、功能强大的信息管理平台，有利于网站信息的搜集和发布。

◆ 建立成熟完善的后台管理系统，极大地减轻日后信息更新的工作量。

◆ 整合品牌资源，提升企业形象，实现发展目标，彰显企业实力。

◆ 通过功能的完善，充分体现为客户服务的意识，提高客户服务的质量和满意度。

◆ 通过网络优势平台，完成对企业各种产品、服务的宣传工作。

1.4 项目内容

该网站主要包括中心简介、业务范围、实验流程、取样程序、鉴定知识、常见问题、新闻动态、鉴定申请表下载、留言簿等几个方面，各模块的功能说明如下所述：

■ 中心简介：主要介绍DNA鉴定中心的一些基本情况。

■ 业务范围：介绍DNA鉴定中心开展的针对DNA鉴定的服务范围。

■ 实验流程：主要介绍DNA鉴定实验的相关流程。

■ 取样程序：介绍进行样本采集的过程。

■ 鉴定知识：为用户提供DNA鉴定方面的相关知识，让用户对鉴定相关内容有所了解。

■ 常见问题：对用户存在的普遍问题进行解答。

■ 新闻动态：介绍鉴定中心及行业相关新闻。

■ 鉴定申请表下载：用户可以通过网站中的该功能自行下载鉴定申请表。

■ 留言簿：用户可以通过本功能提出与DNA鉴定有关的一些问题，这些问题网站管理员会一一进行解答。

1.5 项目的投资规模与建设周期

支出名称	价格（元）
域名注册	160/年
虚拟主机	240/年
网站推广	15 000/年
前期人工费	20 000
合计	35 400

特别提示

1. 以上为网站规划中的主要内容，根据不同的需求和建站目的，内容也会增加或减少。在建设网站之初一定要进行细致的策划，使网站既能突出企业产品特色，又能够成为展示企业文化理念的宣传阵地，这样才能达到预期的建站目的。

2. 根据工业和信息化部的规定，所有网站都需要办理ICP网络内容服务商备案，这里提醒大家，购买虚拟主机后应登录工业和信息化部网站进行备案，否则会有被查封的风险。

相关知识

一、企业网站需求调研

1. 企业网站需求调研的含义

需求调研是需求分析的关键步骤。需求分析是来自软件工程的概念，是指对要解决的问题进行详细分析，弄清楚问题的要求，包括需要输入什么数据，要得到什么结果，最后应该输出什么数据。企业网站项目的确立是建立在各种各样的需求上面的，这些需求往往来自客户的实际需求或者出于公司自身发展的需要。面对网站建设涉及的公司内外的客户，项目负责人对客户需求的理解与否在很大程度上决定了网站开发项目能否成功。因此如何更好地了解、分析、明确用户需求，并且以准确、清晰的文档形式传达给参与项目开发的每个成员，保证开发过程按照满足用户需求的正确项目开发方向进行，是每个网站开发项目管理者需要面对的问题。为了有效进行需求分析，必须做好需求调研工作。

2. 企业网站需求调研的意义

需求调研是企业网站开发的初始阶段，通过需求调研产生的需求分析报告是网站设计阶段的输入，需求调研的质量对于企业网站建设来说是极其重要的，决定了企业网站的质量。如何理解、听取、分析用户需求成为调研人员最重要的任务。只有明确了网站建设所要实现的功能及想要达到的目的，才能使后续的网站规划与设计有基本的依据。

网站的需求调研主要是为了明确网站的使用者、建设网站的主要目的、核心的业务流程、网站建设的技术条件、用户群之间的关系等，在这里，网站的使用者是多种多样的，可能是消费者或企业，也可能是行业领导机构，即使是企业，也因为分工不同而有不同的使用者，各种不同的使用者对网站建设都有不同的期望，他们所关心的是网站能提供什么给他们，这些也是在调研阶段应该明确的。

3. 企业网站需求调研的步骤

（1）制订调研计划

制定调研目标。调研应该是十分明确的，但实际工作中企业网站的需求调研并不是一次就可以完成的，有时还需要分阶段进行。另外，调研目标也是不断深入与细化的，要适应社会发展需求，符合国家中长期改革战略规划，这就需要分阶段制定调研的目标，解决详细的需求问题。一般情况下，前期的调研着眼于网站的总体框架，后期的调研注重各种分期需求。

确定调研对象。调研对象是指电子商务网站的使用者、管理者和相关群体，其应该越明确越好。因此，如果调研是面向某个单位的，应该让这个单位明确要调研的部门或者员工，只有通过调研人员与调研对象的直接沟通，才能取得第一手资料。

确定调研方法。目前被广泛采用的调研方法有许多种，如问卷调查、访谈、约谈、查阅企业的有关资料、现场考察与实践等。为了达到调研的总体目标，应该根据每次调研的目标、调研对象等因素采用不同的调研方法。在互联网高度发达的今天，有些调研项目可以通过网站的多样形式来完成，例如某些网站提供的在线调研问卷。

确定调研时间、人员、资金预算。为了有效地进行调研，必须十分重视调研时间表的制定，而调研时间表的制定必须在与调研对象沟通的基础上确定下来。调研时间表包括调研计划的制订、调研准备、调研、资料整理、撰写调研报告以及向领导汇报等时间安排。调研人员数量是根据调研工作量与调研时间表的安排而确定的。通常情况下，由领队、调研员、需求分析人员等组成调研小组。调研小组每个成员、客户甚至是开发方的部门经理都有必要参与。调研的资金预算主要包括调研所需要的交通费、人力资源费用、耗材费等。

设计调研表。当调研正式开始之前，应该设计好具有针对性的调研问题列表。对于每一个调研对象，应分别列出需要调研的问题。

（2）实施需求调研

调研准备。在制订了调研计划的基础上，对调研小组的每个成员进行分工，让每个调研人员了解调研计划与分阶段的调研目标，由此制作出调研的相关表格。

需求调研。需求调研是将调研计划付诸实践的行为，这一工作就是以调研计划为指导，将事先设计好的调研表中所列的问题与调研对象进行沟通，明确业务流程与调研对象的期望，搜集相关的文字资料与数字资料。在这一过程中，需要反复与调研对象就调研内容和时间进行沟通与协调，以提前准备好需要调研小组讲解的内容，以保证调研的正常进行。

调研资料的整理。由于调研过程搜集的资料是杂乱的，或者是重复无用的，这就需要按照调研目的进行归类整理，使资料系统与条理化。这一过程需要运用多种技术手段与统计方法，去粗存精，从大量资料中找出有价值的信息。

（3）撰写调研报告

调研报告是对调研成果的文字反映，其主要内容包括调研目标、调研过程、调研方法、调研总结，也就是对网站建设相关问题的现状与建设期望进行描述，让需求分析与网站设计人员有基本依据。调研报告除了正文以外，应该将调研过程中各种详细记录以附件的形式作为调研报告的一部分，因为这些记录中包含各种原始需求信息，应作为需求分析的重要参考。

值得注意的是，企业网站需求调研往往需要分多次完成，每次调研的目标、方法与成果都不同，需要每次制订相应的调研计划，经过具体的调研并通过整理形成调研报告，在此基础上再形成需求分析说明书。在调研的基础上，分析人员可以开展对网站的需求分析。通过分析，要发现网站建设者最关注的需求，确立需求的优先级别，并可以制作用户界面原型，使用户对建成后的网站有更直观的了解。

二、网站建设可行性分析

企业网站的可行性分析包括技术可行性分析、经济可行性分析和可实施性分析。

1. 技术可行性分析

（1）网站建设技术的选择

目前，网站建设技术有很多，除了原有的HTML静态网页技术外，出现了ASP.NET、JSP（Java Server Pages）、PHP（Hypertext Preprocessor）等动态网站建设技术。早期的动态网页主要采用CGI（Common Gateway Interface，公用网关接口）技术，可以使用不同的程序编写适合的CGI程序，如Visual Basic、Delphi或是C/C++等。虽然CGI技术已经发展成熟而且功能强大，但由于编程困难、效率低下、修改复杂，所以有逐渐被新技术取代的趋势。目前流行的新技术主要有PHP、ASP（Active Server Pages）、ASP.NET、JSP等。以上几种技术在制作动态网页上各有特色。作为微软.NET框架的重要组成部分，ASP.NET已逐步代替ASP成为网站建设中常用的动态网页技术。

（2）服务器操作系统的选择

服务器操作系统一般是指安装在网站服务器上的操作系统软件，是企业IT系统的基础架构平台。服务器操作系统主要分为三大流派：Windows、UNIX和Linux。

Windows服务器操作系统是由全球最大的操作系统开发商——Microsoft公司开发的。其服务器操作系统重要版本有Windows 2008 Server、Windows 2012 Server、Windows 2016 Server、Windows 2019 Server，最新版本为Windows 2022 Server。Windows服务器操作系统是目前市面上应用最多的服务器操作系统。

UNIX服务器操作系统由AT&T公司和SCO公司共同推出，主要支持大型的文件系统服务、数据服务等应用。由于一些出众的服务器厂商生产的高端服务器产品只支持UNIX操作系统，因而在很多人的眼中，UNIX甚至成为高端操作系统的代名词。

Linux服务器操作系统是在UNIX基础上开发出来的，支持多用户、多任务、多线程、多CPU的一种服务器操作系统。Linux的开放源代码方式，使得基于其平台的开发与使用无须向任何单位和个人支付版权费用，成为后来很多操作系统厂家创业的基石，常见的版本有：Red Hat Linux、SUSE Linux、CentOS等，同时也成为目前国内外很多保密机构采购服务器操作系统的首选，目前最新的服务器版本为：Red Hat Enterprise Linux 8。

（3）数据库的选择

目前，主流的数据库技术主要有Access、SQL Server、Oracle、DB2四种，这四种数据库各有千秋，其中Access适合小型企业，SQL Server适合大中型企业，Oracle和DB2适合大型企业。同时，在选择数据库时，也要结合网站建设技术，一般而言，两者采用的组合为PHP+MySQL、ASP.NET/ASP+Access/MSSQL、JSP+MySQL/Oracle/MSSQL。

2. 经济可行性分析

企业网站经济可行性是指对企业网站建设与运行阶段的投入与产出进行评估。企业网站在建设过程中需要投入大量的人力、物力和财力。人员、技术、设备和材料等的投入构成了企业网站的成本，其中在规划、分析、设计与构建过程中的投入是投资的主要部分。一般情况下，将电子商务网站的成本分为构建开发成本与运行管理成本两部分。表1-1是企业网站的成本构成。

表1-1 企业网站的成本构成

<table>
<tr><td rowspan="7">构建开发成本</td><td rowspan="5">开发费用</td><td>调查研究费用</td></tr>
<tr><td>业务分析费用</td></tr>
<tr><td>方案设计费用</td></tr>
<tr><td>设计、制作费用</td></tr>
<tr><td>人员培训费用</td></tr>
<tr><td rowspan="2">设备设施费用</td><td>域名、主机费用</td></tr>
<tr><td>软硬件费用</td></tr>
<tr><td rowspan="9">运行管理成本</td><td rowspan="4">运行费用</td><td>网站推广与人员费用</td></tr>
<tr><td>安全保证费用</td></tr>
<tr><td>设备折旧与耗材费用</td></tr>
<tr><td>技术资料与咨询费用</td></tr>
<tr><td rowspan="3">维护费用</td><td>数据更新维护费用</td></tr>
<tr><td>系统纠错维护费用</td></tr>
<tr><td>完善性维护费用</td></tr>
<tr><td rowspan="2">管理费用</td><td>行政管理费用</td></tr>
<tr><td>监督审查费用</td></tr>
</table>

企业网站构建的费用主要包括域名使用的费用、硬件的费用、主机托管的费用、系统软件的费用、开发工具费用及开发费用等。网站的开发费用是比较难以准确计算的。一般来说，开发费用的成本是按照员工工资、各项费用和利润来计算的，即总价=工资+费用+利润。

目前，网站开发费用有多种计算方法。如果参考服务商的报价，网站开发费用常见的计算方法有三种：套餐法、时间法和项目评估法。套餐法也称页面法，即指定明确的页面数、图像数、链接数和功能等。这种办法最通用，但不是一种较好的计算方法。因为按照页面计价，开发商对有关开发费用的解释很含糊。时间法就是按照每小时成本计算的方法。这种方法也经常遭到质疑和拒绝，因而实行起来比较困难。项目评估法是将整个项目分解成一个个小的工作项目，评估每个工作项目的技能难度，计算其完成的时间，再根据每小时成本计价。表1-2列出了某网络公司页面报价单，表1-3列出了某网络公司程序设计报价单。

表1-2　**某网络公司页面报价单**

项目	内容	价格（元）
网站形象设计	以树立企业良好形象为主的首页视觉设计	500 ~ 2 000
网站优惠套餐	基本型套餐（适合小型企业）	1 000
	标准型套餐（适合中小型企业）	3 000
	豪华型套餐（适合大中型企业）	6 000
	定制型套餐（适合各种企业）	面议
静态页面制作	标准页（包括图片、文字，A4纸大小）	50/页
BANNER广告条（468*60）	静态	100/个
	动态	200/个
Flash动画效果	标准效果：150元/秒；纯手工绘制：250元/秒	面议
Java或JavaScript程序效果	例如，导航条下拉、图片切换等	100/种
图片处理	扫描、处理成可用于网页中的格式，量大面议	10/张

3. 可实施性分析

可实施性分析主要是从项目的社会环境、法律法规依据、企业管理水平、各级领导重视程度、对实施项目的技术人员的要求等方面进行分析。可实施性分析主要还是采用定性的分析方法进行。

三、网站规划书的内容

网站规划是指网站建设前对市场进行分析、确定网站目的和功能，并根据需要对网站建设中的技术、内容、费用、测试、维护等进行规划。网站规划对网站建设起到计划和指导的作用，对网站的内容和维护起到定位作用。网站规划书的写作要科学、认真、实事求是、与时俱进，与我国经济发展总体战略规划相适应，应尽可能涵盖网站规划中的各个方面，要求全面、完整、系统地体现在网站开发过程中。

表1-3　某网络公司程序设计报价单

项目	内容	价格（元）
在线会员注册/管理系统	该功能可以搜集浏览网站潜在客户的基本信息，数据库将记录浏览者的基本信息以便于网站统计分析	2 000 ~ 3 000
产品发布及查询系统	配有图文介绍，分门别类地展示产品，网站管理员可以对产品的类别进行详细介绍，便于管理	2 000 ~ 4 000
客户反馈系统	用户可以通过填写表格在线发送产品订购信息、商务要求和建议反馈；信息反馈到后台	500 ~ 1 000
邮件订阅系统	邮件订阅系统使企业信息能够快速发布，最新产品消息等能更快发到客户邮箱。通过邮件订阅系统，客户可以迅速了解他们各自订阅的内容	2 000 ~ 4 000
网上购物系统	网上购物系统是在网络上建立一个虚拟的购物商场，集会员、产品、订购、新闻等系统于一身	800 ~ 15 000
网上调查系统	用户调查是企业实施市场策略的重要手段之一。通过开展行业问卷调查，可以迅速了解社会不同层次、不同行业的人员需求，客观地搜集需求信息	500 ~ 3 000
网上招聘系统	本系统可以使客户在其网站上增加在线招聘的功能，通过后台管理界面将企业招聘信息加入数据库，再通过可定制的网页模板将招聘信息发布出去	1 000 ~ 2 000
留言簿系统	留言簿系统是企业实现与客户信息交流的基本手段，使客户可以及时地与企业交流信息，企业可以搜集来自客户的宝贵意见	500 ~ 1 000
计数器	计数器相对于访问统计系统更简单、运行更稳定，计数器针对的是网站的刷新流量	免费
其他定制服务	根据客户需求	面议

网站规划书包含的内容如下：

1. 项目概述

说明项目的要点，介绍整个项目的大体情况，包括以下内容：

（1）项目名称。

（2）项目背景（需求和迫切性）。

（3）项目的目标。

（4）项目的内容（包括实现的主要功能和采用的相应技术）。

（5）项目的投资规模、建设周期。

（6）项目的收益。

2. 项目需求分析

根据需求调研得到的结果，从企业、市场、行业等方面分析电子商务能为企业解决哪些问题，带来哪些商业机会，说明企业开展电子商务的必要性。

（1）企业业务分析：从企业自身业务角度分析电子商务的需求情况。

① 企业简介：简要介绍企业的概况，包括企业名称，主要业务，所属行业，行业概况、特点及发展趋势，企业拥有的资源和优势，商务模式，业务流程等情况。

② 存在的问题：目前存在哪些方面的问题，可从工作效率、信息传递速度、客户服务效果等方面考虑。

③ 企业的电子商务需求：说明电子商务能否解决存在的问题，产生新的商机，以及企业自身有哪些电子商务需求。

（2）市场分析：从企业目标客户角度分析电子商务的需求情况。

① 企业的目标市场：说明企业目标市场的范围。

② 目标市场的特点：分析企业目标客户的特点，如个人客户的上网情况，企业客户的信息化情况。

③ 目标市场的电子商务需求：说明目标市场有哪些电子商务需求，电子商务是否更能满足目标客户的要求，稳固现有客户群；是否能发掘新的目标客户群，潜力有多大。

（3）竞争对手分析：列出主要的竞争对手，分析其电子商务的开展情况及效果，说明竞争对手可供借鉴的内容以及本企业的竞争优势。

3. 项目可行性分析

从技术、经济和业务等方面分析项目实施的可行性。

（1）技术可行性：根据当前技术发展状况，结合项目特点，从技术角度分析项目的可行性。

（2）经济可行性：定性或定量分析项目带来的经济价值，结合企业可使用资源状况，分析项目运作的经济可行性。

（3）业务实施可行性：说明项目实施对企业商务活动、目标客户以及合作伙伴（供应商、代理商）会产生哪些影响，分析这些影响是否能成为项目实施的障碍。

4. 项目总体规划

（1）网站目标定位：说明网站的业务领域和服务对象以及网站建设所要达到的目的，明确网站不同阶段要达到的目标。网站的目标应重点体现出其价值性方面，对创业型网站还应体现出其新颖性。

（2）网站运营模式：

① 商务模式：描述电子商务采用的商务模式。

② 主要业务流程：以流程图的方式表示电子商务下的核心业务流程，并加以文

字说明。

③ 盈利方式：说明电子商务方式下企业如何盈利。

（3）网站技术规划：

① 系统体系结构：说明网站的基本组成部分、逻辑层次结构及其相互关系。

② 技术路线选择：比较目前主流的技术路线并根据项目的特点加以选择。

③ 网站域名规划：设计若干个与企业目标和特点相适应的备选域名。

5. 网站平台系统设计

（1）网站网络结构设计：说明网站的网络结构，绘制拓扑结构图。

（2）网站安全设计：说明网站在安全保障方面的考虑和措施。

（3）硬件选型方案：说明网站使用的各种硬件、网络设备选型。

（4）软件选型方案：说明网站使用的各种软件选型。

6. 网站应用系统设计

（1）网站形象设计：网站的形象是指站点展现在用户面前的风格，包括站点的标志、色彩、字体、标语、版面布局等方面的内容，例如：有的网站设计既能体现企业的风格，又带有我国优秀传统文化特色。

（2）网站功能设计：以图形方式表示网站的栏目划分，并用文字说明各栏目所要实现的功能。

7. 项目实施方案

（1）网站实施的任务：按照工作程序和类别将整个项目分解为实施过程中的任务，描述各项任务包括的具体内容，可以从业务流程改造、域名注册、合作伙伴选择、网站平台建设、应用系统开发、网站测试与验收、网站初始内容建设、人员培训等方面考虑。

（2）网站实施人员组织：确定项目实施各项任务的执行部门或单位及其职责划分。

（3）网站实施进度计划：确定项目实施各项内容的时间，并以图表方式表示出来。

8. 项目运营管理计划

（1）网站推广计划：网站推广使用的方法和措施。

（2）网站组织管理计划：保证系统正常运行的组织结构、岗位职责、管理制度等。

（3）网站系统管理计划：网站软硬件设备，网络系统的管理、维护工作。

（4）网站安全管理计划：网络安全关乎国家安全，确保网站安全运行的管理措施。

9. 项目预算

实施本项目的总体预算及明细列表。

10. 项目评估

从技术、经营、管理、市场等方面评估系统实施可能面临的风险，以及可以获得的收益，并对面临的风险提出改进的策略。

能力拓展

不同类型的网站在网站需求及分析部分的侧重点有很大区别，请学生按照以下要求编写新闻发布类网站的规划书。

要求：

1.4~6个人为一组，设组长一名，负责小组成员的任务分配工作。

2. 用户需求包括以下内容：

◇ 用户可以匿名浏览新闻信息，但要注册，具有用户资格才能发布新闻。

◇ 用户注册后可以修改个人信息。

◇ 用户可以按新闻栏目浏览新闻信息。

◇ 用户可以搜索满足一定条件的新闻。

◇ 用户在浏览新闻时，输入一些必要的个人信息即可对新闻进行评论。

◇ 用户可以浏览点击率最高的新闻，同时可以知道每条新闻评论的条数及每个新闻栏目的新闻数量。

◇ 系统注册用户分为普通用户和管理员用户，普通用户可以修改个人信息发布新闻，管理员用户可以对普通用户的会员资料进行添加与删除。

◇ 管理员可以创建与维护新闻内容。

◇ 管理员可以维护新闻评论。

◇ 系统具有友好性和易操作性。

◇ 系统具有安全性和保密性。

3. 项目的主要功能。

本项目分为前、后台管理系统。

前台管理系统实现的功能主要包括：

◇ 用户注册功能。

◇ 修改已注册用户信息功能。

◇ 注册用户发布新闻功能。

◇ 新闻搜索功能。

◇ 各新闻类别中新闻数量的统计功能。

◇ 用户对新闻的评论功能。

◇ 热点新闻的统计及浏览功能。

◇ 按类别浏览新闻功能。

后台管理系统实现的功能主要包括：

◇ 管理现有新闻功能。

◇ 发布新的新闻功能。

◇ 对要发布的新闻进行审核功能。

◇ 管理新闻评论功能。

◇ 管理新闻栏目功能。

◇ 管理系统用户功能。

任务1.2 网站设计

任务目标

1. 知识目标

(1) 网站主题及配色方案的确定。

(2) 网站栏目和页面布局。

(3) 网站主题与外观。

(4) 用户控件与母版页。

2. 能力目标

具备网页中动态效果的设计和实现能力。

3. 素质目标

(1) 培养学生乐观向上的敬业精神。

(2) 具有良好的职业操守、法律意识。

任务引入

做网站，首先必须要解决的就是网站内容问题，即确定网站的主题。如果网站主题不明确，没有特色，就不会给浏览者留下深刻的印象。因此，确定网站主题是制作网页、创建网站的第一步。

任务分析

网页设计是网站视觉内容，是在浏览者进入站点的第一时间呈现给他们的视觉信息。不仅如此，一个合理的、易用的、美观的网站设计是网站长期发展的必要条件之一。

在互联网上有很多不同信息的网站。即使是同类信息，由于存在信息规模、信息归类方式等诸多影响因素，网站的架设也不会完全相同。同类信息的网站会有很多共同的特征，从共性出发，分析色彩、风格等方面，有助于设计师快速而准确地把握网站设计的方向。同时，如果能够结合每个网站的个性特质与价值观念，设计师就会设计出与众不同的网站作品。

一个网站可能具有多种信息含义和目的，但是设计师将围绕其中最主要的目的展开创意。在有针对性地探讨各网站设计之前，我们先要了解网站设计的基础元素，掌握设计网站最基本的要点和概念。

任务实施

(1) 确定网站的配色方案。

色彩的搭配并不是一朝一夕就可以学会的，所以对于网页设计的初学者来说，可以选择一些能提供配色方案的小软件，先把网站的基调确定下来，再利用配色软件把与之相配的颜色选出来，然后根据自己的需要选定其他辅助颜色。图1-1就是一款叫作ColorImpact的软件。

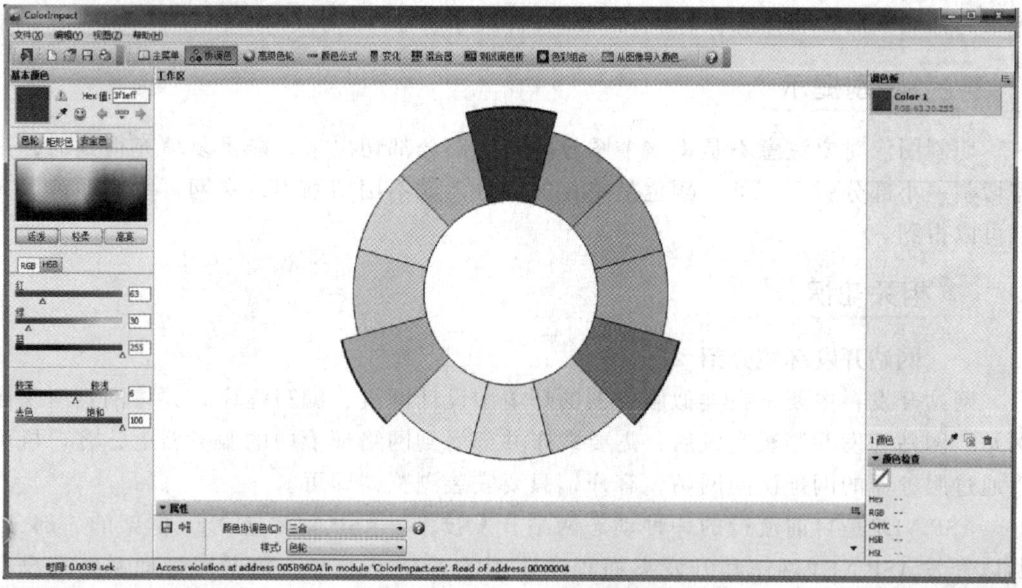

图1-1 ColorImpact软件界面

本项目开发的是一个电子商务类型的网站，橙色是一个充满活力、华丽、醒目的暖色。它比红色少了些热情和挑衅，但是可以被用于吸引注意力之类的样式和设计中高度重要的区域。作为高度重要的元素或者一个主要的背景色，橙色用于前景可以传达一种热情、活跃和热烈的感觉，会产生很好的效果。

（2）确定网站的主次栏目。

网站导航项目包括：食品保健、手机配件、家用电器、电脑办公、购物车。

（3）确定网页的布局方案。

可以根据网站栏目以及网站的风格确定网页的布局方案，读者也可以根据自己的需要创建草图，表1-4为网站首页布局草图。其他页面的规划过程大同小异，在此不再赘述。

表1-4 网站首页布局草图

Logo、Banner和网站导航		
商品分类	疯狂抢购	新品上架
版权信息		

(4) 在Photoshop软件中设计主页效果图并切割图像。

网站主题以及网页布局方案确定后，接下来就可以利用Photoshop软件设计网站的模板。该内容在这里不再详细讲解，读者可利用Photoshop软件将网页中的模板进行布局并切割后，将图像保存到images文件夹中。

特别提示

切割图像时要注意不是将整个图像的各个部分都切出来，能重复填充得到的，只需切割一小部分就可以了。颜色是单色的部分，就不用切割了，在网页中用颜色填充就可以得到。

相关知识

一、网站开发环境介绍

网站开发，主要是在类似服务器的环境中设计网页、编写程序，并将网页组织成网站。网站开发并测试完成后，需要发布并部署到网络环境中的服务器上，客户机可以通过服务器的网址访问网站，客户端只要安装浏览器即可。

ASP.NET是目前流行的一种动态网站开发技术。ASP.NET是.NET框架的一部分，所以开发ASP.NET网站和开发桌面程序使用的工具、语言、数据库管理系统都没有区别，但网站的运行则需要更多的工具软件支持，本节将对主要的工具软件进行简单介绍。

就目前来说，要进行ASP.NET网站开发，需要下列软件环境。

(1) 操作系统及平台。支持.NET framework 3.5平台（以下简称.NET 3.5）的Windows操作系统，如Windows XP、Windows Vista、Windows 7、Windows 10等，以及Windows Server 2003/2008/2012/2019/2022等，默认安装后，将包含浏览器软件。要注意Home版或Basic版等不支持Internet Information Server软件，无法在本机进行网站发布和部署学习。

(2) 开发工具。本书选用Visual Studio 2010（以下简称VS 2010）。需在安装操作系统后进行安装，推荐使用Team System版本，安装此版本后，将获得.NET 3.5、编程语言、数据库管理系统、网站运行环境的支持。

(3) 服务器端编程语言环境。可以是VS 2010默认支持的C#或VB.NET等，本书选用C# 3.0，不必单独安装。

(4) 客户端编程语言环境。VS 2010默认支持JavaScript等多种客户端编程语言，本书选用流行的JavaScript，不必单独安装。

(5) 数据库管理系统。可以是各种流行的DBMS，本书选用的是SQL Server 2005。

(6) 网站运行的服务软件。若仅仅是网站开发过程中的调试运行，将会自动启动VS 2010附带的ASP.NET Development Server，不需要另装其他软件。

若网站开发已经完成，要将其发布，供互联网用户访问，则不但需要将其部署到互联网服务器上（如安装了Windows Server版操作系统的服务器设备），而且需要一个服务软件的支持，在Windows操作系统中，可用的是Internet Information Server（以下简称IIS）。若只是练习网站的发布和部署（或在小范围使用网站），也可以使用Windows Professional版的操作系统。

（7）浏览器。浏览器是网站运行后客户端唯一需要的软件。当网站发布在互联网中开始运行时，客户的浏览器类型不同，网页显示可能不正常，需要在网站发布前进行多浏览器测试，这时，就需要安装多种浏览器，比如Firefox、Chrome等。

（8）素材制作工具。制作动画，推荐使用Flash软件；处理图像，简单情况下可以用Windows画图工具；复杂的图像处理，推荐使用Photoshop软件。根据需要，可以选用多种工具，此处不再一一列举。

（一）Visual Studio 2010介绍

1. 安装简介

Visual Studio 2010是基于Microsoft的应用程序集成开发环境，它使开发人员能够快速地创建高质量和丰富用户体验的应用程序。Visual Studio 2010（以下简称VS 2010）能让各种规模的组织快速地创建更安全、更易于管理且更可靠的应用程序。其集成开发环境包括菜单栏、工具栏、工具箱、属性窗口、解决方案资源管理器等。VS 2010安装过程比较简单，只要按照安装向导进行即可，建议除了VB、VC编程语言可以不选外，其他的全部安装，安装过程不再赘述。

2. 环境简介

VS 2010启动后的IDE（通常把VS 2010这样的编程环境称为IDE，即集成开发环境）界面如图1-2所示，默认会显示“起始页”，但IDE的启动项可以通过“工具”菜单的“导入导出设置”或“选项”修改。图1-3为打开网站后的IDE页面。

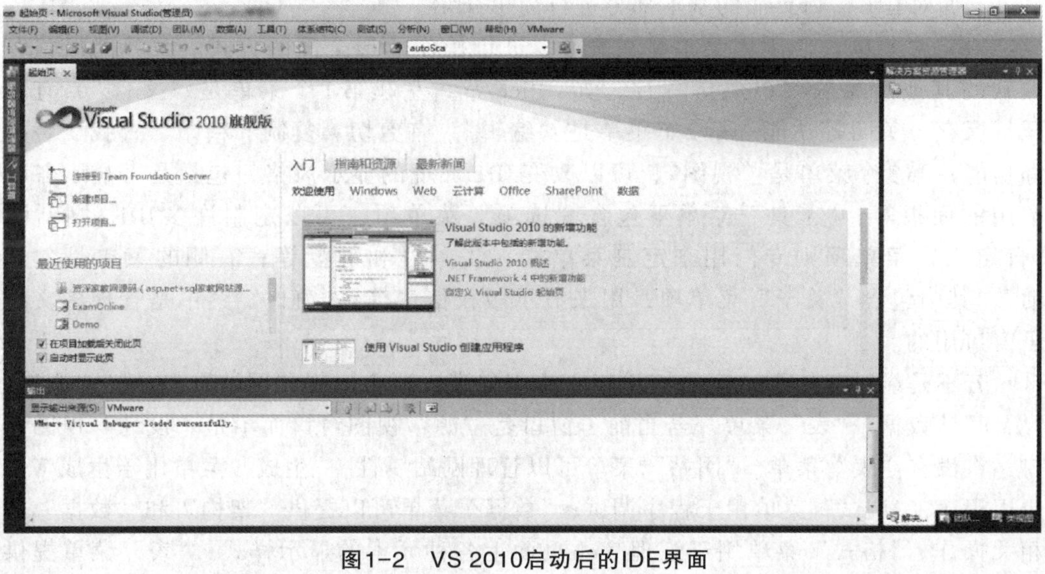

图1-2 VS 2010启动后的IDE界面

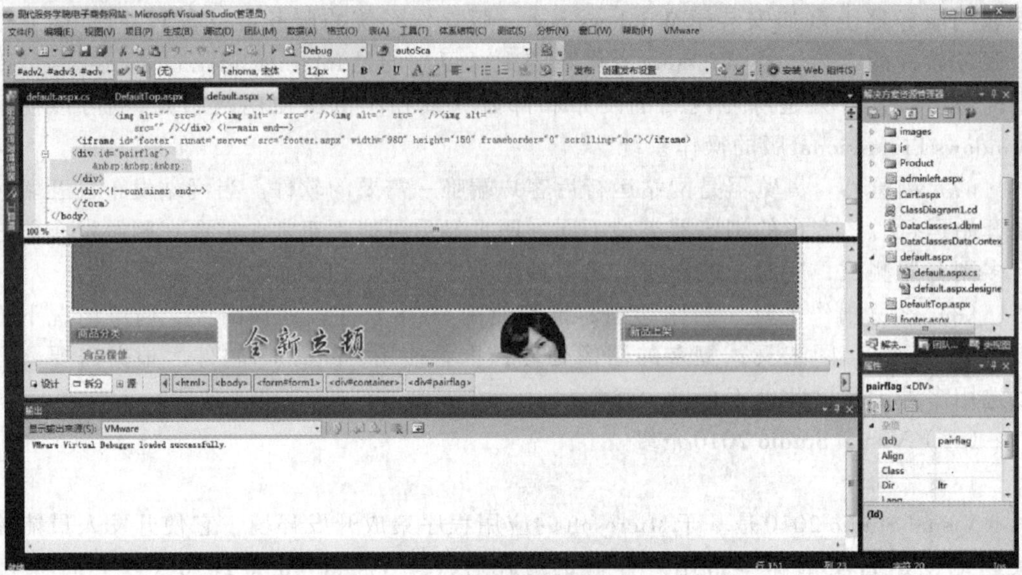

图1-3 VS 2010打开网站后IDE的页面

由图1-3可见，此IDE窗口除了有标题栏、菜单栏、工具栏、状态栏之外，窗口客户区还包含文档子窗口和工具子窗口（以下简称“面板”）。文档子窗口默认以选项卡的形式显示在客户区，如“Default.aspx.cs”、“Default.aspx”和“起始页”，而其四周还有许多面板，面板有浮动、可停靠、选项卡3种显示形式，可停靠的位置是IDE窗口客户区的四边。每个面板上有一个“图钉”按钮，可以自动隐藏或固定面板的位置，面板也可以关闭，许多新用户遇到过诸如找不到“工具箱”面板之类的小麻烦，其实常用的面板都可以通过“视图”菜单找到。

下面对IDE窗口界面的基本部分进行简单介绍。

（1）主菜单。使用主菜单是在IDE中进行操作的最全面的方式。菜单的风格与微软的其他产品的菜单风格一致，如Office等。左起第1个菜单是“文件”，有打开、保存、关闭等功能；第2个菜单是“编辑”，有剪切、复制、粘贴、查找、替换等功能；第3个菜单是“视图”，可以改变IDE环境的显示风格，包括是否显示各种常用的面板等；“工具”菜单下包含“选项”菜单项，可以定制许多IDE的特性；“自定义”菜单项则专门用来定制菜单栏、工具栏和键盘等；右侧的菜单是“帮助”，其中包含“关于”菜单项，用来显示版权信息等；“窗口”菜单是管理多文档子窗口用的。

若不是显示起始页，而是打开Web应用程序，还会出现“网站”“生成”“调试”“XML”“数据”“表”菜单。若当前子窗口是“源”视图窗口而不是“设计”视图窗口，将没有“表”菜单。“网站”菜单可以管理网站属性；“生成”菜单用于生成Web应用程序；“调试”菜单用于程序调试；“数据”菜单可以提供“架构”和“数据”的相关操作；“格式”菜单用于管理Web页面上各种元素的显示样式；“表”菜单提供了在网页上使用table表格进行页面布局的相关操作。

（2）文档选项卡。VS 2010 IDE的中部是文档子窗口区域，默认以选项卡形式显示，是IDE中我们最关注的部分，可视化设计网页、编写代码都在此区域中。在网站开发阶段，每个ASP.NET的网页默认有两个文档：一个包含如何显示信息的标记代码；另一个包含按照一定的逻辑得到信息的程序代码。

（3）“解决方案资源管理器”面板。Visual Studio提供了两类容器，用来管理开发工作所需的项，如引用、数据连接、文件夹和文件，这两类容器分别叫作解决方案和项目。“解决方案资源管理器”用于将相关的项目组织成项目组，然后对这些项目组执行操作。“解决方案资源管理器”面板以树状结构显示当前打开的解决方案的所有项目和项目所包含的所有文件，其使用方法类似于Windows的资源管理器。用鼠标右键单击解决方案资源管理器的任意项时，可以通过对应的快捷菜单进行与选中项相关的操作。例如，用鼠标右键单击一个解决方案时，可以将一个已有网站应用程序添加到该解决方案；用鼠标右键单击一个网站时，可以将一个子项，比如一个网页，加入到该网站中。

（4）“工具箱”面板。.NET提供了许多好用的对象，通过“工具箱”面板，可以可视化地将这些对象添加到网站应用程序中。

“工具箱”面板上有若干选项卡，如“标准”“数据”“验证”等，每个选项卡上显示.NET基类库提供的一些对象，可以直接拖放这些对象到设计器选项卡的网页上，不论是设计器的源视图还是设计视图，这是在网站设计期使用.NET对象的可视化方式。

另外，可以通过在代码编辑器选项卡中编写代码的方式使用更多的.NET对象。如果是在程序的运行期才需要使用这样的对象，那就只能通过代码的方式，实际上拖放这些对象到网页选项卡中，IDE将自动生成相关代码并维护这些代码。若当前显示的是代码编辑器选项卡而不是网页选项卡，则“工具箱”面板上不显示这些对象。根据项目的不同，“工具箱”面板上显示的对象也不同。

（5）“属性”面板。“属性”面板的窗口在客户区的右下部显示，用来设置网页选项卡中的对象的属性值。这是在设计期设置对象属性值的可视化方式，也可以通过代码方式修改对象属性，同样，若是在运行期才能确定的属性值，只能用代码方式修改。

控件对象的事件在“属性”面板中只需双击就可以建立事件委托，并自动转入代码编辑器选项卡。

（二）Internet Information Server（IIS）介绍

1.功能简介

ASP.NET网站生成、发布之后，并不产生.exe之类的可执行文件，所以网站的运行需要另一个可执行程序的支持，这个程序以一定的用户身份创建进程环境，管理若干网站的各种资源，接收客户端浏览器的请求，将这些请求交给对应的网站，并将网站的响应页面交给网络，以送回客户端浏览器。

对于IIS的配置与使用细节，我们会在“项目7网站发布与部署”中详细介绍。

2. 安装简介

安装Windows时并不默认安装IIS，应该在安装VS 2010之前，参考本部分内容安装好IIS，否则需要在安装好VS 2010以及IIS后，在“开始”—“Microsoft Visual Studio 2010”—“Visual Stutio Tools”子程序组中打开“Visual Studio 2010命令提示”程序项，在命令窗口中，输入“aspnet_regiis -i”命令，以安装IIS对ASP.NET 2.0/3.5的支持（后续章节将详细介绍）。

二、网站主题确定

做网站，首先必须要解决的就是网站内容问题，即确定网站的主题。如果网站主题不明确，没有特色，就不会给浏览者留下深刻的印象。因此，确定网站主题是制作网页、创建网站的第一步。

作为一个网页设计者，在动手制作网站之前，首先要考虑的就是网站究竟是要做些什么，向外界宣传些什么，通过这个网站要表达什么内容，必须给网站划定一个范围。也就是说，要给网站一个准确的定位，不然随便制作，胡乱放上一些内容，这样的大杂烩恐怕是没有人会来浏览的。

主题没有好坏之分，只有设计失败的网站，没有选择失败的主题。无论什么样的主题，只要你巧妙设计，精心构思，一定能够做出一个非常好的网站。我们可以在网上看到许多同类题材的网站，尽管主题相同，但由于制作者的设计水平不同，有的非常吸引人，浏览者众多；有的却很少有人问津。

下面是一些常见的网站题材：新闻、体育、健身、电影、电视、娱乐、游戏、医疗健康、文学、免费资源、软件、硬件、时尚等。

尽管主题没有好坏之分，但在选择时，还是要注意以下几点：

1. 主题要鲜明准确

对于任何网站，要给浏览者留下深刻的印象，必须要有一个鲜明的主题，突出自己的个性和特色，在内容的深和精上下功夫。对于大杂烩式的网站，恐怕很少能给人留下什么印象，因为许多大的网站已经做得很好了。网站要有特色，选中一个主题，做深做透，能够体现出世界观、人生观及价值观，最好能够展现出民族精神和工匠精神。例如，小熊在线就专做硬件，以给用户提供客观、及时、全面的硬件信息而闻名。主题是网站内容的缩影，它表现的是网页内容的制作方向和主题含义。因此，在网站策划的时候，主题定位要准确，符合建设网站的具体要求，不偏离网站内容。

2. 主题要小而精

所谓小，就是说可以作为网站主题的范围非常广，但是由于个人能力所限，不可能做非常大的主题，我们要选择一些自己感兴趣的、主题范围较小的内容，这样才能在自己的能力所允许的范围内尽量把它做好。所谓精，就是网站的内容要精，在你选定的主题范围内要尽可能地搜集相关材料，把最新、最快、最好的内容奉献给用户。

3. 主题最好是自己感兴趣或擅长的内容

兴趣是最好的动力，网站做好之后并不是一成不变的，还要不断地维护更新内容。如果你对选择的主题不感兴趣，就不会花很多精力去搜集有关材料。掌握的材料少，你的网站内容就会很贫乏，自然对浏览者就没有吸引力，同时在以后的维护更新过程中，你也不会用更多心思来进行内容的搜集工作，这样的网站是留不住用户的。

三、网站配色方案

网页设计是网站的视觉内容，也是浏览者进入站点的第一时间传递给他们的视觉信息。合理的、易用的、美观的网站设计是网站长期发展的必要条件之一。

在互联网上有许多不同信息的网站。即使是同类信息，由于存在信息规模、信息归类方式、不同喜好的访问者群体等诸多影响因素，网站的架设也不会完全相同。同类信息的网站会有很多共同的特征，从共性出发，分析色彩、风格、细节等方面，设计师能够快速而准确地把握网站设计的方向，结合每个网站的个性特质，设计出与众不同的网站作品。

一个网站可能具有多种信息含义和目的，但是设计师将围绕其中最主要的目的展开创意。在有针对性地探讨各网站设计之前，我们先要了解网站设计的基础元素，掌握设计网站的最基本的要点和概念。

（一）网页的色彩设计

色彩是最先也是最持久地影响浏览者对网站兴趣的因素。色彩的使用在网页设计中起着非常关键的作用，有很多网站以其成功的色彩搭配令人过目不忘。色彩所表现的情感与内涵也会影响浏览者从感官到理性思维对网站的理解，所以我们必须慎重考虑网页设计中色彩的选取与搭配。实用网页色彩设计也有一些可循性规律。想要做好色彩设计，需要大量的鉴赏与实践，不断学习色彩方面的知识。

当人的视觉器官受到外界光的刺激时，会唤起大脑有关色彩的记忆，并自发地将眼前的色彩与过去的视觉经验联系到一起，形成新的情感或思想观念，这个过程称为“色彩的联想”。色彩的联想视创作主题的不同可分为具体联想、抽象联想和共同联想三种类别。

1. 具体联想

色彩的具体联想是指由看到的色彩想到客观存在的、某一直观性的具体事物的色彩心理联想形式。一般来说，常用的色彩能够产生下面的具体联想。

红色：太阳、火焰、血、苹果等。

橙色：橘子、柿子、灯光、秋叶等。

黄色：向日葵、香蕉、柠檬、黄金、迎春花、枯叶等。

绿色：大地、草原、森林、蔬菜、青山等。

蓝色：天空、海洋、水等。

紫色：葡萄、茄子、夜空等。

白色：雪、白云、白纸、天鹅等。

灰色：乌云、灰烬、烟等。

黑色：夜晚、黑发、乌鸦、煤炭、墨等。

2. 抽象联想

色彩的抽象联想是指由观看到的色彩直接联想到某种富于哲理性或抽象性逻辑概念的色彩心理联想形式。一般来说，常用的色彩能够产生如下的抽象联想。

红色：热烈、革命、危险、愤怒等。

橙色：温暖、健康、欢喜、朝气、嫉妒等。

黄色：光明、希望、富贵、欢乐等。

绿色：生命、安全、和平、安静、青春、自然等。

蓝色：平静、理智、诚信、理想、速度等。

紫色：高贵、优雅、神秘、细腻等。

白色：纯洁、神圣、清静、明快、高尚等。

灰色：失意、中庸、绝望、平凡等。

黑色：恐怖、死亡、刚健、严肃、厚重、坚实等。

3. 共同联想

色彩的共同联想是指由色彩视觉引导出其他领域的感觉或反向的色彩心理联想形式。一般来说可以产生下面的共同联想。

红色：吼叫、震动、干燥、热、坚硬、辣、浓香等。

橙色：高音、悠扬、浑厚、发烧、干枯、甘甜、淡香等。

黄色：明快、响亮、悦耳、光滑、酸、清香等。

绿色：平静、清雅、清凉、轻松、酸涩、薄荷等。

蓝色：悠远、沉重、暗淡、忧郁等。

紫色：幽深、柔美、丰润、酸甜等。

白色：宁静、光亮、无味、花香等。

灰色：消沉、烟味、无光泽等。

黑色：沉重、失落、苦、焦炭等。

我们要逐一研究数以千计的色彩功能，既不可能，也没必要。只要研究一些最基本的色彩就可以了。本书较以前的色彩还特别加入了黄绿色、蓝绿色、蓝紫色和紫红色，这样可以有助于读者深入理解色彩给人的心理感受。

(1) 红色

红色的纯度高，注目性高，刺激作用大，人们称之为“火与血”的颜色，能让血压升高，加速血液循环。用红色为主色的网站不多，在大量信息的页面里有大面积的红色，不易于阅读。但若搭配好了的话，不仅可以突出民族精神，更可以起到振奋人心的作用，如图1–4所示。

图1–4的页面使用的是带有些神秘的暗红色，首页提高了红色的明度和纯度，并大胆地搭配了绿色，带给人视觉上的冲击。虽然页面运用了大量红色，但是没有给人过度的刺激，不会过于疲劳。

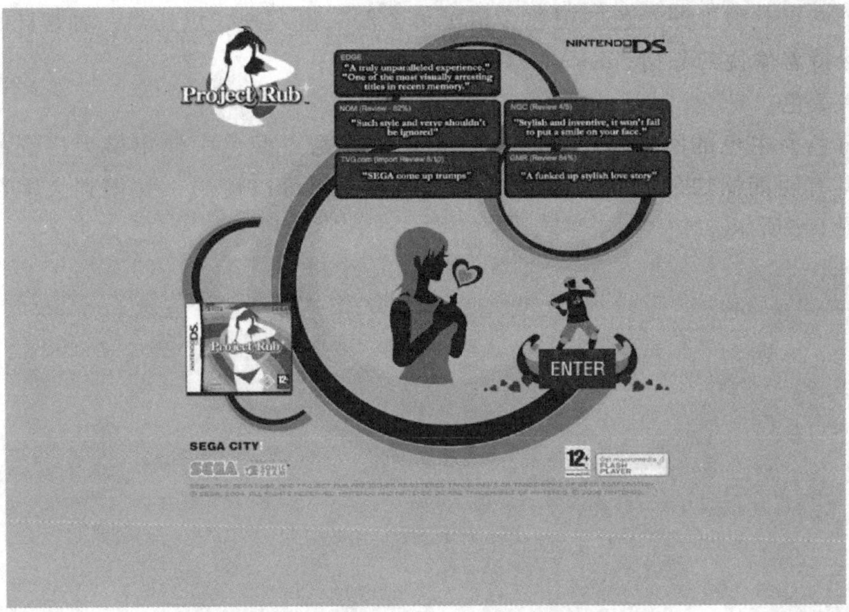

图1-4　projectrub.com的页面

（2）橙色

橙色的刺激作用虽然没有红色大，但它的视认性和注目性也很高，既有红色的热情又有黄色的光明以及活泼的特质，是人们普遍喜爱的色彩。橙色可以营造出朝气蓬勃和大自然的气氛，它没有红色那么激烈，使用范围较广，所以在网络上十分常见，如图1-5所示。

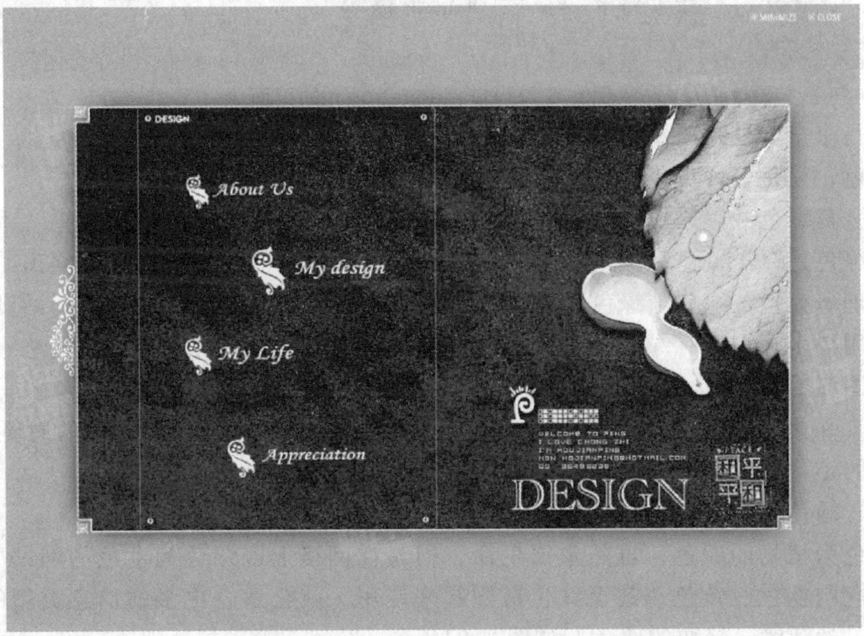

图1-5　red.5tomusic.com的进站页面

这个站点点缀了深红色的橙色，搭配可爱的矢量人物，烘托出一种趣味，使浏览者始终保持着愉悦的心情。

(3) 黄色

以黄色为主色的网站虽不多见，但黄色是在站点配色中使用最为广泛的颜色之一，它具有明朗愉快的感觉，在各类信息网站中都可以使用，并得到大多数人的认可，如图1-6所示。

图1-6 www.magnatron.nl的页面

这是个全部使用柠檬黄的进站页面，少见且很具有艺术气息。页面上除了黄色，还是黄色，只是各种黄色的色调不一，实现了整个页面的协调。

(4) 黄绿色

黄绿色是介于黄色和绿色的中间色，由于在日常生活中黄绿色并不突出，有很多色彩心理研究把黄绿色与绿色合并。黄绿色适合面虽然并不广泛，但在网站设计中比绿色常用得多。它没有绿色鲜明，常常为了避开过于强烈的对比色彩而代替绿色来使用，如图1-7所示。

pixilate是个很清新的像素网站，正是淡雅的黄绿色给了我们这样的感觉。加上不经意的小盆栽，恋花的蝴蝶，是否让你有种身处雏菊园的感觉呢?

(5) 绿色

绿色为植物的颜色，虽然象征生命，但是在网络上以绿色为主色的网站并不多。如果将它与蓝色、黄色，甚至红色搭配起来使用，就会适合更多的信息类型的网站，并增加一丝活泼、轻快的感觉，如图1-8所示。

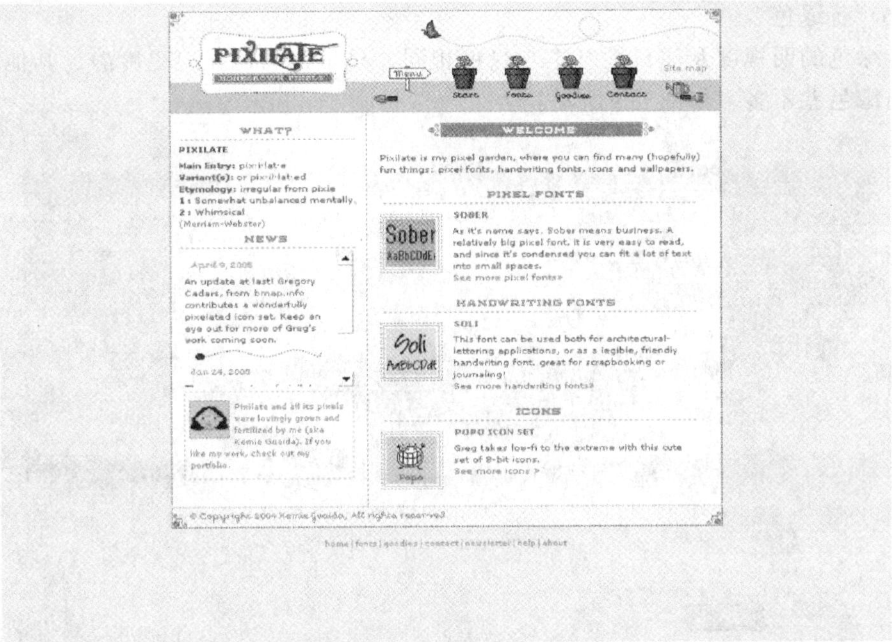

图1-7 www.pixilate.com

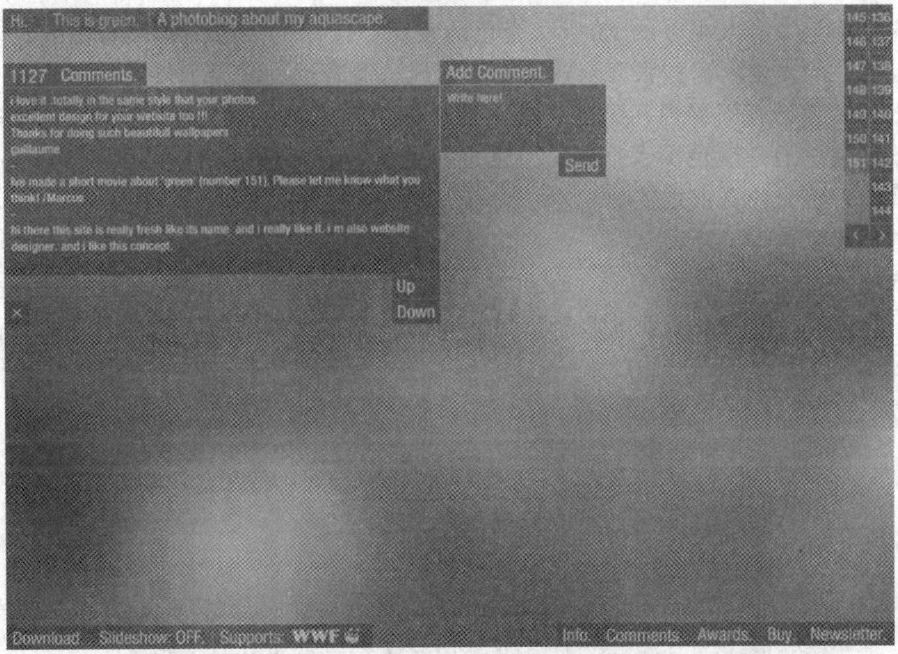

图1-8 www.green.colorize.net

这是个很有特色的网站吧？没有一般的网站的框架，只是在四角用flash做了导航，中间的区域全部是信息显示的区域。整个画面并非是一成不变的绿色，中间还穿插着仿佛是透过树叶的阳光洒下的光辉，富有动感。

(6) 蓝绿色

蓝绿色的明视度及注目性基本与绿色相同，只是比绿色显得更冷静，其他给人的感觉与绿色差不多，如图1-9所示。

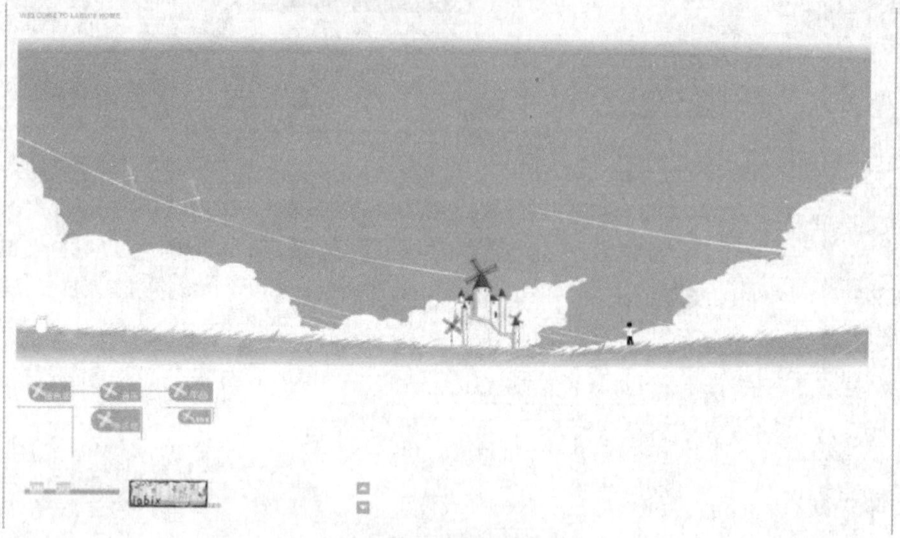

图1-9 www.labix.net/labix1.0/labix.htm

这是蜡笔X个人主页的1.0版，金色的麦田，蓝绿的天空上飘浮着白云，阵阵清风吹起地上的麦穗，男孩张开双臂享受着清风，看着远处城堡上旋转的风车。只有在梦中出现的童话画面展现在眼前，是不是让你回到了童年时光呢？虽然2.0版还是使用了蓝绿色，但是颜色深了很多，风格也转变了，有兴趣的读者可以到www.labix.net去看看，去感受仲夏夜之梦吧。

(7) 蓝色

蓝色是幸福色，表示希望。在西方，蓝色是身份高贵的象征。蓝色的用途很广，科技、知识、计算机、企业、政府、男性和门户等多种类型的网站都十分适合，如图1-10所示。

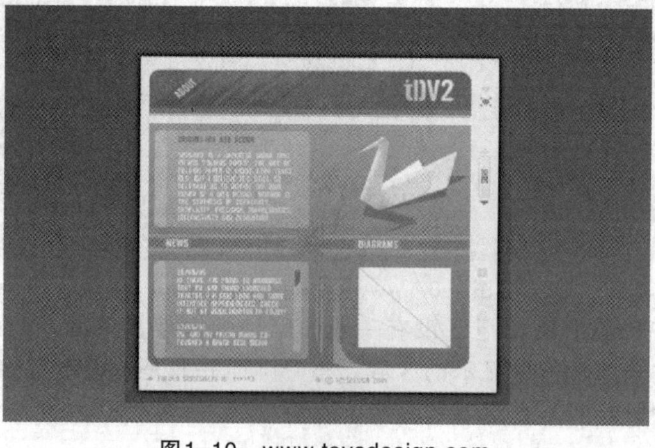

图1-10 www.toysdesign.com

这个设计类的网站，背景含有不很明显的渐变色效果，使网站带有像宝石似的光泽感，看起来十分高贵。显示信息的区域很小，但却不会给人很拥挤的感觉，这是不是蓝色的功劳呢？搭配玫瑰红和白色，使网站在沉静之中透露出活泼的感觉，纸鹤插图加上阴影看起来生机勃勃，展示出设计师无限的想象力和创作力。

（8）蓝紫色

蓝紫色与黄色的刺激相反，是明度很低的色彩，所以纯度效果显不出力量，注目性较差，明视度必须靠背景来衬托，给人以收缩、后退的感觉，如图1-11所示。

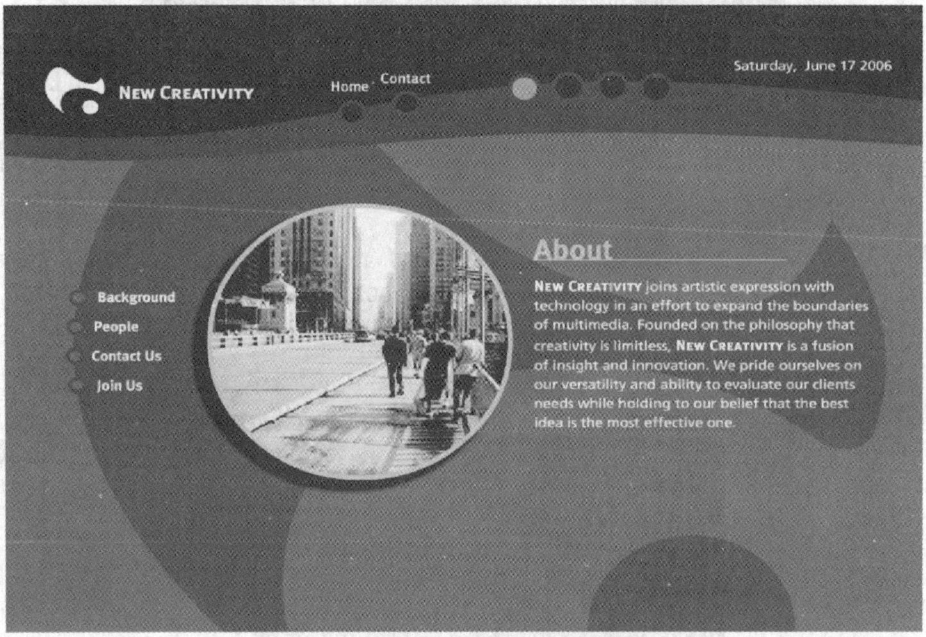

图1-11 www.newcreativity.com

这个网站运用的主色就是少见的蓝紫色，明度较低，但更能显出站点的沉稳。页面大量使用流线型的线条进行装饰，辅以明度不同的蓝紫色，使页面不至于太沉闷，可以说是比较典型的商务网站的风格。

（9）紫色

紫色因与夜空、阴影相联系，所以富有神秘感。紫色容易引起心理上的犹豫和不安，但紫色又给人以高贵、庄严之感，所以女性对紫色很喜爱，如图1-12所示。

A animation studio是很可爱的设计，以紫色的夜空作为网站的主体，配以黄绿色的布满环形山的月球表面，对比色给人视觉上的冲击，登录网站看着背景一闪一闪的星星和不断划过的流星，你是否感觉自己正漫游在神秘的太空中呢？

（10）紫红色

紫红色是指紫味的红色，其视认性和注目性以及冷暖程度介于红色与紫色之间，象征着浪漫和热情，比较常用，如图1-13所示。

图1-12　www.anima609.com

图1-13　www.schaetz-frisuren.de

这个站点运用了很淡的紫红色条纹作为背景色，并使用了同色系的色块给网页增色，网页中的人物摄影作品同样作为网站的一种信息传递给浏览者，左边的导航十分醒目，降低了读者误操作的可能性。

（11）白色

白色除因明度高而给人冷的感觉外基本为中性色，明视度与注目性都相当高。由于白色为全色相，能满足视觉的生理要求，因此与其他色彩混合均能取得很好的效果。网站和其他视觉作品不同，它要求具有较高的阅读可视性，所以白色的使用是最多的，如图1-14所示。

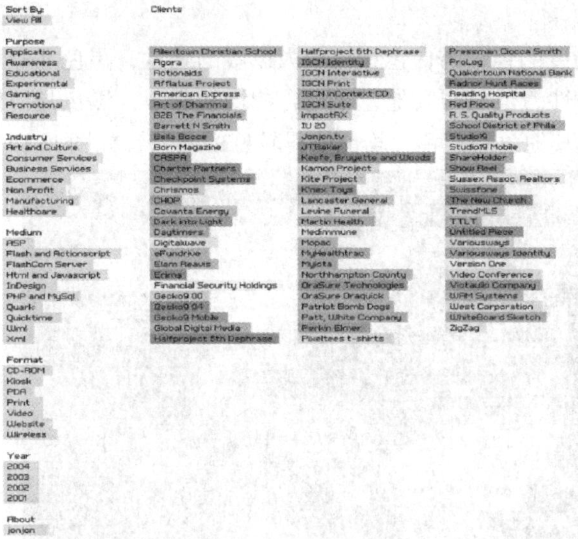

图1-14 www.jonjon.tv

很有创意的网站，完全没有图片，纯粹只有文字。为了避免过于单调，文字都加上了背景颜色，而且色彩丰富，这样的页面有没有让你眼前一亮呢？

（12）灰色

灰色为全色相，也是没有纯度的中性色，完全是一种被动的色。由于视觉最适应看配色的总和为中性灰色，所以灰色是最值得重视的色。灰色的视认性和注目性都很低，所以很少单独使用，而它与其他色彩配合使用可取得很好的效果，如图1-15所示。

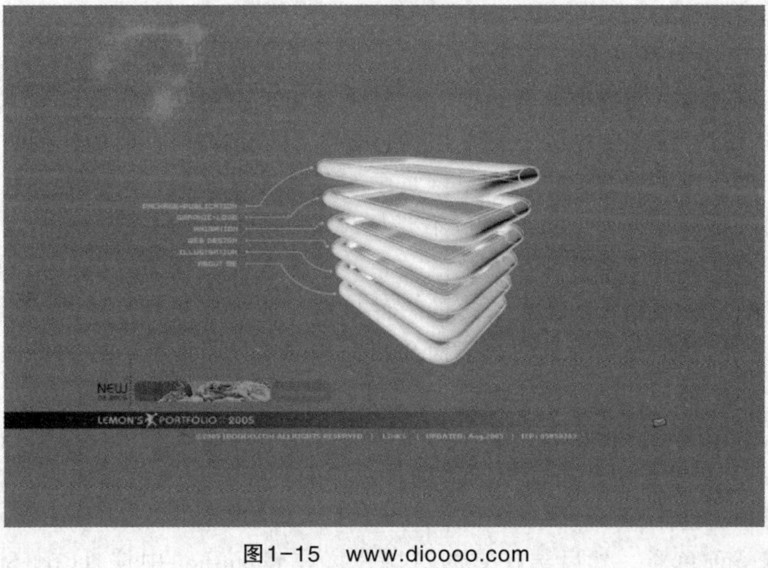

图1-15 www.dioooo.com

Lemon Liu（刘小民）的个人网站，设计得很有个性，以明度较低的灰色为底色，设计新颖的橙色导航能给人留下深刻印象。这个网站主要是作品的展示，展示窗口以白色为背景，整个站点简洁流畅。

（13）黑色

黑色为全色相，也是没有纯度的色，与白色相比给人以暖的感觉，黑色在心理上是一个很特殊的色彩，它本身无刺激性，但是与其他色彩配合能增加刺激，黑色是消极色，所以单独使用的情况不多，可以与其他色彩配色，均能取得较好的效果，如图1-16所示。

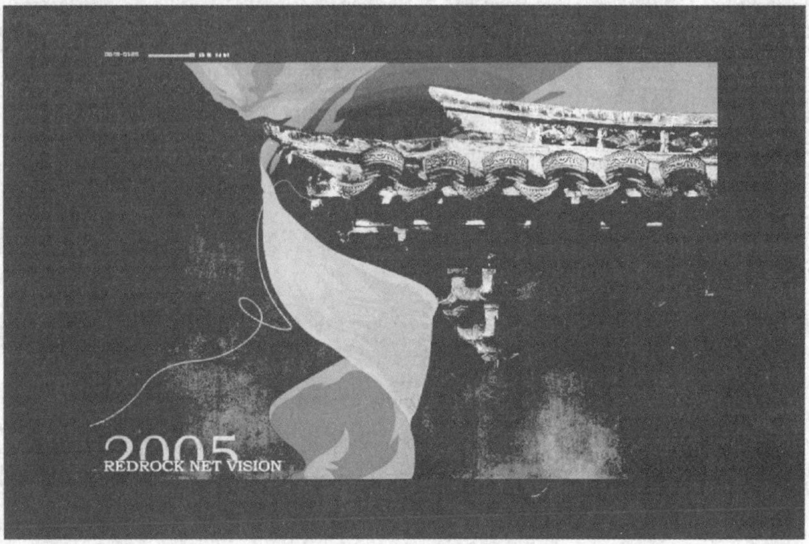

图1-16 www.redrock.cn

红石线上视觉1.0版，网站以黑色为背景，各明度的灰色做框架，并使用纯度极高的红色做矢量插图设计，白色及红色的文字，风格独特，古典与现代的韵味并存。现在网站已经改用2.0版了，风格改变了很多，有兴趣的读者可以去看一看。

（二）网页色彩搭配技巧

色彩搭配在网页制作中非常重要，要想强有力地把网站的主题表现出来，让浏览者访问网站后留下深刻的印象，网页中的色彩搭配会起到很重要的作用。如果网页只有一种色彩，会让人感觉乏味；如果网页中颜色种类过多会让人感觉杂乱无章，没有侧重。在网页设计中，一个页面尽量不要超过4种颜色，当主题色确定之后，考虑其他配色时，一定要考虑主题色与配色的关系，要体现什么样的效果。

色彩搭配是网页制作者比较头疼的一件事情，要想在几百万种的色彩中挑选出自己使用的几种色彩是非常困难的。下面介绍一些网页色彩搭配的方案供大家参考。

1. 用一种色彩

这里是指先选定一种色彩，然后调整透明度或者饱和度（说得通俗些就是将色彩变淡或加深），产生新的色彩，用于网页。这样的页面看起来色彩统一，有层次感。

2. 巧用对比色

先选定一种色彩，然后选择它的对比色（在Photoshop中按【Ctrl+Shift+I】组合键），如蓝色和黄色。巧用对比色可使整个页面色彩丰富但不花哨。

3. 使用相近色

简单地说就是用一个感觉的色彩，例如，淡蓝、淡黄、淡绿或者土黄、土灰、土蓝。确定色彩的方法因人而异，读者可以使用自己的方法挑选颜色。

4. 用黑、白或灰搭配另一种色彩

黑、白或灰基本可以和任何一种色彩搭配，不会让人觉得突兀，会让人感觉比较和谐，有时候可以搭配出很“跳”的感觉，比如大红的字体配黑色的边框。

在网页配色中，需要注意的是：

① 不要将所有颜色都用到，尽量控制在4种颜色以内。

② 背景和前文的对比尽量要大，绝对不要用花纹繁复的图案当背景，要突出主要文字内容。

对于初学网页制作的读者来说，网页色彩搭配是比较头疼的问题，可下载一些网页配色方案的小软件帮助你选择合适的色彩。

（三）链接颜色的设置

一个网站不可能只是单一的一页，所以文字与图片的链接是网站中不可缺少的一部分。这里特别指出文字的链接，因为链接区别于文字，所以链接的颜色不能跟文字的颜色一样。现代人的生活节奏相当快，不可能浪费太多的时间在寻找网站的链接上。如果设置独特的链接颜色，让人感觉到新奇，浏览者就会去点击它。

为了页面更美观、更舒适，增强页面的可阅读性，设计者必须合理、恰当地运用与搭配页面各要素间的色彩。

四、网站栏目和布局的设计

（一）网站栏目规划

相对于网站页面及功能规划，网站栏目规划的重要性常被忽略。其实，网站栏目规划对于网站的成功有着非常直接的影响，网站栏目兼具以下两个功能，二者不可或缺。

功能一，提纲挈领，点题明义。

网速越来越快，网络的信息越来越丰富，浏览者却越来越缺乏浏览耐心。打开网站不超过10秒钟，一旦找不到自己所需要的信息，网站就会被浏览者毫不客气地关掉。要让浏览者停下匆匆的脚步，就要清晰地给到他们网站内容的“提纲”，也就是网站的栏目。

网站栏目的规划，其实也是对网站内容的高度提炼。即使是文字再优美的书籍，如果缺乏清晰的纲要和结构，恐怕也会被淹没在书本的“海洋”中。网站也是如此，不管网站的内容有多精彩，缺乏准确的栏目提炼，也难以引起浏览者的关注。

因此，网站的栏目规划首先要做到“提纲挈领、点题明义”，用最简练的语言提炼出网站中每个部分的内容，清晰地告诉浏览者网站有哪些信息和功能。

功能二，指引迷途，清晰导航。

网站的内容越多，浏览者就越容易迷失。除了“提纲”的作用之外，网站栏目还应该为浏览者提供清晰直观的指引，帮助浏览者方便地到达网站的所有页面。

网站栏目的导航作用，通常包括以下几种：

1. 全局导航

全局导航可以帮助用户随时去到网站的任何一个栏目，并可以轻松跳转到另一个栏目。通常来说，全局导航的位置是固定的，可以减少浏览者查找的时间。

2. 路径导航

路径导航显示了用户浏览页面的所属栏目及路径，帮助用户访问该页面的上下级栏目，从而更完整地了解网站信息。

3. 快捷导航

对于网站的老用户而言，需要快捷地到达所需栏目，快捷导航为这些用户提供直观的栏目链接，减少用户的点击次数和时间，提升浏览效率。

4. 相关导航

为了增加用户的停留时间，网站策划者需要充分考虑浏览者的需求，为页面设置相关导航，让浏览者可以方便地去到所关注的相关页面，从而增进对企业的了解，促成合作。

归根结底，成功的栏目规划还是基于对用户需求的理解。对于用户需求理解得越准确、越深入，网站的栏目也就越具吸引力，能够留住越多的潜在客户。

（二）网页布局

网页常见的布局结构有“国”字形布局、“匡”字形布局、“三”字形布局、“川”字形布局、Flash布局、标题文本型布局和变化型布局等。

（三）网站建设流程及规范

1. 熟悉网站建设的流程

建立一个网站就像盖一幢大楼一样，是一个系统工程，有自己特定的工作流程，只有遵循这个流程，按部就班地一步步来，才能设计出一个满意的网站。

设计与制作网站的五大步骤：

步骤1：规划站点。

需求分析—总体设计，书写建设方案—确定网站的目录结构—规划和搜集资料—选择网页制作工具。

步骤2：环境的搭建与调试。

步骤3：网站主页的设计与制作。

步骤4：分支页面的设计与制作、后台的建设及测试。

步骤5：设置链接、测试、发布、推广、维护网站。

2. 网站建设遵循的规范

（1）尺寸规范

页面标准在800*600像素分辨率下，网页宽度保持在760～780像素，就不会出现水平滚动条，高度则视版面和内容而定。

页面标准在1024*768像素分辨率下，网页宽度保持在980～1003像素，一般按1003像素制作，就不会出现水平滚动条，高度则视版面和内容而定。

页面高度原则上不超过3屏，宽度不超过1屏。

每个标准页面为A4幅面大小，即8.5*11英寸。

（2）网站目录结构规范

不要将所有文件都存放在根目录下。

建立子目录（子文件夹）对文件进行分类存放。

目录名不采用中文命名（切忌），采用具有一定含义的英文、数字组合进行命名。

在每个子目录下都建立独立的images目录。

目录的层次不要太深，建议不要超过3层。

模板（Library）和库（Templates）文件夹一定要位于站点根目录之下并不能被更名，否则在使用模板和库时就会出错。

（3）主页文件命名规范

主页文件的命名，一般用index.htm（index.html index.asp index.jsp index.php等）或default.htm（html、asp、jsp、php），放在站点的根目录下。

用index作为主文件名，index表示“索引”（指首页放了去网站其他地方的链接），一般网站发布时服务器默认识别index，所以采用index作为主页文件名。

能力拓展

利用DIV+CSS将切片后的网页进行布局。完成项目（政府型网站）：乳山市下初镇老干部党支部夕阳红网站，效果如图1-17所示。

图1-17 网站效果图

要求：

1. 突出主题：政府型，能够体现出我国社会主义制度的优越性。

2. 定位：概括整个网站的整体风格，展示政府的整体形象，结合实际情况，充分体现出政府型网站特点，宣传理念、主营业务。

3. 栏目设置合理。

4. 页面设计创意新颖、精美，结构合理，功能完备，符合SEO特性。

5. 色彩配置图文符合政府型UI系统要求。

6. 提供以往的作品或作品网址（注意，要求自己独立原创）。

7. 在版式设计上，要求把信息分门别类，让用户在扫描页面时保证视觉的流畅性，在短时间内（3~5秒）发现首页包含哪些区域（如菜单、广告、注册、个人信息、链接、按钮等），方便用户在第一时间进行选择。在设计过程中，严格遵循4个排版的原则，即对比、对齐、重复和亲密性。

项目2
客户端交互

项目导入

前面我们介绍了采用HTML超文本标记语言和CSS级联样式表等技术进行页面的布局和样式的设计，HTML和CSS都是客户端静态内容的设计技术，静态内容是网页设计的基础，但是只有静态内容的网页没有办法完成丰富的交互功能。由于浏览器还支持文档对象模型DOM、JavaScript语言等技术，这样我们就可以将HTML文档中的元素视为编程对象，通过JavaScript程序控制这些对象完成与用户的交互，还可以控制HTML元素及其样式，使网页成为动态网页。实现动态网页的HTML、CSS、DOM、客户端脚本语言（如JavaScript）等综合技术，称为“动态HTML技术”（DHTML）。本章通过对DOM和JavaScript技术的学习，完成页面客户端的交互。

任务2.1 购物车页面弹出删除对话框功能

任务目标

1. 知识目标

（1）了解文档对象模型DOM的相关概念。

（2）掌握window对象的使用。

（3）熟悉location、history等顶级对象的基本使用。

2. 能力目标

具备HTML DOM对象的基本控制操作能力。

3. 素质目标

（1）培养学生小组合作的能力。

（2）培养学生分析问题、解决问题的能力。

任务引入

在我们的电子商务网站中，要在购物车中删除某本书时，应立即弹出一个删除警告框进行提示，这样的设计能防止用户因为误操作而将商品删除。

任务分析

此功能要求在购物车中单击“删除”时，立即弹出一个删除对话框进行提示，以引起操作者的注意，防止误操作。

理论上，此功能可以用服务器端技术实现：用户单击“删除”时，以get或post方式带参数重新请求网页，服务器端检查参数，在响应页面中包含弹出确认对话框的客户端脚本程序，并将此页面返回客户端。注意，在HTTP协议中，服务器端不可能“绕过”浏览器在客户端弹出对话框，这样的实现白白多了网络往返，浪费了服务器资源。此功能理应用客户端动态技术实现，使用window对象的confirm方法，即可实现此功能。

任务实施

（1）在网站中新建aspx页。

（2）在页面中插入2行4列的表格，输入标题行数据。

（3）在表格第2行输入模拟数据，并设置此行tr标记id为“row1”，最后一列放置“删除”超链接，设置“删除”超链接的id属性为“del”，为“删除”超链接添加onclick事件。表格设计效果如图2-1所示。

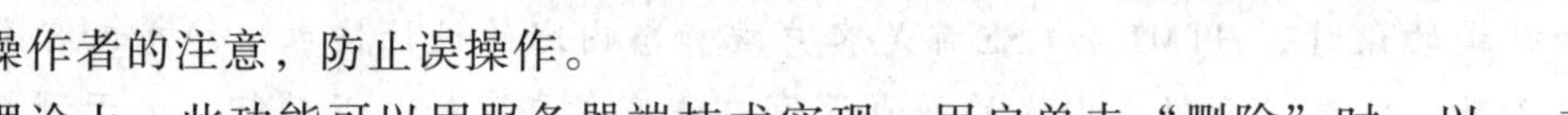

图2-1 购物车模拟表格设计效果

“删除”超链接相关代码如下：

```
<a href="#" id="del" onclick="return del_onclick（）">删除</a>
```

（4）编写del超链接的onclick事件处理函数，代码如下：

```
function del_onclick（）{
        var result = confirm（"确认删除？"）;
        if（result）
{
                var r = document.getElementById（"row1"）;
                r.parentNode.removeChild（r）;
}
}
```

代码中，确认对话框返回代表用户选择的布尔值，定义result变量保存此值。在result为true时，首先取得对数据行对象的访问（用变量r表示），然后访问r对象的parentNode父节点对象，调用其removeChild方法，移除r对象。需要说明的是，此处指定了数据行对象的id，对于多个动态数据行，实际的系统中另有办法确定要删除的数据行。

相关知识

一、HTML基础

HTML的英文全称是Hyper Text Marked Language，中文叫“超文本标记语言”。和一般文本不同的是，一个HTML文件不仅包含文本内容，还包含一些Tag，中文称“标记”。

一个HTML文件的后缀名是.htm或者是.html。用文本编辑器就可以编写HTML文件。

我们可以试着写一个HTML文件。

打开你的Notepad，新建一个文件，拷贝以下代码到这个新文件，然后将这个文件存成first.html。

```
<html>
<head>
<title>Title of page</title>
</head>
<body>
This is my first homepage.<b>This text is bold</b>
</body>
</html>
```

要浏览这个first.html文件，可以双击它，或者打开浏览器，在File（文件菜单）选择Open（打开），然后选择这个文件就行了。

示例解释：

这个文件的第一个Tag是<html>，这个Tag告诉你的浏览器这是HTML文件的头。文件的最后一个Tag是</html>，表示HTML文件到此结束。

在<head>和</head>之间的内容，是Head头文件信息。Head信息是不显示出来的，你在浏览器里看不到。但是这并不表示这些信息没有用处。比如，你可以在Head信息里加上一些关键词，有助于搜索引擎搜索到你的网页。

在<title>和</title>之间的内容，是这个文件的标题。你可以在浏览器最顶端的标题栏看到这个标题。

在<body>和</body>之间的信息，是网页中显示的正文。

在<b>和</b>之间的文字，用粗体表示。<b>顾名思义，就是bold的意思。

HTML文件看上去和一般文本类似，但是它比一般文本多了Tag，比如<html>，<b>等，通过这些Tag，可以告诉浏览器如何显示这个文件。

HTML元素（HTML Element）用来标记文本，表示文本的内容。比如body，title就是HTML元素。

HTML元素用Tag表示，Tag以<开始>，以</结束>。

Tag通常是成对出现的，比如<body></body>。起始的叫Opening Tag，结尾的叫Closing Tag。

目前HTML的Tag不区分大小写。比如，<HTML>和<html>其实是相同的。

HTML元素可以拥有属性，属性可以扩展HTML元素的能力。

比如你可以使用一个bgcolor属性，使得页面的背景色成为红色，就像这样：

```
<body bgcolor="red">
```

再比如，你可以使用border这个属性，将一个表格设成一个无边框的表格。如下：

```
<table border="0">
```

属性通常由属性名和值成对出现，就像这样：name="value"。上面例子中的bgcolor，border就是name，red和0就是value。属性值一般用双引号标记起来。通常是附加给HTML的Opening Tag，而不是Closing Tag。

（1）字体

<hn>…</hn> 标题，设定标题字体大小，n=1（大）~6（小）会自动跳下一行，通常用在如章节、段落等标题上。

标题：<h2>标题</h2>。

如：<h3 align = center>标题</h3>（标题置中）

粗体字：<b>…</b>。

如：<b> 粗体字 </b>

斜体字：<i>…</i>。

如：<i> 斜体字</i>

删除线：<del>…</del>（横线表示删除）。

如：<del>横线</del>

打字体：<tt>…</tt>打字体（固定宽度文字）。

如：<tt>打字体</tt>

字体上标字：[…]上标字。

如：字体^{上标字}

字体下标字：_…下标字。

如：字体_{下标字}

（2）表格

表格是html一项非常重要的功能，利用其多种属性能够设计出多样化的表格。使用表格可以使你的页面有很多意想不到的效果，使页面更加整齐美观。

常用表格标记有如下几种：

①<table>…</table>表格指令。

相关属性：

· align 调整

· bgcolor 背景颜色

· border 边框

· height 高度

· width 宽度

②<caption>…</caption>表格标题。

相关属性：

· align 调整

③<tr>…</tr>表格列（</tr>可省略）。

相关属性：

· align 调整

④<th>…</th>表格栏标题（表头）粗体字（</th>可省略）。

相关属性：

· align 调整

· colspan 规定单元格可横跨的列数

· rowspan 规定单元格可横跨的行数

⑤<td>…</td>表格栏资料（储存格）（</td>可省略）。

相关属性：

· align 调整

· bgcolor 背景颜色

· height 高度

· width 宽度

· colspan 规定单元格可横跨的列数

· rowspan 规定单元格可横跨的行数

举例：

如：（基础型）

```
<table border="1" align="center">
<tr><td>网络学院</td><td>网络学院</td></tr>
<tr><td>网络学院</td><td>网络学院</td></tr>
</table>
```

网络学院	网络学院
网络学院	网络学院

如：（加强型）增加背景颜色、表格标题、栏标题、跨栏宽、跨栏高。

```
<table border="1" align="center" bgcolor="#ccccff">
<caption>表格标题</caption>
<tr>
<td></td>
<th colspan="2">行标题 1 </th>
<th colspan="2">行标题 2</th>
</tr>
<tr>
<th rowspan="2">列标题 1 </th>
<td>a</td> <td>a</td> <td>a</td> <td>a</td>
</tr>
<tr><td>b</td> <td>b</td> <td>b</td> <td>b</td>
</tr>
<tr>
<th rowspan="2">列标题 2</th>
<td>c</td> <td>c</td> <td>c</td> <td>c</td>
<tr><td>d</td> <td>d</td> <td>d</td> <td>d</td></tr>
</table>
```

<table>
<caption>表格标题</caption>
<tr><td></td><th colspan="2">行标题 1</th><th colspan="2">行标题 2</th></tr>
<tr><th rowspan="2">列标题 1</th><td>a</td><td>a</td><td>a</td><td>a</td></tr>
<tr><td>b</td><td>b</td><td>b</td><td>b</td></tr>
<tr><th rowspan="2">列标题 2</th><td>c</td><td>c</td><td>c</td><td>c</td></tr>
<tr><td>d</td><td>d</td><td>d</td><td>d</td></tr>
</table>

（3）区段标记

一个网站不仅要内容丰富，也要有美观简洁的版面。html语言所提供的区段标记功能，如果可以好好地利用也会有相当不错的效果。

常用区段标记：

①<hr> 产生水平线。

如：<hr aling="center" width="90%">

②
 跳下一行。

如：职业技术学院，
学技术的好去处。

③<p>…</p> 段落，跳下一行并加一行空白（</p> 可省略）。

④<center>…</center> 置中。

如：<center>置中</center>

⑤<pre>…</pre> 以文件原始格式显示。

如：<pre>原始格式：文件</pre>

（4）链接

链接是html中最重要的功能，因为html拥有链接的功能，使你能在互联网中享受多姿多彩的网络世界。

基本上链接包括以下部分：

外部链接——链接至网络的某个url网址或文件，可参考网络链接方式。

内部链接——链接html文件的某个区段。

①网络链接方式。

网络链接方式：//主机名称/路径/文件名称

网址方式，如：http：//www.baidu.com/

文件传输方式，如：ftp：//ftp.pconline.com.cn/

远端登入方式，如：telnet：//bbs.net.cn/

文件下载方式，如：file：//data/html/file.zip

E-mail方式，如：mailto：pcedu@pconline.com.cn

②常用链接标记。

外部链接：

<a href="http：//www.baidu.com/">■</a>

<a href="http：//www.baidu.com/"target="frame1">■</a>

内部链接：

•ch1.htm 文件

<a href="#a">■</a>（欲链接至html文件 a 点）

<a name="a">■</a>（html文件 a 点）

•ch2.htm文件

<a href="ch1.htm#a">■</a>（欲链接至ch1.htm 文件 a 点）

"■"表示链接点，可以是文字或图案（即游标移到时，会变成手指形状的地方）。

<link> 链接指令（用于head区，设定css文件）。

<meta> 储存应用资讯，可设定时间载入网页（用于head区）。

相关属性：

• charset设定

• content回应表头资料内容，若是数字表示秒数

• http-equiv回应表头，若设定为refresh载入url设定

• url html位置

如：

• 设定中文自动跳行。

<meta http-equiv="content-type"content="text/html; charset=gb2312">

• 设定10秒回到首页。（若不设定html文件位置则再载入原html文件）

<meta http-equiv="refresh"content="10"url="index.htm">

设定链接、未链接部分颜色，用<body>…</body>标记。

相关属性：

• alink按下链接部分未放开时颜色

• link未看过的链接部分颜色

• vlink已看过的链接部分颜色

如：<body link="#0000ff"alink="#ff0000"vlink="#00ff00">

（5）设置图片

图片美化了网站版面，不过不要放大量的图片，那样会拖慢网站传输的效率，有关设定图片的方法有以下几种：

①设定html文件背景图片、背景颜色，<body>…</body>标记。

如：<body background="a.gif">…</body> 或<body bgcolor="#000000">…</body>

②设定图片，<img>标记。

③设定地图，<map>…</map>标记。

常用图片标记：<img> 指令

相关属性：

• align 调整

• alt 提示字

• border 边框

• height 高度

• src 文件或url位址

• usemap 地图名称

• width 宽度

如：可插入图片（gif、jpg格式）、avi电影

<center>

<img src="../../../images/pcedu_lo.gif"alt="太平洋网络学院"align="top"border="1">

</center>

<map>…</map> 地图

相关属性：

- name 名称

<area> 设定地图动作区域

相关属性：

- coords 设定动作区域坐标（左上角坐标：x1，y1；右下角坐标：x2，y2）
- href 动作区域联结点（可载入位置或文件）
- nohref 动作区域联结点不动作
- shape 外形

举例如下：

设定地图：

```
<img border="0" src="a.gif" usemap="#a">
<map name="a">
<area shape="rect" coords="0，0，200，100" href="1.htm">
<area shape="rect" coords="0，100，200，200" nohref>
<area shape="rect" coords="0，200，200，300" href="3.htm">
</map>
```

（6）滚动条

这是由IE提供的滚动条，越多的属性功能越强。

【文字卷动标记】

<marquee>…</marquee> 文字卷动（滚动条）。

【相关属性】

- behavior = 设定卷动方式

—— alternate 交替来回卷动

—— scroll 卷动（预设）

—— slide 滑动

- bgcolor = color 背景颜色
- direction = 设定卷动方向
- height = n 高度
- loop = n 循环，卷动次数（预设循环）
- scrollamount = n 设定卷动距离
- scrolldelay = milliseconds 设定卷动时间
- truespeed = milliseconds 设定卷动速度
- width = n 宽度（可设百分比%）

举例：

```
如：<marquee bgcolor= "red" behavior= "alternate" direction= "left" scrollamout= "
10"scrolldelay="100"> <font color="white">欢迎欢迎</font></marquee>
```

如： <marquee bgcolor= "green"height= "50"behavior= "scroll"direction= "up"scrollamout= "10"scrolldelay="300"> <font color="white"><center>欢迎欢迎</center></font></marquee>

二、文档对象模型DOM

1. DOM基本结构

文档对象模型（Document Object Model，DOM）是DHTML的基础，是由W3C制定的标准，定义了编程访问和操作HTML文档的标准方法。

DOM把HTML文档的元素视为对象，每个对象都有自己的属性和行为，通过对这些属性和行为的控制可以改变它们的状态和动作。

如同HTML文档结构一样，DOM也是一个树形模型，每个标记都是一个对象，但为了更加方便地控制文档显示，在HTML文档中元素对象之上，又定义了window、document等几个对象，称为“顶级对象”，顶级对象在浏览器级别上，分别控制与整个文档有关的各种属性和行为。

实际中，浏览器厂商、版本不同，以及DOM标准的版本不同，会存在兼容性的问题，下面仅从编程角度介绍常用的DOM顶级对象。

2. DOM顶级对象简介

（1）window对象

简单来说，window对象是浏览器窗口（或选项卡）对象，为文档提供一个显示的容器。只要浏览器窗口打开，即使还没有加载任何页面，也会自动建立window对象。

通过JavaScript等脚本程序，可以使用window对象对浏览器窗口进行新建、设置等操作，还可以弹出简单对话框。

window对象在层次中位于最高一层，浏览器中的所有内容，包括页面及其他浏览器中设置的信息都存放在window对象或者它的子对象中。一般情况下，所有的脚本操作都是假定在当前窗口中进行的，所以调用window对象的方法、属性，或者引用window的下级对象时，可以省略window对象。比如，window.alert（）可以简写为alert（），window.document可以简写为document。下面通过几个例子介绍window对象常用的属性和方法。

例2-1 打开新窗口，访问百度网。

在VS .NET IDE中，新建HTML页面HTMLPage.htm，设置title，并在head标记中输入script标记及其内容如下：

```
<head>
        <title>打开新窗口的例子</title>
        <script type="text/javascript">
            window.open（"http：//www.baidu.com"）;
        </script>
</head>
<body>
</body>
```

在浏览器中查看页面，如图2-2所示。

图2-2　使用window对象的open方法打开新窗口

代码中script是客户端脚本标记，其中内容为客户端脚本程序，其type属性指示客户端脚本语言的类型，此处是JavaScript语言。window对象的open方法用于新建浏览器窗口（根据浏览器设置，可能打开新选项卡），参数为打开的网址。open方法还有其他参数，请有兴趣的读者自行查阅资料。

本例中，在浏览器打开HTMLPage.htm网页时，首先初始化该网页的浏览器窗口，自上而下解释并执行网页文档中的HTML代码，从而呈现网页至head标记中，解释执行script标记中的window.open方法，直接发生了跳转，新建浏览器窗口，在新窗口中解释并呈现http：//www.baidu.com网页，然后才进入HTMLPage.htm网页的body标记，由于body标记中没有其他内容，所以呈现一个空白的HTMLPage.htm页面。

例2-2　单击页面中的“百度一下”按钮，打开新窗口，访问百度网。

①在VS .NET IDE中，新建HTMLPage.htm页面，使用拆分视图。

②从工具箱的HTML选项卡中，拖动一个Input（Button）控件到设计界面中（或到源代码的body标记中），这是一个客户端按钮，请观察源代码的变化。

③选中设计界面中的按钮控件，在属性面板中，设置其ID属性为“ButtonOpen-BaiDu”，Value属性设置为“新窗口打开百度网”。

④在文档选项卡上部的“客户端对象和事件”下拉框中选择ButtonOpenTaoLi对象（已有id属性的HTML元素会出现在此下拉列表中）。

⑤在右侧的下拉框中选择onclick事件，VS.NET自动生成相关的客户端代码如下：

```
<head>
    <title>单击按钮打开新窗口的例子</title>
    <script language="javascript" type="text/javascript">
```

```
//<! CDATA[
            function ButtonOpenBaiDu_onclick （）{
            }
//] ] >
      </script>
</head>
<body>
      <p>
            <input id="ButtonOpenBaiDu" type="button" value="新窗口打开百度网"
onclick="return ButtonOpenBaiDu_onclick （） " /></p>
</body>
```

代码中ButtonOpenBaiDu按钮添加了onclick属性，其值是一个JavaScript表达式：return ButtonOpenBaiDu_onclick（），意为onclick属性值为ButtonOpenBaiDu_onclick函数的返回值，这使得按钮发生单击事件时该函数被执行。

代码中同时添加了script标记及相关客户端脚本程序，其中为了兼容旧版本浏览器，script标记除了type属性，还自动生成了language属性（此属性已经不推荐使用）。script中的程序包含一个function声明，即JavaScript语言的函数声明，此函数名为ButtonOpenBaiDu_onclick，JavaScript的函数声明有参数、无返回值类型。JavaScript语言的注释语句是以“//”开头的，注释语句不会被浏览器执行，但会被XHTML解析器解析。在默认情况下，XHTML解析器会将所有的“<”、“>”认为是HTML标记，以“<! CDATA［”（应为“<!［CDATA［”）开头、“］］>”结尾注释语句是为了使得XHTML解析器不再解析它们包裹的JavaScript程序，从而不会将小于号、大于号误认为是HTML标记，其作用相当于转义字符。

⑥在ButtonOpenBaiDu_onclick函数中输入“window.open（“http：//www.baidu.com”）;”语句，在浏览器中查看网页，单击“新窗口打开百度网”按钮，可见如图2-3所呈现的结果。

图2-3 呈现结果

例2-3 设置浏览器状态栏文本。

参考例2-2的步骤，加入HTML按钮，ID设为“ButtonSetStatusText”，Value设为“设置状态栏”，输入onclick事件函数代码等如下：

```
<head>
        <title>设置浏览器状态栏的例子</title>
         <script language="javascript" type="text/javascript">
            //<! CDATA[
            function ButtonSetStatusText_onclick ( ){
                window.status="这是您设置的状态栏文本";
            }
            //] ] >
        </script>
</head>
<body>
<p>
            <input id="ButtonSetStatusText" type="button" value="设置状态栏" on-
click="return ButtonSetStatusText_onclick ( ) " /></p>
</body>
```

其中window对象的status属性表示浏览器窗口的状态栏文本。

例2-4 弹出一个警告对话框。

网页主要代码如下：

```
<head>
        <title>设置浏览器状态栏的例子</title>
         <script language="javascript" type="text/javascript">
            //<! CDATA[
            function ButtonAlert_onclick ( ){
                alert ("现在执行了window.alert方法");
            }
            //] ] >
        </script>
</head>
<body>
<p>
            <input id="ButtonAlert" type="button" value="弹出警告框" onclick="re-
turn ButtonAlert_onclick ( ) " /></p>
</body>
```

执行window对象的alert方法，将弹出一个警告框，其参数为警告框中显示的文本。上述代码书写中，省略了window对象。在浏览器中查看网页，单击按钮，效果如图2-4所示，该警告对话框和下述确认对话框都是模态对话框。

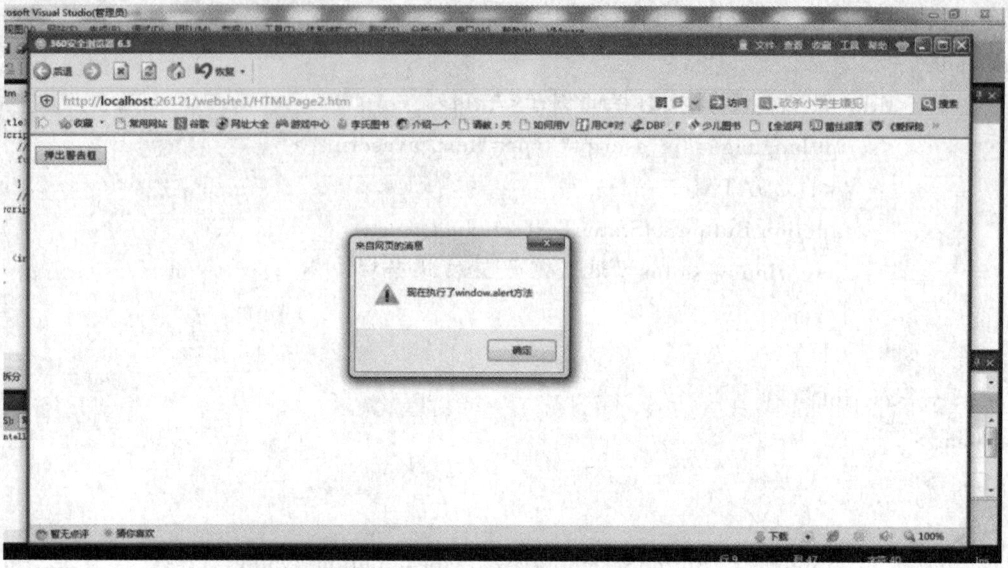

图2-4 弹出警告对话框网页效果

例2-5 弹出一个确认对话框。

网页主要代码如下：

```
<head>
        <title>设置浏览器状态栏的例子</title>
         <script language="javascript" type="text/javascript">
            //<! CDATA[
            function ButtonConfirm_onclick （）{
                var r = window.confirm （"您要打开百度网吗？"）;
                if （r == true）{
                      window.open （"http：//www.baidu.com"）;
                }
            }
            //］］>
        </script>
</head>
<body>
<p>
            <input id="ButtonConfirm" type="button" value="访问百度网" onclick=
"return ButtonConfirm_onclick （） " /></p>
</body>
```

代码中，调用window对象的confirm方法，弹出一个确认对话框，并定义变量r保存confirm方法的返回值，作为一种简单的脚本语言，JavaScript虽然是类C语言，但不是强类型语言，用var来声明所有变量。confirm方法返回的是一个bool值，代码中，根据此返回值进行程序分支，决定执行何种操作。

在浏览器中查看网页，单击按钮，如图2-5所示，进一步单击“确定”按钮，可在新窗口打开百度网，单击“取消”按钮，则什么都不做。

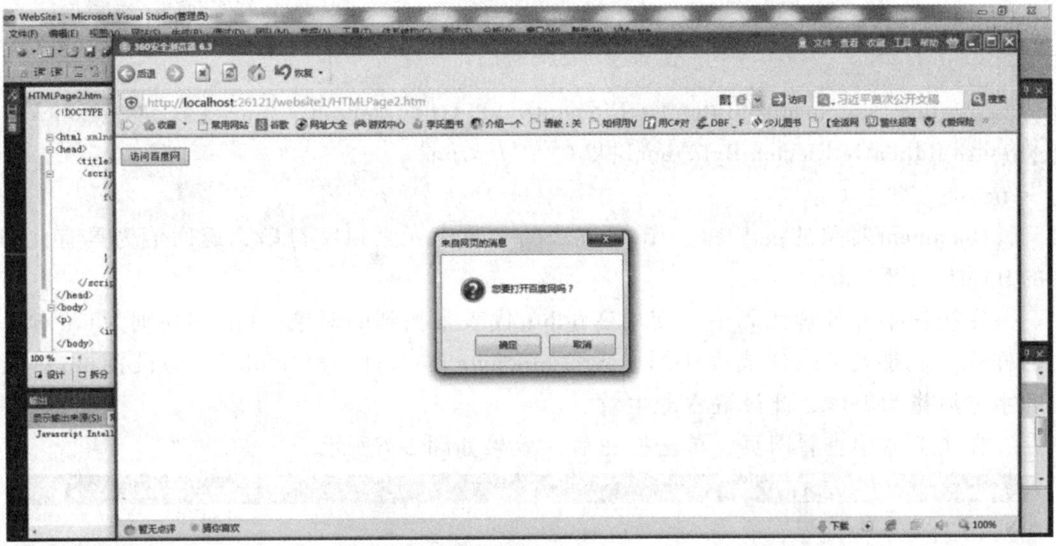

图2-5　弹出确认对话框网页效果

window对象还有setInterval、setTimeout等方法，可以定时执行一个函数，这在客户端编程中也较常用，请读者自行查阅资料。

（2）document对象

document对象代表整个网页，是客户端编程中最常用的对象。通过此对象，我们可以对HTML页面中的所有元素进行访问，并可以向页面中动态添加文本以及各种HTML元素。在此仅介绍最常用的用法。

通过document对象访问HTML元素的方式不止一种，W3C标准推荐使用的方式是通过getElementByld、getElementsByName、getElementsByTagName等方法获取对象。getElementByld通过元素id获取单个对象，getElementsByName通过元素name获取同名对象数组，getElementsByTagName通过元素标记名称获取同类对象数组。getElementByld最为常用。

例2-6　使用getElementByld方法访问HTML元素。

```
<head>
        <title>设置浏览器状态栏的例子</title>
         <script language="javascript" type="text/javascript">
            //<! CDATA[
            function ButtonGetElementById_onclick（）{
```

```
            var btn = document.getElementById ("ButtonGetElementById");
            btn.style.fontStyle = "italic";
        }
        //] ] >
    </script>
</head>
<body>
<p>
        <input id="ButtonGetElementById" type="button" value="按 钮" onclick=
"return ButtonGetElementById_onclick () " /></p>
</body>
```

Document对象的getElementById方法的参数为元素id字符串，返回值为具有此id的HTML元素对象。

在按钮事件处理代码中，使用变量btn代表查找到的对象，btn.style则为btn对象的样式，功能与CSS样式表相同，设置btn.style.fontStyle为“italic”，即设置btn对象的字体风格为斜体，此设置立即生效。

在浏览器中查看网页，单击按钮后，效果如图2-6所示。

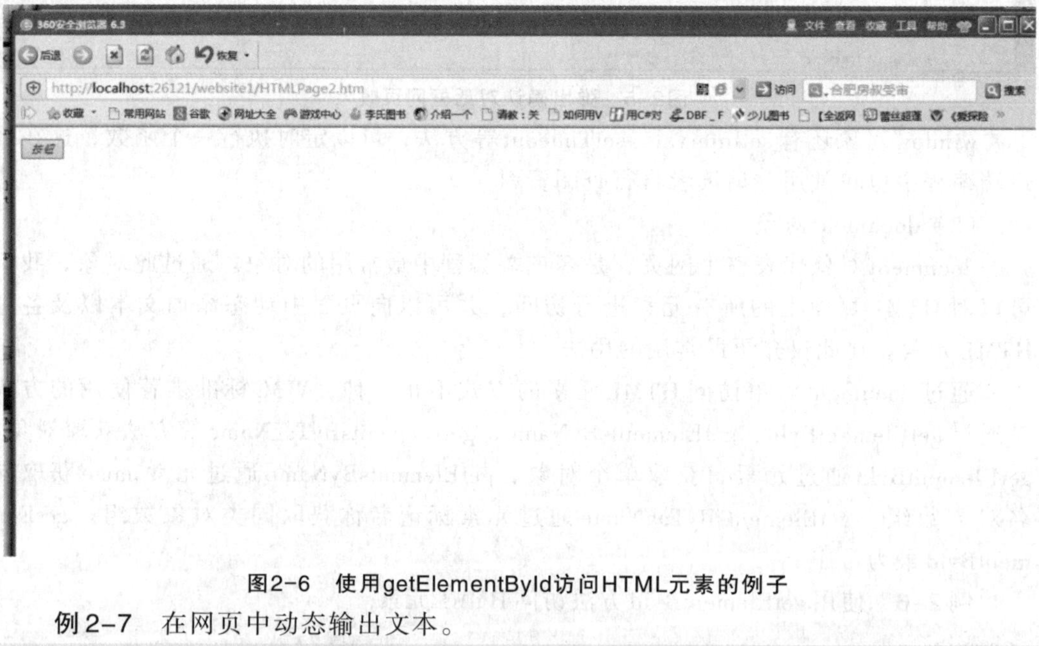

图2-6 使用getElementById访问HTML元素的例子

例2-7 在网页中动态输出文本。

```
<head>
        <title>设置浏览器状态栏的例子</title>
        <script language="javascript" type="text/javascript">
            //<! CDATA[
```

```
        function ButtonWrite_onclick（）{
            document.write（"Hello world！"）;
        }
        //］］>
    </script>
</head>
<body>
<p>
        <input id="ButtonWrite" type="button" value="显示 HelloWorld" onclick=
"return ButtonWrite_onclick（）" /></p>
</body>
```

代码中，document对象的write方法能够在网页上显示文本，其参数为输出字符串（也可以是HTML元素字符串，包括script元素）。网页初始显示效果如图2-7所示。

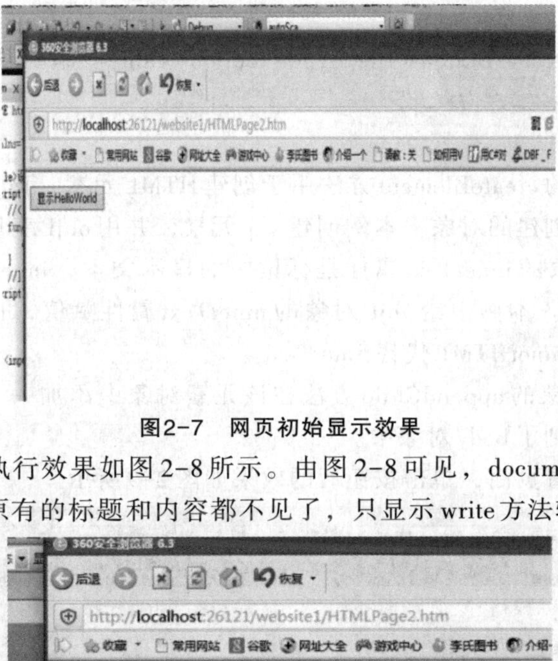

图2-7　网页初始显示效果

单击按钮后，执行效果如图2-8所示。由图2-8可见，document.write方法初始化了文档页面，页面原有的标题和内容都不见了，只显示write方法输出的字符串。

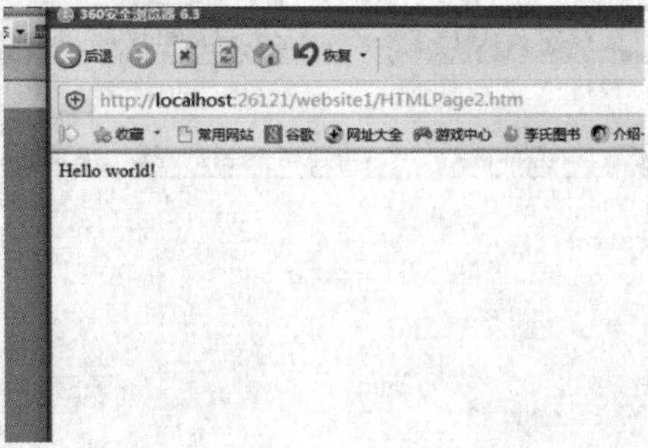

图2-8　单击按钮后的显示效果

例2-8 动态添加HTML元素。

```
<head>
        <title>设置浏览器状态栏的例子</title>
         <script language="javascript" type="text/javascript">
            //<! CDATA[
            function ButtonWrite_onclick（）{
                var objP = document.createElement（"p"）;
                objP.innerText = "保留原来页面内容，动态添加的文本";
                document.body.appendChild（objP）;
            }
            //] ] >
        </script>
</head>
<body>
<p>
            <input id="ButtonWrite" type="button" value="添加段落" onclick="return
ButtonWrite_onclick（）" /></p>
</body>
```

document对象的createElement方法用于创建HTML元素，该方法参数为标记名称字符串，返回值为创建的对象。本例创建了p元素，并用objP变量表示此对象。

HTML元素对象的innerText属性是标记中的显示文本，innerHTML属性是HTML元素中的所有内容。本例中给objP对象的innerText属性赋值，也就创建了段落中的文本，此处也可用innerHTML代替innerText。

HTML DOM对象的appendChild方法在该元素对象中添加一个嵌套的子对象。此处将objP对象添加到了body对象中。

在浏览器中查看页面，单击按钮后的效果如图2-9所示。

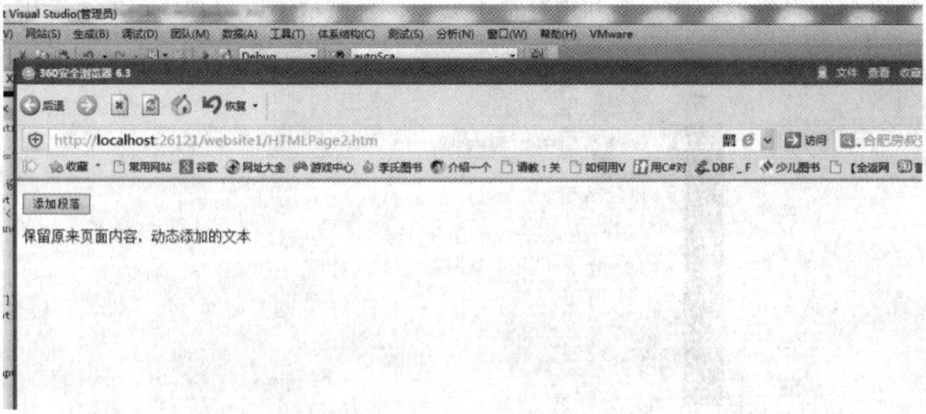

图2-9 动态添加段落元素

（3）location对象

location对象对浏览器窗口的当前页面地址进行管理。当前页面的URL存放在location对象中，使用location对象的属性，可以直接访问这个URL的各个部分，而不必再进行字符串分析编程。location对象还具有导航方法，可以使浏览器窗口导航到指定地址。

例2-9 location对象的属性。

①为演示完整的location对象的属性，在页面中设计锚点链接，再添加一个“显示location对象属性值”的超链接，HTML代码如下：

```
<body>
<a href="HTMLPage2.htm? id=1&name=mike#bottom">到页尾</a>
 <p>1</p> <p>2</p> <p>3</p> <p>4</p> <p>5</p> <p>6</p> <p>7</p> <p>8</p>
<p>9</p> <p>10</p> <p>11</p> <p>12</p> <p>13</p> <p>14</p>
  <p>15</p> <p>16</p> <p>17</p> <p>18</p>  <p>19</p> <p>20</p>
  <a name="bottom">页尾</a>
  <a id="showLocation" href="#" onclick="return ShowLocation_onclick () ">显示对象
location属性值</a>
</body>
```

代码中，“到页尾”超链接的href属性值为相对路径的URL，并有查询字符串和锚点“页尾”a标记定义了“bottom”锚点。“显示location对象属性值”超链接的href属性值为“#”，使此链接实际不会发生跳转，但此链接包含onclick属性，可以处理事件，注意要先设置其id属性，以使VS .NET IDE可以感知到该元素，才能将其列入“客户端对象和事件”下拉列表。

②使用“客户端对象和事件”等下拉列表，为showLocation超链接对象添加onclick事件委托，也可以手工输入相关的标记和属性。最后键入JavaScript代码如下：

```
function ShowLocation_onclick (){
                    var str = "href属性值为： " + location.href + "\n" +
                    "protocol属性值为： " + location.protocol + "\n" +
                    "host属性值为： " + location.host + "\n" +
                    "hostname属性值为： " + location.hostname + "\n" +
                    "port属性值为： " + location.port + "\n" +
                    "pathname属性值为： " + location.pathname + "\n" +
                    "search属性值为： " + location.search + "\n" +
                    "hash属性值为： " + location.hash;
                    alert (str);
        }
```

JavaScript语言中的字符串连接操作与C#相同。此代码用location对象的属性构成了一个字符串，并用window对象的alert方法显示在对话框上。

在浏览器中查看网页，先单击“到页尾”超链接，再单击“显示location对象属性值”超链接，呈现效果如图2-10所示。

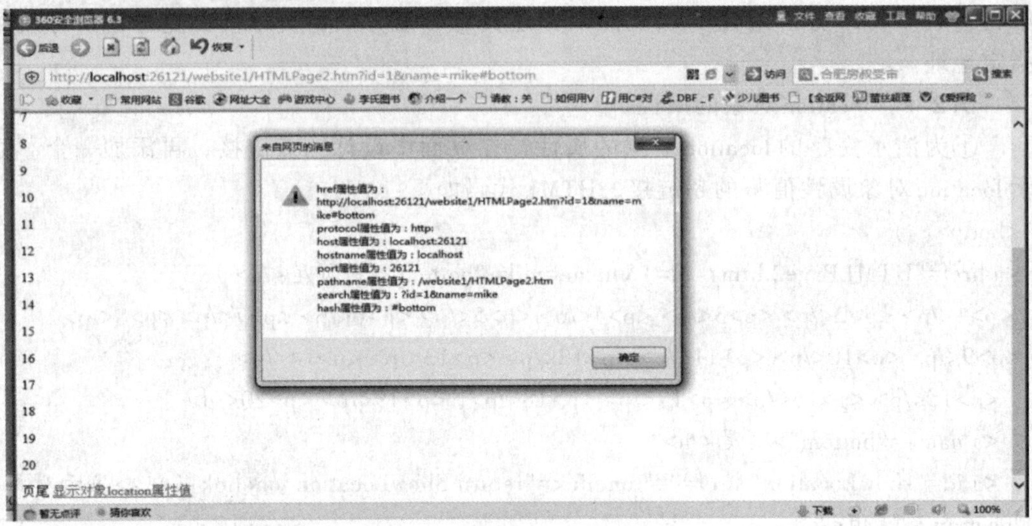

图2-10 location对象属性的例子效果

例2-10 location对象提供的网页刷新方法。

Location对象的reload方法是最常用的网页刷新方式，此方法令当前网页刷新，此方法一般没有参数。编写HTML代码如下：

```
<head>
    <title>设置浏览器状态栏的例子</title>
      <script language="javascript" type="text/javascript">
        //<! CDATA[
        function ButtonReload_onclick ( ){
            location.reload ( );
        }
        //] ] >
    </script>
</head>
<body>
<input id="TextTestRefresh" type="text" />
<input id= "ButtonReload" type= "button" value= " 刷 新 " onclick= "return ButtonReload_onclick ( ) " />
</body>
```

网页中添加了一个TextTestRefresh文本框（可以手工输入或使用工具箱），以供测试网页刷新。在浏览器中查看网页，如图2-11所示，在文本框中输入一些文本，然后单击“刷新”按钮，观察刷新效果。

图2-11 使用location对象进行网页刷新

location对象提供的导航方法还有assign和replace，都以一个URL为参数，执行这两个方法都会使页面导航到参数URL页面，但导航后，replace方法不支持浏览器的后退操作，即不能通过单击浏览器的“后退”按钮返回执行replace方法前的原页面，assign方法支持后退操作。

（4）navigator对象

navigator对象的属性包含有关导航器工具软件的信息，即浏览器的信息。

例2-11 获取浏览器的信息。

本例代码如下，其结构类似于例2-9，请读者自行分析。

```
<head>
        <title>设置浏览器状态栏的例子</title>
          <script language="javascript" type="text/javascript">
            //<! CDATA[
            function ButtonNavigatorInfo_onclick （）{
                  var str = "appName属性值为：" + navigator.appName + "\n" +
                  "appVersion属性值为：" + navigator.appVersion + "\n" +
                  "browserLanguage属性值为：" + navigator.browserLanguage + "\n" +
                  "cookieEnabled属性值为：" + navigator.cookieEnabled + "\n" +
                  "platform属性值为：" + navigator.platform + "\n" +
                  "systemLanguage属性值为：" + navigator.systemLanguage;
                  alert（str）;
            }
```

```
            //]]>
        </script>
</head>
<body>
<input id="ButtonNavigatorInfo" type="button" value="查看浏览器信息" onclick="re-
turn ButtonNavigatorInfo_onclick ()" />
</body>
```

网页效果如图2-12所示。其中Trident为浏览器排版引擎名称，即浏览器“内核”，“内核”加“外壳”后就形成了各种浏览器，“外壳”指用户界面。各种浏览器的不兼容源自内核不同，如FireFox浏览器使用Gecko内核，所以初学者易将内核和浏览器混淆，如称“腾讯TT浏览器使用IE内核”等，类似的说法都不够准确。

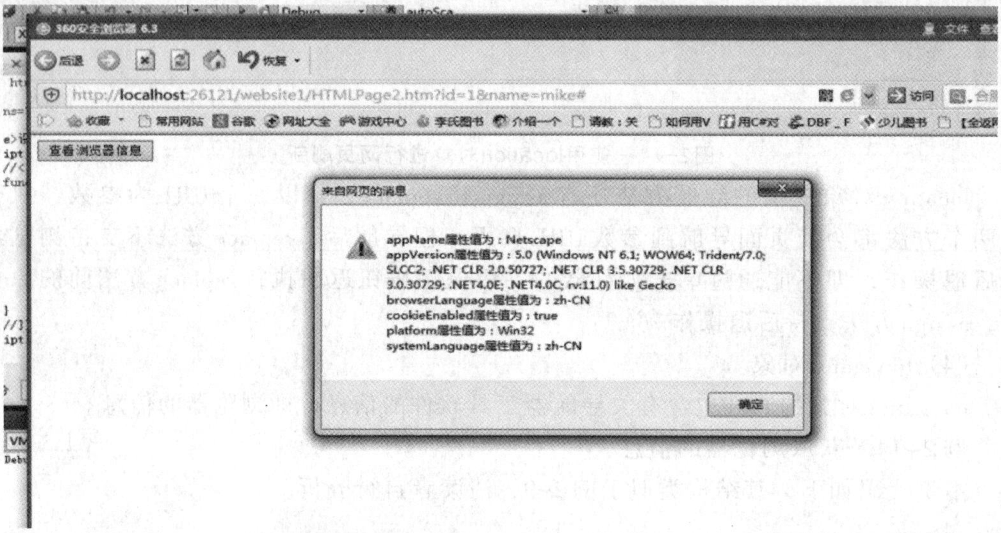

图2-12 navigator对象的属性展示

（5）history对象

history对象对当前浏览器窗口（或选项卡）已经访问过的网址进行管理，其length属性表示历史记录URL的个数，常用下列方法调用历史记录中的URL，以实现浏览器导航。

back方法：等效于浏览器中的“后退”按钮。

forward方法：等效于浏览器中的“前进”按钮。

go方法：使用整形参数决定导航到哪条历史记录，如：go（-1）相当于back0，go（-2）相当于执行两次back0。

（6）frame对象

在HTML代码中使用frame框架标记（配合frameset框架集标记），能够将浏览器窗口划分为多个部分（即框架），每个部分显示一个网页，每个框架网页单独刷新。

一般说来，frame对象在window对象的下层，但文档中包含frameset框架集时，每个frame对象都包含一个window对象，每个window对象都有自己的DOM结构。由于这样的结构破坏了DOM层次，并且其功能又可以用iframe标记、AJAX技术等代替，所以，不建议使用frameset、frame。

iframe标记用src属性指示要加载的子文档URL。

任务2.2 “设为主页”和“加入收藏”功能

任务目标

1. 知识目标

（1）掌握JavaScript的函数调用、内置对象的使用。

（2）了解JavaScript语言对DOM对象编程的基本方法。

2. 能力目标

具备JavaScript语言对DOM对象编程的基本操作能力。

3. 素质目标

（1）具有电子商务信息保密意识、诚信意识。

（2）具有项目团队协调合作精神。

任务引入

在前台页面，提供“设为主页”功能，能够调用浏览器的内置功能，以完成相关操作。不同的浏览器此功能的调用方法不同，我们仅就IE浏览器实施功能。

与“设为主页”类似，经查阅资料，IE浏览器的加入收藏功能，可通过IE对window对象的扩展属性external实现。

任务分析

要实现IE的“设为主页”功能，需要两个步骤。一是通过设置“设为主页”超链接对象样式表的behavior属性，使该对象具备调用IE默认功能中homepage功能的行为；二是通过“设为主页”超链接对象调用setHomePage方法，将当前URL设为首页。

任务实施

（1）将“设为主页”和“加入收藏”链接排列在网页顶部，紧跟在body开始标记后，输入table元素：

```
<body>
        <table style="margin：0 0 auto auto">
              <tr>
                    <td>
```

```
                <a id="setHomePage" href="#">设为主页</a></td>
            <td>
                <a id="addFavorite" href="#">加入收藏</a></td>
        </tr>
    </table>
</body>
```

内联样式“margin：0 0 auto auto”表示元素外部边距的上、右为0，下、左则按默认方式布局，在IE8等浏览器中的排版效果为水平居右、垂直靠顶。注意设置超链接的id属性。

（2）为两个超链接添加onclick事件，输入代码如下：

```
<head>
    <title></title>
     <script language="javascript" type="text/javascript">
        //<! CDATA[
        function setHomePage_onclick（）{
            event.srcElement.style.behavior = "url（#default#homepage）"；
            event.srcElement.setHomePage（location.href)；
        }
function  addFavorite_onclick（）{
            window.external.addFavorite（location.href，"电子商务网站")；
        }
        //]］>
    </script>
</head>
<body>
    <table style="margin：0 0 auto auto">
        <tr>
            <td>
                <a id="setHomePage" href="#"
onclick="setHomePage_onclick（）"
>设为主页</a></td>
            <td>
                <a id="addFavorite" href="#" onclick="addFavorite_onclick（）"
>加入收藏</a></td>
        </tr>
    </table>
</body>
```

代码中 event.srcElement 代表 setHomePage 超链接对象。

相关知识

一、JavaScript脚本语言概述

JavaScript是由Netscape公司开发的一种基于对象的网页脚本编程语言，它支持客户端和服务器端应用程序的开发。JavaScript解决了HTML和CSS只能做静态网页的缺陷，将静态网页变成了动态网页，使用户对网页的操作更加方便。网络资料中，常把JavaScript简称JS。

JavaScript被ECMA（欧洲计算机制造商协会）吸收为客户端脚本标准，此标准称为ECMAScript，它是JavaScript的子集。微软实现ECMAScript标准的客户端脚本语言为JScript。一般认为，JScript是JavaScript的超集。实际上，在本书范围内，使用的浏览器均为IE。也就是说，我们在VS .NET环境中编写JavaScript语言的客户端脚本，在IE中查看网页时，用IE的JScript解释器解释运行这些脚本程序并不影响我们的编程，以后不再提及JScript。

1. JavaScript语言特点

JavaScript脚本语言也是类C语言，与C#语法有很多相似性。JavaScript脚本语言的主要语法特点如下：

① 变量不必声明类型，但赋值后类型自动确定，也需要转换。

② 基本数据类型、运算符、流程控制与C#语言类似。

③ 字符串类型、布尔类型，对象的初始化，空值null，与C#语言类似。

④ 自定义函数无返回值类型声明。

2. JavaScript脚本程序的使用

（1）内部脚本程序：只在一个页面中使用的JavaScript程序用script标记包围，添加到HTML文档中，可以添加到head部分，也可以添加到body部分，但要注意HTML文档是按顺序解释的，不能在前面调用后面定义的脚本函数，因此，一般将script标记添加到head部分。

（2）外部脚本程序：多个页面共用的JavaScript脚本程序，可以独立保存为js扩展名的文件（不包括script标记），然后在页面文档中，使用如下HTML代码，将此文件指定给script标记的“src”属性，就可以和使用内部脚本一样使用这个外部文件中的脚本了。

```
<head>
    <script src="xxx.js"…/>
</head>
```

使用JavaScript脚本时，还要注意：函数中的脚本语句通常是由对象事件调用的，如果没发生相关事件，这些函数将不会运行；但脚本语句还可以不在任何函数中，它们将随着文档的顺序加载，依顺序运行。

二、JavaScript脚本语言数据类型和变量

JavaScript是弱类型语言，变量不必声明类型，但赋值后类型自动确定。

1. 数据类型

JavaScript的数据类型见表2-1。

表2-1 JavaScript的数据类型

数据类型	说明	举例
字符串型	使用单引号或双引号括起来的一个或多个字符	如‘X=’、“ASP.NET”等
数值型	包括整数或浮点数（包含小数点的数或科学记数法的数）	如-128、12.9、6.98e6等
布尔型	布尔型常量只有两种状态，即true或false	如event.returnValue=false
对象型	用于指定JavaScript程序中用到的对象	如网页表单元素
null值	可以通过给一个变量赋null值来清除变量的内容	如a=null
undefined	表示该变量尚未被赋值	如var a

其中对象型包括内置对象和自定义函数对象，将在后面章节介绍。JavaScript不包含字符类型，单、双引号均可用于字符串类型。

2. 数据类型转换

（1）隐式转换。如：

```
var s="123";
alert（s*100）;
```

显示结果为“12300”。在表达式“s*100”中，JavaScript解释器对s进行了从字符串型到数值型的隐式转换。

（2）强制转换。JavaScript的强制转换类似于C#中的Convert对象的成员方法，使用函数来完成转换，包括Boolean（）、Number（）、String（），但它们是全局函数，详情见后文。

另外，JavaScript对象也包含toString（）成员方法，用于将基本数据类型、内置对象或自定义函数转换成字符串表示，转换规则也与C#各种的toString（）成员方法类似。同时，要将字符串转换为整型数值和浮点小数值，可以分别使用全局函数parseInt（）和parseFloat（），详情见后文。

试图用对象的成员方法toString（）转换null和undefined值时，会出现异常，String（）则不会。

3. 变量

JavaScript的变量统一用“var”关键字声明，标识符命名规则与C#相近，大小写敏感，此处不再详述。

三、JavaScript的运算符、流程控制

1. JavaScript的运算符

JavaScript的运算符与C#类似，也支持new操作符初始化对象、this操作符指代当前对象等，还支持delete操作符删除对象。此处不再详述。

2. JavaScript的流程控制

JavaScript的流程控制与C#类似，其中for语句的循环变量不包括类型声明，其他不再详述。

四、JavaScript脚本语言函数

本部分介绍JavaScript的常用函数。

1. 全局函数

JavaScript中定义了一些全局函数，这些函数不与任何具体对象发生联系，因此称为全局函数。全局函数在脚本的编写中很有用处。下面列举几个常用的全局函数作为参考。

（1）eval（字符串）。eval（）函数的功能就是执行括号内的字符串，如果字符串代表一个表达式，那么函数将对这个表达式进行运算；如果字符串代表一条或多条语句，那么函数就执行这些语句。

（2）parseInt（字符串）和parseFloat（字符串）。parseInt（）和parseFloat（）函数的作用是将括号内的字符串转变为整数和浮点数（小数）。网页中使用表单form（）时，从文本框中取出来的值，都属于字符串类型，若想运算需先将它们转换成整数或浮点数类型，此时可利用这两个函数完成类型转换的工作。parseInt还支持基数转换，如parseInt（"10"，2）返回2。

（3）isNaN（表达式）。isNaN（）函数用于判断表达式是否为数值型，在使用parseInt（字符串）和parseFloat（字符串）函数时，如果字符串不代表一个数值，此时两个函数都会返回NaN（NaN的意思是Not a Number，指出不是一个数字）。通常，在使用上述函数后，还需要用isNaN函数进行判断，看字符串是否为数值，如果不是，需做其他处理。

（4）Boolean（对象）、Number（对象）、String（对象）。这几个函数是强制转换函数，其参数是对象。Boolean（）将对象转换为布尔值；Number（）将对象转换为数值；String（）将对象转换为字符串。Number与parseInt和parseFloat函数一样，如果转换失败，将返回NaN。

（5）escape（字符串）和unescape（字符串）。escape（）和unescape（）函数是一对功能相反的函数，对字符串进行编码和解码的工作。浏览器对URL代码采用ISO-Latin-1字符集进行编码，此时的空格、汉字等都用%开头的代码取代，可以采用unescape（）函数进行解码，还原成原来的样式。相反，也可以用escape（）函数编码，变成URL需要的格式。

2. 自定义函数

JavaScript函数是对象类型，对象可用变量存储，因此在定义方面、使用方面，

均可以将函数当成一个变量来对待，语法上非常灵活多样，此处仅介绍基本语法。

（1）函数定义。

创建函数的基本语法如下：

```
function 函数名（var1，var2，…，varN）
{
代码…
}
```

不需要返回值类型声明，参数名是可选部分，如果没有参数时使用一个空括号。参数中不需要参数类型。如果函数需要返回一个值给调用函数时，代码块中应该包括return语句。函数允许嵌套，即在一个函数中还允许调用其他函数。

例2-12 下面的函数会返回两个数相乘的值（a和b）。

```
function prod（a，b）
{
x=a*b;
return x;
}
```

同C#一样，调用上面这个函数时，必须传入两个参数，如：product=prod（2，3），从prod（）函数的返回值是6，这个值会存储在名为product的变量中。

（2）函数的调用。函数只有在被调用时才执行。有两种形式的函数调用语句。

函数名（参数列表）；

变量名=函数名（参数列表）。

其中第1种形式适合不返回参数的调用，第2种形式适合返回参数的调用。这与C#相同。

五、JavaScript脚本语言常用内置对象

在JavaScript程序中，除了可以操作DOM对象，JavaScript本身也是基于对象的编程语言，有很多有用的内置对象。每个对象有自己的属性、方法和事件。

1. 字符串对象String

除了字符串数据类型，JavaScript还内置字符串对象类型，两者一般混用，其用法和C#的String对象很相似。

JavaScript的字符串对象还有其他方法，如fromCharCode（字符代码）方法，可以将字符代码转换为字符。

2. 数组对象Array

JavaScript的数组对象，其属性和方法与c｝｝数组的属性和方法类似。

例2-13 数组对象使用的例子。

在网页中放入一个Select控件，修改id和name属性，并直接修改其option标记源码的onchange事件，编写事件处理函数脚本程序，得到如下代码：

```
<head>
        <title>数组对象的例子</title>
        <script language="javascript" type="text/javascript">
            function SelectProvince_onchange (){
                var ops = new Array ();
                ops = document.getElementsByTagName ("option");
                var str="";
                for (i = 0; i < ops.length; i++){
                    str += ops [i] .value;
                    if (ops [i] .selected) str += " 被选中";
                    str += "\n";
                }
                alert (str);
            }
        </script>
</head>
<body>
        <select id="SelectProvince" name="Provinces" onchange="return
SelectProvince_onchange () ">
            <option value="北京">北京</option>
            <option value="天津">天津</option>
            <option value="山东">山东</option>
            <option value="上海">上海</option>
            <option value="广东">广东</option>
        </select>
</body>
```

select元素是一个下拉框，其onchange事件在用户改变选择项时发生。代码中先声明了一个ops变量，并用new关键字和Array内置类构造函数进行了实例化，此处参数为空，即元素个数为0，该参数可以是参数个数，还可以是逗号分隔的元素列表。document对象的getElementsByTagName方法可以获取特定标记名称的元素集合，代码中使用一个赋值语句，使得数组变量ops存储了网页中所有option元素对象。option元素具有value属性，包括供提交的文本值，还具有selected属性，表示此选项当前是否被选中。代码又声明了字符串变量str，并用for循环遍历ops的各个元素，在str字符串中，每行一个元素：保存其value，若当前选中则记录“被选中”字样。代码的最后用警告对话框显示字符串变量str。请注意：对话框显示的字符串由JavaScript解释器解释，认为“\n”是换行符；用document.write写入网页的字符串，由HTML解析器解析，认为“
”是换行符。

3. 日期对象Date

JavaScript中没有日期时间数据类型，但有日期对象。

例2-14 制作数字时钟。

①网页中加入一个div，id为“nowDiv”。

②在head中加入script标记，输入如下脚本程序。

```
<head>
        <title>navigator对象属性的例子</title>
        <script language="javascript" type="text/javascript">
setInterval（"show（）"，1000）；//设置每1000毫秒调用一次show函数
function show（）{
                    var date = new Date（）；//空参数初始化Date对象，获得当前日期时间
                    var now = "";
                    now = date.getFullYear（）+ "-"；//取年份
                    now = now +（date.getMonth（）+ 1）+ "-"；//取月，0~11对应12个月
                    now = now + date.getDate（）+ " ";
                    now = now + date.getHours（）+ "："；
                    now = now + date.getMinutes（）+ "："；
                    now = now + date.getSeconds（）+ "";
                    document.getElementById（"nowDiv"）.innerHTML = now；//在div
内显示now字符串
}
        </script>
</head>
```

代码用window对象的setInterval方法设置每1 000毫秒调用一次show函数。show函数中，使用Date对象的空参数构造函数，得到包含当前日期时间的变量date，定义变量now存放时间字符串，接下来逐个调用Date对象的getFullYear、getMonth等分别获取当前日期时间的各个部分，组合到now字符串中，最终显示在nowDiv层元素中。需要注意的是，Date对象使用的月份数值范围是0～11。

Date对象也提供了toString（）方法，但转换得到的字符串格式与上面所说的结果有区别，请读者自行验证。

Date对象构造函数可以带年月日等参数，如“var gq = new Date（cur.getFuIIYear（），9，1）”；初始化一个当年10月1日的Date对象。

Date对象的getDay（）方法可获取星期几。getTime（）方法获取相对毫秒数值，此毫秒数是自1970年1月1日0时整（北京时间8时整）开始的相对值。Date对象也可以用这样的相对毫秒数值初始化，如var date= new Date（1000）；date变量包含的是北京时间1970年1月1日8时0分1秒。

Date对象还有其他属性和方法，此处不再详述。

4.数学对象Math

JavaScript的数学对象提供了许多强大的数学运算功能，完全能够满足编写脚本中对于数学运算的需要。数学对象与前面几种对象不同，它不需要使用new操作符来创建，可以直接使用Math来调用数学对象，其属性也就是标准数学常量，其方法构成了数学函数库。所有的属性和方法都是静态的，其使用格式为："Math.属性"和"Math.方法"。

数学对象中有许多属性，例如，PI代表圆周率的值，运算时可以直接使用Math.PI来获得圆周率。除此而外，Math.SQRT2代表2的平方根、Math.LN2代表2的自然对数等。

数学对象中有许多方法，现在介绍下面几种。

（1）min（值1，值2）与max（值1，值2）。min（）与max（）都有两个参数，分别代表两个值。min（）的功能是返回两个数值中的小者；max（）返回两个数值中的大者。例如，min（12，8）返回8，max（12，8）返回12。

（2）round（数值）、ceil（数值）和floor（数值）方法。round（）、ceil（）和floor（）3个方法都是将参数取整后返回，不同之处是取整的方法不同。round（）方法是将参数四舍五入后取整；ceil（）方法是返回大于或等于参数的最小整数；floor（）方法是返回小于或等于参数的最大整数。例如，round（3.5）返回4，ceil（3.5）返回4，floor（3.5）返回3。

（3）random（）方法。使用random（）方法能够产生0~1的一个随机数，当我们需要用一定范围的数字测试某个项目时，利用它产生数据特别方便。例如，想显示100个从10到100的随机数时，可以利用下面的程序：

```
var i;
var ss=new Array（100）;
for（i =0; i<100; i++）
{
        ss［i］=Math.round（（100-10）*Math.random（））+10;
}
alert（ss）;
```

（4）sqrt（）方法。sqrt（）方法的功能是返回数值的平方根。例如，要取2的平方根有两种形式：一种是运用Math.SQRT2属性，另外一种方法就是用Math.sqrt（2）方法。

（5）abs（数值）方法。abs（）方法的功能是返回数值的绝对值。例如，取-98的绝对值，可以利用Math.abs（-98）得到。

除此以外，JavaScript中可以用sin（数值）、cos（数值）和tan（数值）方法获取数值的正弦、余弦和正切函数值。利用asin（数值）、acos（数值）和atan（数值）获得反正弦、反余弦和反正切函数值，这里的数值都代表弧度值。

JaVaScript还内置了正则表达式RegExp、错误信息Error等对象，请有兴趣的读者自学。

能力拓展

制作一个图书订购单的网页，要求：

1. 添加“设为首页”和“添加收藏”功能；

2. 小计可以自动计算数量和单价的乘积；

3. 选购项目的复选框选中后会被自动计算。

项目3
数据库设计

项目导入

在学习了HTML、CSS（Cascading Style Sheet，层叠样式表）和JavaScript等重要的技术与语言基础后，我们知道上述的技术手段可以在浏览器端完成，设计的页面可以直接在浏览器中显示，即是我们通常所说的静态页面。现在交互式网站的许多功能都是在服务器端实现，即我们需要设计的是包含服务器程序的动态网站。我们还需要考虑如何设计数据库、创建数据库、访问数据库。

任务3.1 创建数据库

任务目标

1. 知识目标

（1）了解系统数据库及其作用；

（2）掌握创建数据库的方法；

（3）掌握数据库的查看、修改、删除等操作。

2. 素质目标

（1）具备分析及解决问题的能力；

（2）具备数据库日常维护的能力；

（3）树立精益求精的理念。

任务引入

数据库是数据库管理系统的基础与核心，是存放数据库对象的容器，数据库文件是数据库的存在形式。数据库管理就是设计数据库、定义数据库及修改和维护数据库的过程，数据库的效率和性能在很大程度上取决于数据库的设计和优化。

在SQL Server 2008系统中使用SQL Server Management Studio创建数据库，此方法直观简单，以图形的方式完成数据库的创建和数据库的属性设置；也可以使用T-SQL语句创建数据库和设置数据库的属性，这种方法可以把创建的数据库脚本保存下来，在其他机器上运行此脚本可以创建相同的数据库。

创建数据库的过程实际上是设计数据库的名称、设计数据库所占用的存储空间、设计存放文件的过程。因此创建数据库之前，必须先确定数据库的名称、数据库的所有者、文件的初始大小、数据的增长方式、存储数据库文件的路径和数据库的属性等。

任务分析

电子商务网站数据库的设计：数据库中的表包括用户表、管理员表、订单表、购物车表、产品表、栏目表。

任务实施

（1）打开SQL Server Management Studio数据库管理系统。数据库服务器IP地址为本机地址127.0.0.1，身份认证模式为SQL Server身份验证。登录用户名sa，密码为123456，单击“连接”按钮，如图3-1所示。

（2）鼠标右键选择“数据库”选项，鼠标左键单击“新建数据库”，如图3-2所示。

图3-1　数据库管理系统SQL Server 2008

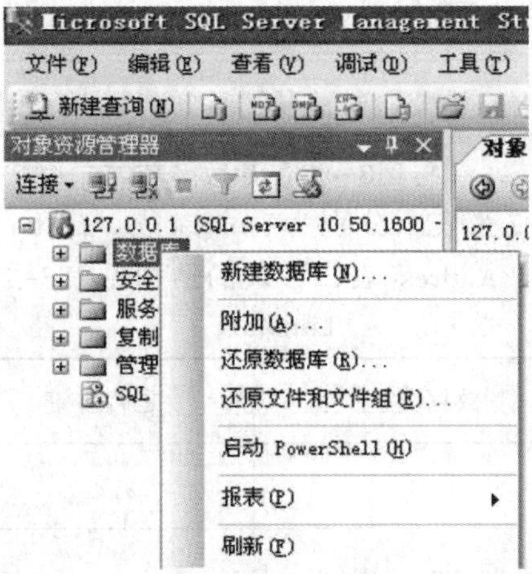

图3-2　新建数据库

（3）新建数据库，设置数据库的名称为database，数据库文件位置为D盘下，其他设置默认，如图3-3所示。

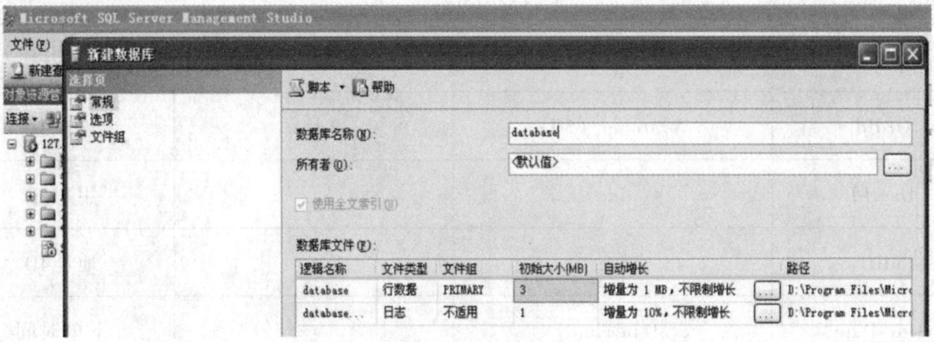

图3-3　数据库命名

（4）在数据库database中设置数据表，鼠标右键选中“表”，点击鼠标左键确定“新建表”，如图3-4所示。

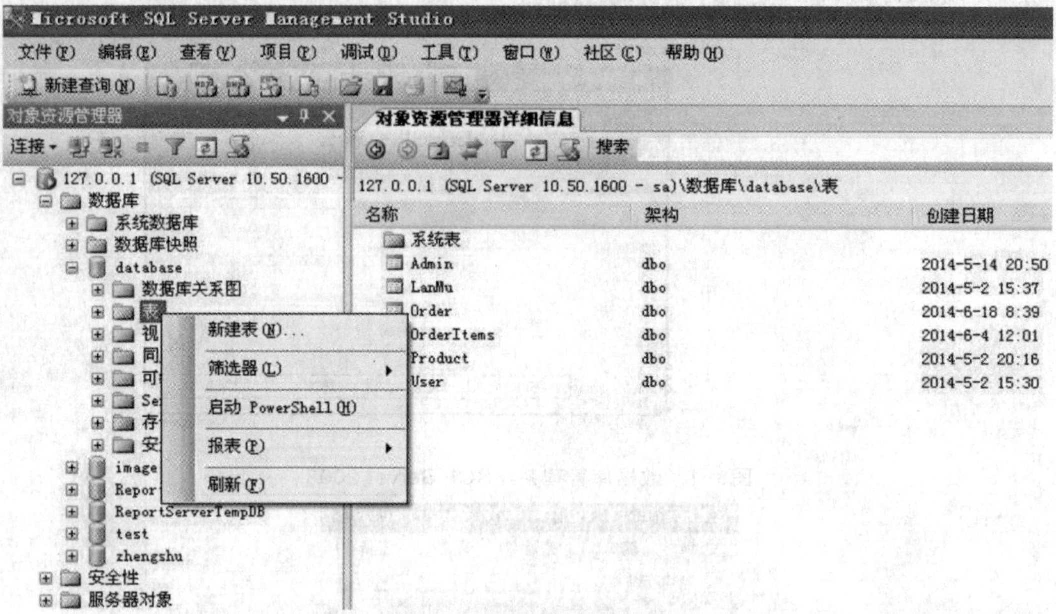

图3-4 新建数据表

该网站根据需求设计7张表，分别为LanMu表、Order表、OrderItems表、Product表、User表、Admin表、Address表，各表的结构见表3-1至表3-7。

表3-1 LanMu表

列名	数据类型	是否主键	备注
LanMuId	int	是	栏目ID
LanName	nvachar（10）		栏目名称
UpLanMu	int		上级栏目ID

表3-2 Order表

列名	数据类型	是否主键	备注
OrdId	Nvarchar（50）	是	订单ID
UserId	int		用户ID
adID	int		地址ID
OrderDate	DateTime		下单时间

表3-3 OrderItems表

列名	数据类型	是否主键	备注
OrdItemsId	int	是	购物项目ID
ProductId	int		产品ID
Amount	int		数量
OrdId	int		订单ID

表3-4 Product表

列名	数据类型	是否主键	备注
ProductId	int	是	商品ID
LanMuId	int		栏目ID
ProductName	nvachar（10）		产品名称
productImageBig	nvachar（10）		大图片地址
ProductImageSmall	nvachar（10）		小图片地址
Price	money		单价
Description	nvachar（10）		描述

表3-5 User表

列名	数据类型	是否主键	备注
UserId	int	是	会员ID
UserName	nvachar（10）		会员名称
Pwd	nvachar（10）		会员密码

表3-6 Admin表

列名	数据类型	是否主键	备注
Id	int	是	管理员ID
AdminUserName	nvachar（10）		管理员姓名
AdminPassWord	nvachar（10）		管理员密码

表3-7 Address表

列名	数据类型	是否主键	备注
adID	int	是	地址 ID
UserID	int		用户名
receiveName	nvarchar（10）		接收人姓名
reTelphone	int		接收人电话
reAddress	nvarchar（50）		接收人地址

特别提示

由于在本任务中创建的用户信息表表名为User，但是针对SQL语句来说，User是一个关键字，因此在创建过程中，如果使用SQL语句来创建表的时候，需要使用［User］的格式来创建用户表。

相关知识

数据库是SQL Server存放数据和数据对象（如表、索引、视图、存储过程、触发器）的容器，用户在使用数据库管理系统提供的功能时，首先必须将自己的数据库放置和保存到用户的数据库中。SQL Server通过事务管理日志来记录用户对数据库进行的所有操作（如对数据库执行的增、删、改、查等），而管理数据库及其对象是数据库的主要任务。

在SQL Server 2008中包含两类数据库：系统数据库和用户数据库。系统数据库存储有关SQL Server的系统信息，它们是SQL Server 2008管理数据库的依据。如果系统数据库遭受破坏，那么SQL Server将不能正常启动。在安装SQL Server 2008时系统将创建四个系统数据库：Master、Msdb、Model、Tempdb，见表3-8。

表3-8 系统数据库说明

系统数据库	说明
Master数据库	记录SQL Server实例的所有系统级信息
Msdb数据库	用于SQL Server代理计划警报和作业
Model数据库	用作SQL Server实例上创建的所有数据库的模板。对Model数据库进行的修改（如数据库大小、排序规则、恢复模式和其他数据库选项）将应用于以后创建的所有数据库
Tempdb数据库	一个工作空间，用于保存临时对象或中间结果集

除了如表3-8所示的4个系统数据库，实际上还包含一个隐藏的只读数据库：Resource数据库，它包含了SQL Server 2008中的所有系统对象。SQL Server系统对象（例如sys.objects）在物理上持续存在于Resource数据库中，但在逻辑上，它们出现在每个数据库的sys架构中。Resource数据库是隐藏的，通常应该由Microsoft客户服务专家来打开，用于查找问题和进行客户支持。

另外，在SQL Server2008中，对应于OLTP、数据仓储和Analysis Service解决方案，提供了AdventureWorks、AdventureWorksDW、AdventureWorksAS3个示例数据库，可以作为学习SQL Server的工具。默认情况下，SQL Server 2008不安装示例数据库。如果需要可以从微软网站下载安装。

一、了解数据库

打开Management Studio 2008中的资源管理器，我们就可以看到所描述的4个系统数据库。

1. Master数据库

Master数据库是“数据库中的数据库”，Master数据库记录SQL Server系统的所有系统级信息。Master数据库是SQL Server的核心，如果该数据库被损坏，SQL Server将无法正常工作。Master数据库中包含以下重要信息：实例范围的元数据（例如登录账号）、端点、链接服务器和系统配置设置；其他数据库是否存在以及这些数据库文件的位置；SQL Server的初始化信息。

在SQL Server 2008中，系统对象不再存储在Master数据库中，而是存储在Resource数据库中。

2. Msdb数据库

Management Studio和SQL Server Agent使用Msdb数据库来存储计划信息以及与备份和恢复相关的信息，尤其是SQL Server Agent需要使用它来执行安排工作和警报，记录操作者等操作。

3. Model数据库

Model数据库是用在SQL Server实例上创建的所有数据库的模板。因为每次启动SQL Server时都会创建Tempdb，所以Model数据库必须始终存在于SQL Server系统中。

当执行Creat database语句时，将通过复制Model数据库中的内容来创建数据库的第一部分，然后用空白页填充新数据库的剩余部分。

如果修改Model数据库，之后创建的所有数据库都将继承这些修改。

4. Tempdb数据库

Tempdb数据库是连接到SQL Server实例的所有用户都可用的全局资源，它保存所有临时表和临时存储过程。另外，它还用来满足所有其他临时存储要求，例如存储SQL Server生成的工作表。

每次启动SQL Server时，都要重新创建Tempdb，以便系统启动时该数据库总是空的。在断开连接时SQL Server会自动删除临时表和存储过程，并且在系统关闭后没有活动连接。因此Tempdb无法从一个SQL Server会话保存内容使其用于另一个会话。

二、创建数据库

每个SQL Server 2008数据库至少具有两个系统文件：一个数据文件和一个日志文件。数据文件包含数据和对象，如表、索引、存储过程和视图。日志文件包含恢复数据库中的所有事物所需的信息。为了便于分配和管理，可以将数据文件放在文件组中。

默认情况下，在单磁盘中，数据和事物日志被放在同一文件目录下，大多数数据库在只有单个数据文件和单个事物日志文件的情况下性能良好。为安全考虑，在生成环境中，建议将数据文件和日志文件放在不同的磁盘上。

1. 数据文件

数据文件是存放数据库数据和数据库对象的文件。一个数据库可以有一个或多个数据文件。当有多个数据文件时，有一个文件被定义为主数据文件（Primary Database File），扩展名为.mdf。它用来存储数据库的启动信息和部分或全部数据，一个数据库中有一个主数据文件。其他数据文件被称为次要数据文件（Secondary Database File），扩展名为.ndf，次要数据文件可用于将数据分散到多个磁盘上。如果数据库超过了单个Windows文件的最大长度，可以使用次要数据文件，这样数据库就能继续增长。

2. 事物日志文件

事物日志文件保存用于恢复数据库的日志信息。每个数据库必须至少有一个日志文件，也可以有多个。事物日志的建议文件扩展名是.ldf。

3. 物理文件

每个数据库文件有两个名称。

（1）逻辑文件名（Logical_file_name）。在所有Transact-SQL语句中引用物理文件时所使用的名称，在数据库中的逻辑文件名必须是唯一的。

（2）物理文件名（Os_file_name）。包含目录路径的物理文件名。

4. 文件大小

必须指定数据文件和日志文件的初始大小，或采用默认大小。随着数据不断地被添加到数据库，这些文件将逐渐变大。

在创建数据库时，应根据数据库中预期的最大数据量，创建尽可能大的数据文件。允许数据文件自动增长，但要有一定的限度。为此，需要指定数据文件增长的最大值，以便在硬盘上留出一些可用空间，这样便可以使数据库在添加超过预期的数据时继续增长，而不会填满磁盘驱动器。如果已经超过了初始数据文件的大小并且文件开始自动增长，则重新计算预期的数据库容量的最大值，然后根据计划添加更多的磁盘空间。如果需要，在数据库中创建并添加更多的文件或文件组。

5. 文件组

为便于分配和管理，可以将数据文件分成文件组（日志文件不包括在文件组内）。文件组有两种类型：

主文件组：主文件组包含主数据文件和任何没有明确分配给其他文件组的其他文

件，系统表的所有页均分配在主文件组中。

用户定义文件组：用户定义文件组是通过在Create database或Alter database语句中使用FileGroup关键字指定的任何文件组。

三、数据库设计

数据库设计是指对于一个给定的应用环境，构造最优的数据库模式，建立数据库及其应用系统，使之能够有效地存储数据。数据库系统设计包含以下两方面的内容：

（1）结构特性设计。

结构特性设计通常是指数据库模式或数据库结构设计，它应该是具有最小冗余的、能满足不同用户数据需求的、能实现数据共享的系统。数据库结构特性是静态的，应具有冗余便于扩展。

（2）行为特性设计。

行为特性设计是指应用程序、事务处理的设计。

行为特性设计（Database Design）是指根据用户的需求，在某一具体的数据库管理系统上，设计数据库的结构和建立数据库的过程。数据库系统需要操作系统的支持。

数据库设计是建立数据库及其应用系统的技术，是信息系统开发和建设中的核心技术。由于数据库应用系统的复杂性，为了支持相关程序运行，数据库设计就变得异常复杂，因此最佳设计不可能一蹴而就，而只能是一种“反复探寻，逐步求精”的过程，体现精益求精的工匠精神，也就是规划和结构化数据库中的数据对象以及这些数据对象之间关系的过程。

1. 需求分析

调查和分析用户的业务活动和数据的使用情况，弄清所用数据的种类、范围、数量以及它们在业务活动中交流的情况，确定用户对数据库系统的使用要求和各种约束条件等，形成用户需求规约。

2. 概念设计

通过对用户要求描述的现实世界（可能是一个工厂、一个商场或者一个学校等）诸处的分类、聚集和概括，建立抽象的概念数据模型。这个概念模型应反映现实世界各部门的信息结构、信息流动情况、信息间的互相制约关系以及各部门对信息储存、查询和加工的要求等。所建立的模型应避开数据库在计算机上的具体实现细节，用一种抽象的形式表示出来。以扩充的实体-联系模型（E-R模型）为例，第一步先明确现实世界各部门所含的各种实体及其属性、实体间的联系以及对信息的制约条件等，从而给出各部门内所用信息的局部描述（在数据库中称为用户的局部视图）。第二步再将前面得到的多个用户的局部视图集成为一个全局视图，即用户要描述的现实世界的概念数据模型。

3. 逻辑设计

逻辑设计的主要工作是将现实世界的概念数据模型设计成数据库的一种逻辑模式，即适应某种特定数据库管理系统所支持的逻辑数据模式。与此同时，可能还需为各种数据处理应用领域产生相应的逻辑子模式。这一步设计的结果就是“逻辑数据库”。

SQL全称是Structured Query Language（结构化查询语言），它结构简洁，功能强大，简单易学，所以自从IBM公司1981年推出以来，就得到了广泛应用。如今，无论是Oracle、Sybase、Informix、SQL Server这些大型的数据库管理系统，还是Visual FoxPro、Access这些微机上常用的数据库开发系统，都支持SQL作为查询语言。

SQL包含4个部分：

数据查询语言（DQL，Data Query Language）：Select。

数据操作语言（DML，Data Manipulation Language）：Insert、Update、Delete。

数据定义语言（DDL，Data Definition Language）：Create、Alter、Drop。

数据控制语言（DCL，Data Control Language）：Grant、Revoke、Commit、Rollback等。

四、创建和管理SQL Server 2008数据表

SQL Server 2008数据表是数据库中最重要、最基本、最核心的对象，也是实际存储数据的地方。其他数据库对象，如索引、视图等，都是依附表对象而存在的。对数据库的各种管理操作，实际上主要是对数据库中表的管理操作。通过表的管理技术，包括表的概念，表的创建、修改和删除等操作，可以深刻理解表的特点和类型，熟练地掌握创建和修改表的相关技术。

1. 表的概念

表是关系模型中表示实体的方式，是数据库存储数据的主要对象。SQL Server 2008数据库的表由行和列组成，行有时也称为记录，列有时也称为字段或域，如图3-5所示。

列

订单号	客户代号	产品号	单价	数量	订单日期
10248	007	11	10	20	2014-10-05
10249	009	40	8.8	10	2014-09-29
10250	008	41	36	40	2014-10-20

行

图3-5 SQL Server 2008数据库的表模式

表中每一行数据都表示了一个唯一的、完整的订单信息。表中每一列都是对订单某种属性的描述。

在表中，行的顺序可以是任意的，一般按照数据插入的先后顺序存储。在使用过程中，可以使用排序语句或按照索引对表中的行进行排序。

列的顺序也可以是任意的，对于每个表，最多可以允许用户定义1 024列。在同一个表中，列名必须是唯一的，即不能有名称相同的两个或两个以上的列同时存在于一个表中，并且在定义时需要为每列指定一种数据类型。在同一个数据库的不同表中，可以使用相同的列名。

2. 创建数据表

创建数据表实际上就是设计和实现表结构的过程。首先确定该表应该由哪些列组成，每列的数据类型是什么，是否允许为空、是否需要添加约束信息，限制该列数据的输入范围，以保证输入数据的正确性和一致性。例如，对于学生每门课的成绩，只能取值为0～100，此时就需要在成绩列上添加相应的约束。确定了表结构后，就可以通过图形方式或者命令行方式创建表。

能力拓展

请创建一个成绩发布网站的数据库，数据库包括3个表：学生用户表（见表3-9）、教师用户表（见表3-10）和学生成绩表（见表3-11）。

表3-9 **学生用户表**

字段名称	说明	数据类型	是否主键
stuID	学号	Varchar（10）	是
stuPwd	密码	Varchar（50）	否

表3-10 **教师用户表**

字段名称	说明	数据类型	是否主键
teachID	教师编号	Varchar（10）	是
teachName	姓名	Varchar（10）	否
teachPwd	密码	Varchar（50）	否

表3-11 **学生成绩表**

字段名称	说明	数据类型	是否主键
stuID	学号	Varchar（10）	是
stuName	姓名	Varchar（50）	否
Score1	平时成绩	Float	否
Score2	期中成绩	Float	否
Score3	期末成绩	Float	否

任务3.2 连接数据库

任务目标

1. 知识目标

（1）掌握在Visual Studio中连接数据库的方法；

（2）了解页面与数据库进行交互的原理。

2. 素质目标

（1）具备分析问题和解决问题的能力；

（2）具备网络安全及防范网上交易风险的意识；

（3）树立诚实守信、爱岗敬业的观念。

任务引入

数据库创建完成后，要让前台页面能与数据库进行交互，就必须要与数据库连接，这样才可以访问相关数据。

任务分析

数据库连接可以分为代码方式和拖拽方式两种，在任务中，我们先通过拖拽的方式来实现连接。

任务实施

（1）打开 Microsoft Visual Studio 2010，选择文件菜单，选择新建，新建项目，如图3-6所示。

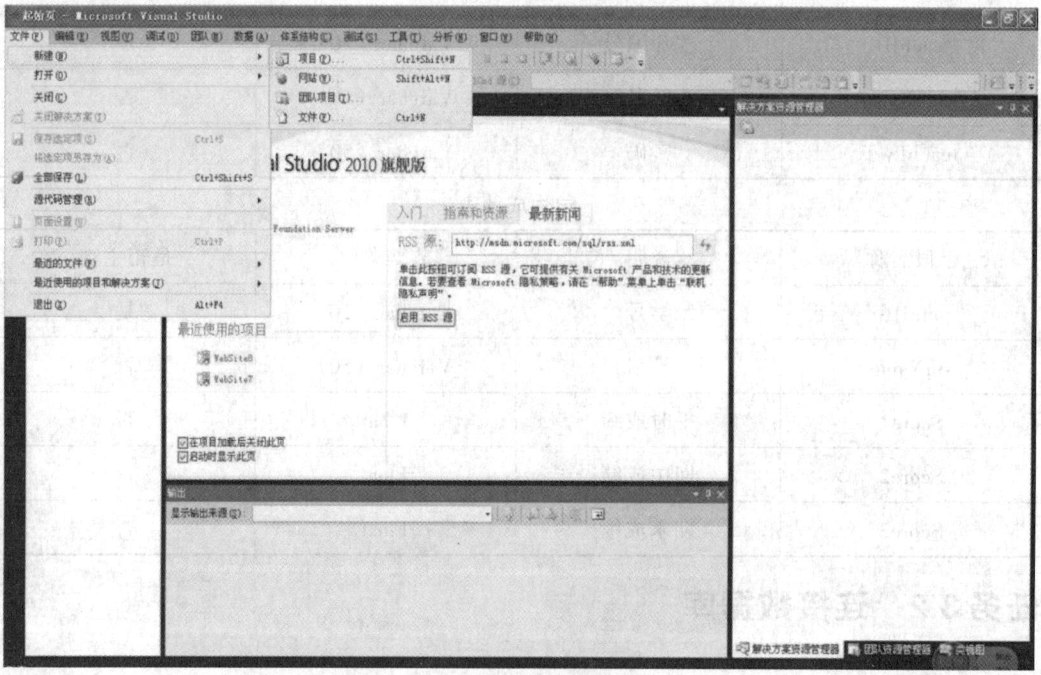

图3-6 新建项目

（2）将名称改为“现代服务学院电子商务网站”，选择“ASP.NET空Web应用程序”，单击“确定”按钮，如图3-7所示。

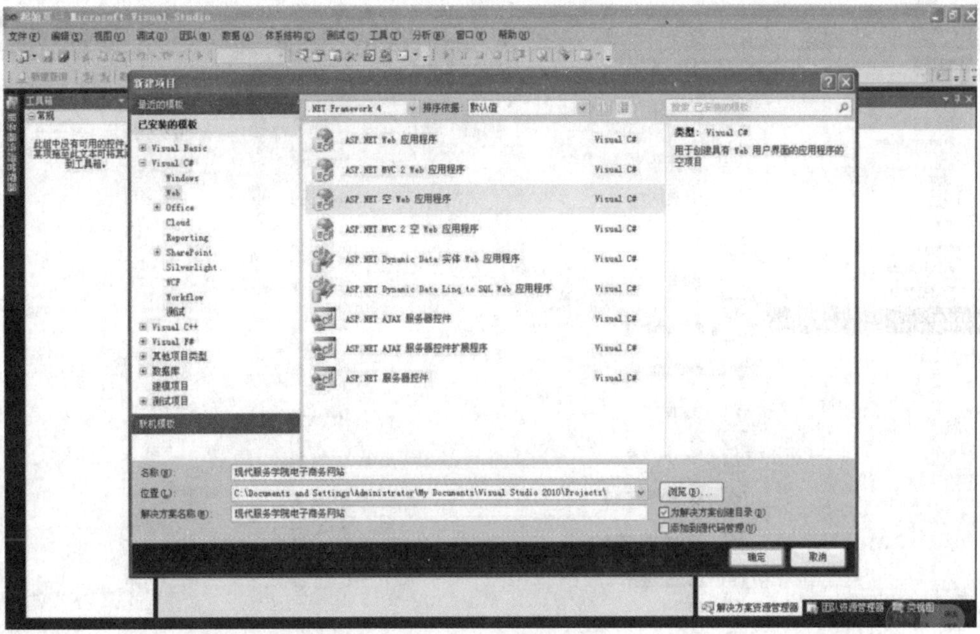

图3-7 项目命名

（3）将前台设计页面文件夹复制到项目中，即先复制文件夹，例如复制images文件夹，在“解决方案资源管理器”窗口中，单击鼠标右键，粘贴到“现代服务学院电子商务网站”项目中。

（4）添加新项，新建网站窗体文件，分别命名，如图3-8、图3-9所示。

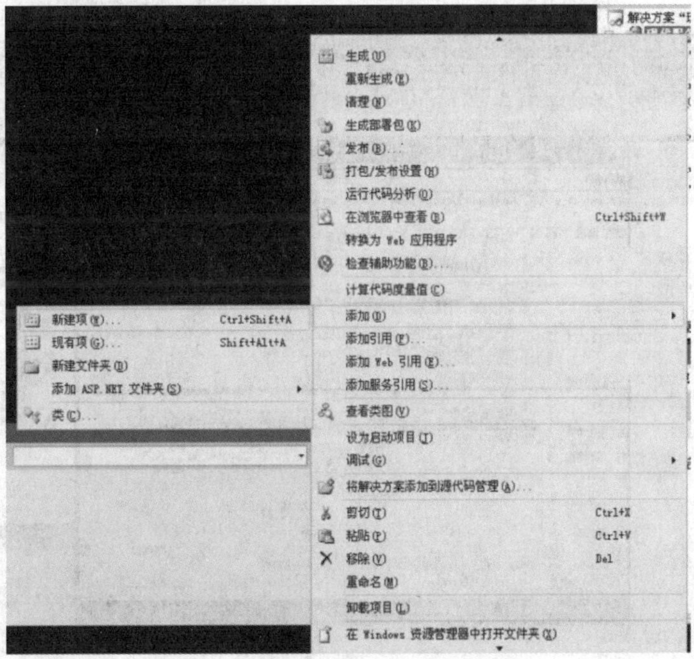

图3-8 添加窗体文件

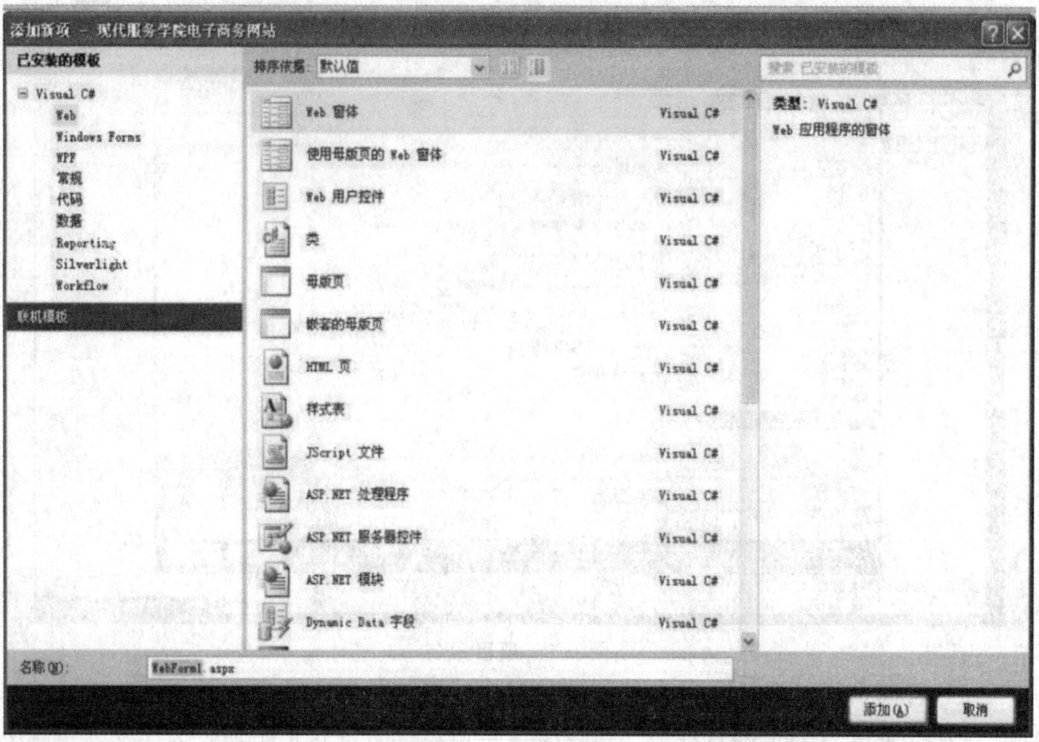

图3-9 窗体文件命名

（5）选择“服务器资源管理器”，单击鼠标右键，打开“添加连接”，如图3-10所示。

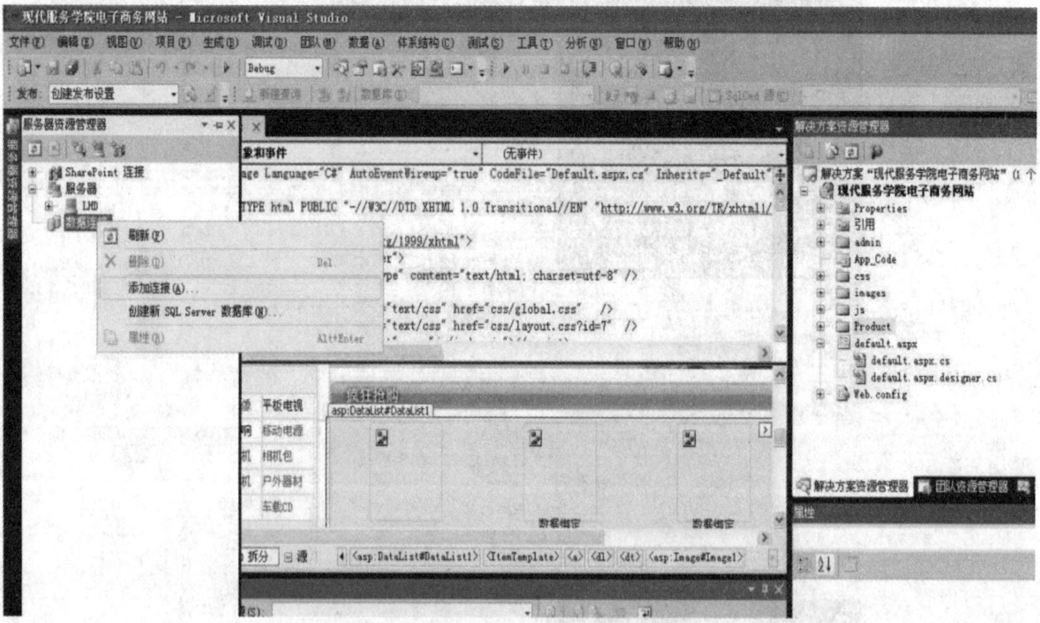

图3-10 连接数据库

（6）单击添加连接，弹出连接对话框，如图3-11所示。

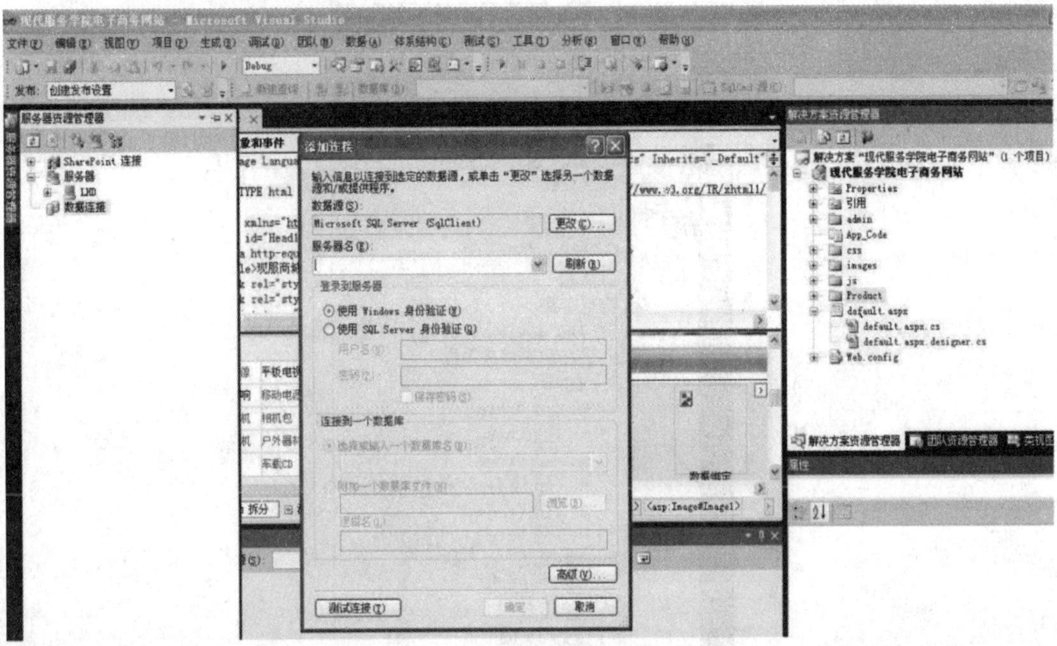

图3-11　选择数据库服务器

（7）在服务器名下拉菜单中输入IP地址：127.0.0.1，即本机数据库服务器地址，选择database数据库，单击测试连接，弹出测试连接成功对话框，如图3-12所示。

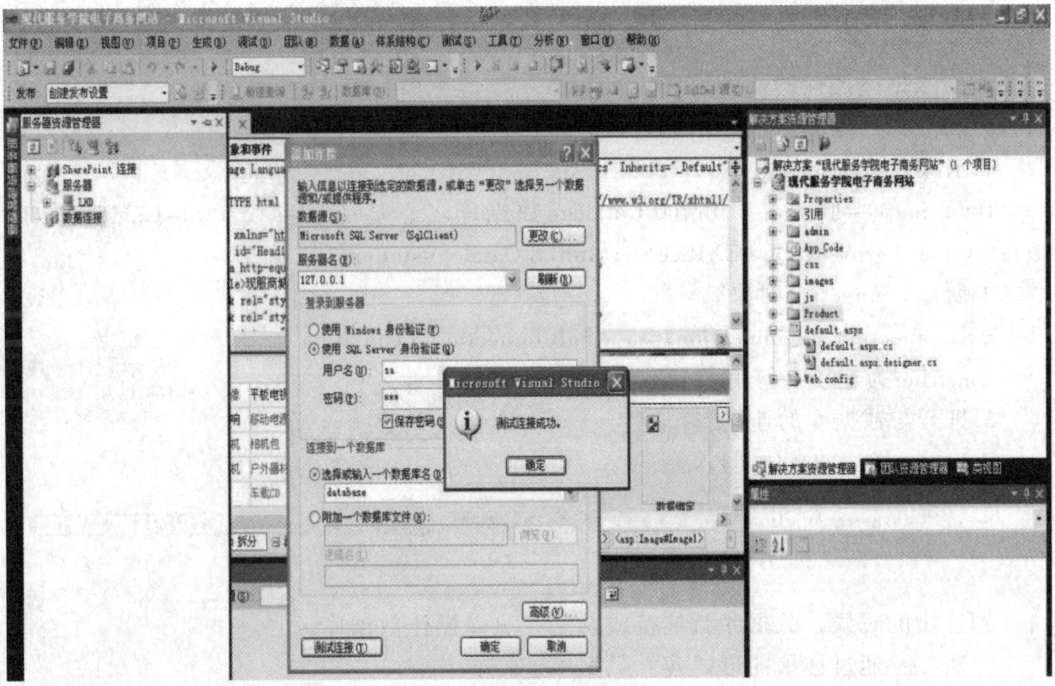

图3-12　测试连接状态

（8）连接成功，如图3-13所示。

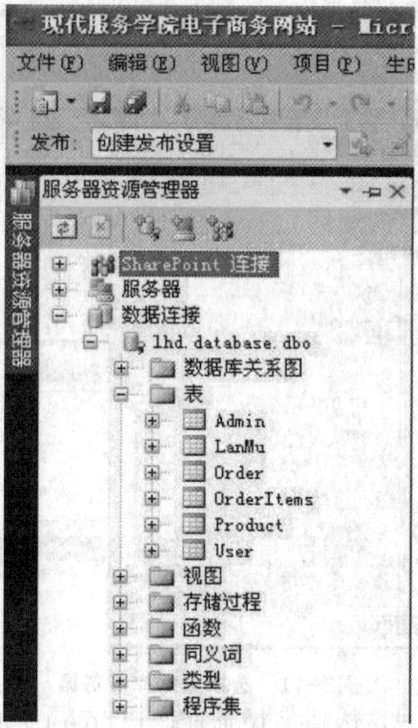

图3-13　成功连接数据库

相关知识

建立数据库连接的两种方法：

方法一：通过编写代码来连接数据库。

1.定义连接字符串。

Data Source=服务器；Initial Catalog=数据库名；User ID=sa；Pwd=123456，如：Data Source=IDEA-PC\SQLEXPRESS；Initial Catalog=student；User ID=sa。

2.创建Connection对象。

SqlConnection sqlconnection1=new SqlConnection（constring)。

constring为连接字符串。

3.打开与数据库的连接。

Sqlconnection1.Open（）。

到这步的时候，数据库就连接成功了，可以操作数据库。

方法二：通过拖拽的形式建立数据库连接。

打开视图-->服务器资源管理器，如图3-14所示。

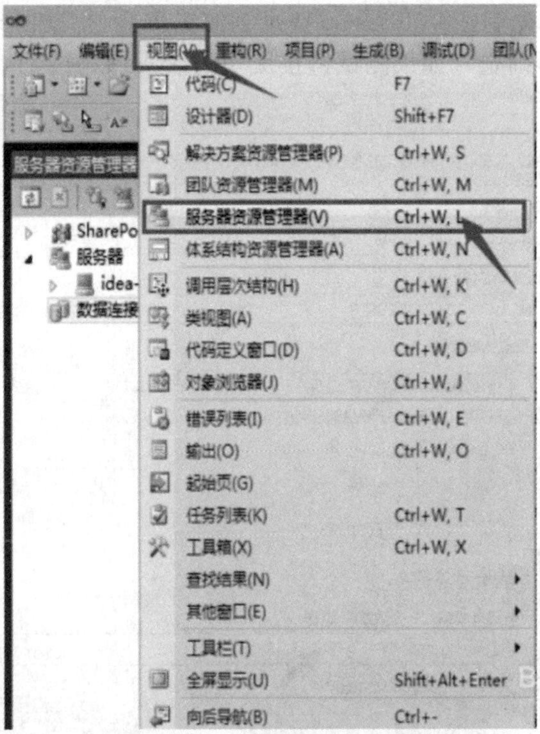

图3-14　打开服务器资源管理器

右键点击数据连接，选择添加连接，如图3-15所示。

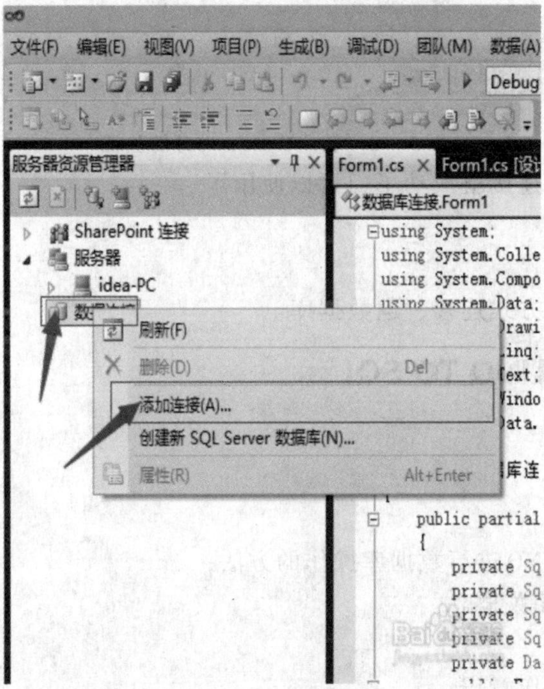

图3-15　添加连接

选择服务器名（先刷新一下）-->登录到服务器身份验证形式-->选择一个数据库名-->测试链接-->确定（如果测试链接成功的话），如图3-16所示。

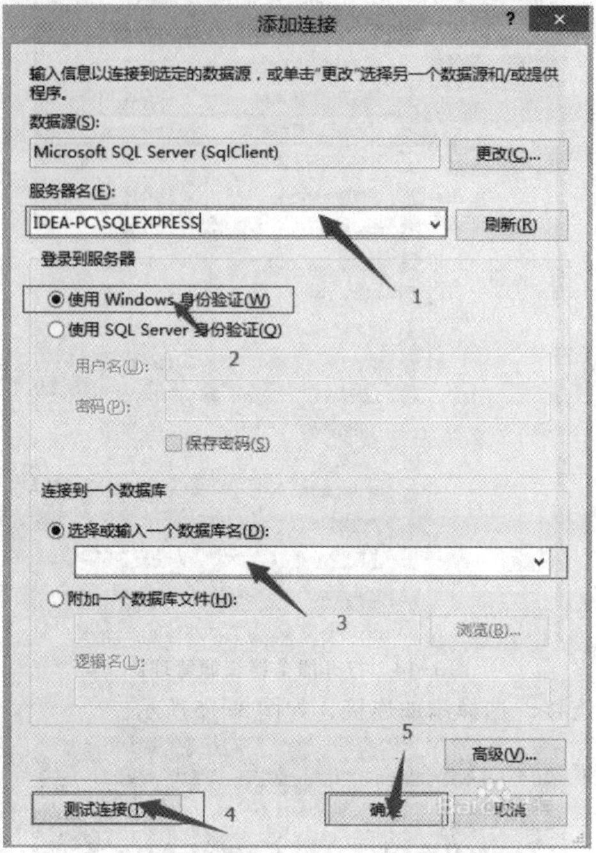

图3-16　使用Windows身份验证

这时建立数据库连接就成功了，可以使用了。

能力拓展

在网站中用代码方式连接一遍数据库。

任务3.3　创建LINQ TO SQL

任务目标

1. 知识目标

（1）掌握利用LINQ进行数据库操作的方法；

（2）了解LINQ相关概念。

2. 素质目标

（1）具备团队合作意识；

（2）具备爱岗敬业的工匠精神；

（3）具有分析问题和解决问题的能力。

任务引入

LINQ是Language Integrated Query的缩写，它是集成在.NET编程语言中的一种特性，已成为编程语言的一个组成部分，可以方便地对内存中的信息进行查询而不仅仅只是对外部数据源的查询。

任务分析

利用LINQ进行数据访问。

任务实施

LINQ访问数据流程：

（1）单击鼠标右键，添加“新项”，添加LINQ to SQL，如图3-17所示。

图3-17　添加LINQ to SQL

（2）默认生成DataClasses1.dbml，在项目中添加LINQ to SQL时，还在IDE上添加了一个新功能：.dbml文件的可视化表示。新的O/R设计器在IDE的文档窗口中显示为一个选项卡。图3-18显示了O/R设计器第一次启动时的视图。O/R设计器由两部分组成，第一部分用于显示数据类，它可以是表、类、关联和继承。在这个设计界面上拖动这些项，可以显示所操作的对象的可视化表示。第二部分（右边）用于显示方法，这些方法映射到数据库中的存储过程上。

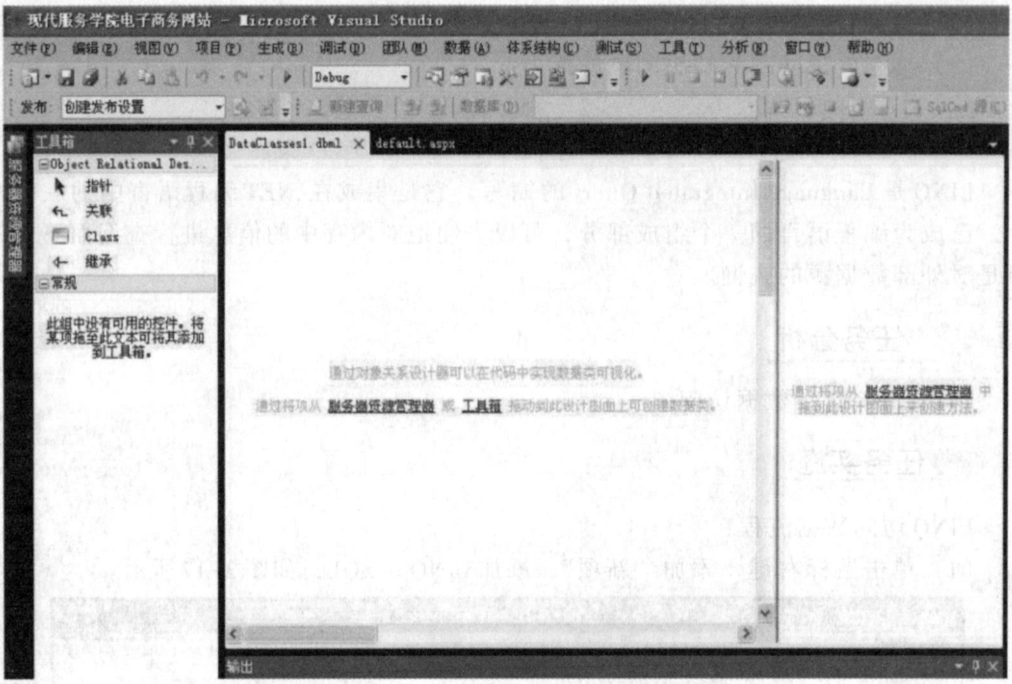

图3-18　打开DataClasses1.dbml文件

（3）选中“服务器资源管理器”中的数据表，按住鼠标左键依次将database数据库中的表拖入到DataClasses1.dbml文件中，建立相应的表对象，如图3-19所示。

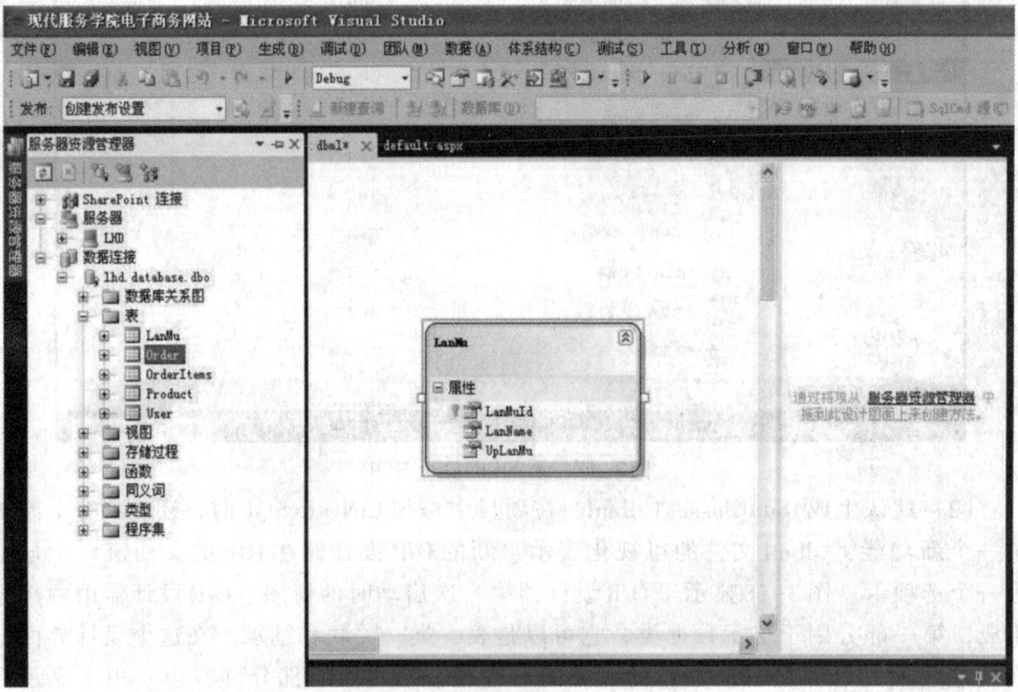

图3-19　创建LanMu对象

（4）建立6个表对象，如图3-20所示。

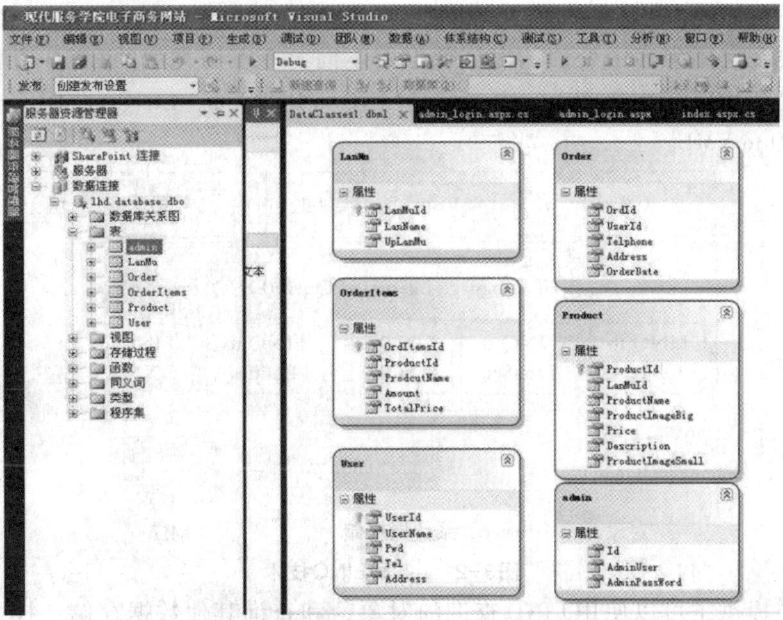

图3-20 建立6个表对象

相关知识

在.NET Framework 3.5中，新增的功能就是.NET Language Integrated Query Framework（LINQ），它在LINQ主要数据集成的基础上提供了一种轻型方式。这是一个很好的功能，因为数据是重要的。

每个应用程序都以某种方式处理数据，无论这些数据来自内存（内存中的数据）、数据库、XML文件、文本文件还是其他地方。许多开发人员发现很难把C#中强类型化的、面向对象的数据移动到对象是辅助类的数据层中。在最好的情况下，从一个环境转换到另一个环境也充满了易于出错的操作。

在C#中，用对象编程意味着利用一个强类型化的强大功能来处理代码，很容易在命名空间中导航，使用Visual Studio IDE中的调试器等。但是，在访问数据时，情况就大不相同了。

在没有强类型的环境中，调试很困难，甚至是不可能的，大部分时间都花在把字符串作为命令传送数据库上了。开发人员还必须注意底层的数据，了解它的构造方式以及所有数据点的相互关系。

微软公司把LINQ作为一种轻型版本，为底层的数据存储提供了一个强类型化的界面。LINQ为开发人员提供了再编码环境下工作的方式，可以把底层的数据作为对象来访问。

有了LINQ，我们创建的查询现在就变成.NET Framework和其他环境中的一流成员。在对要操作的数据存储执行查询时，会很快发现它们现在的操作方式类似于系统中的类型。这说明，现在可以使用任意兼容.NET的语言来查询底层的数据存储，这在以前是不可能的。

根据要在应用程序中处理的底层数据的不同，有不同类型的LINQ功能。图3-21列出了各种LINQ技术：LINQ to Objects、LINQ to DataSets、LINQ to SQL、LINQ to Entities、LINQ to XML。

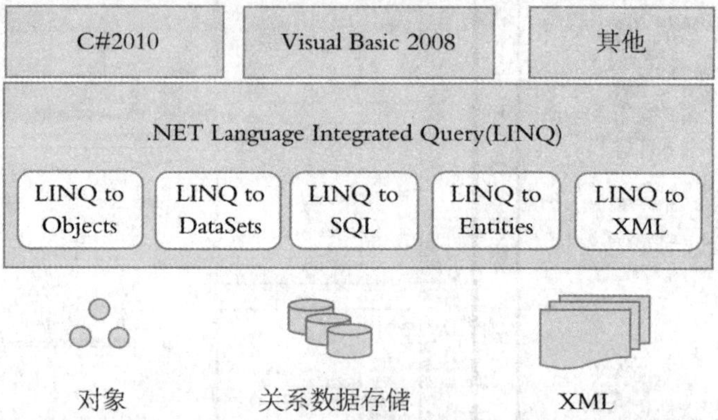

图3-21 各种LINQ技术

类库中提供了可以使用LINQ查询的对象，和查询其他数据存储一样，但其实这个对象只不过是存储在内存中的数据。实际上，对象本身可能就在查询数据，此时应使用LINQ to Object。

LINQ to SQL、LINQ to Entities 和 LINQ to DataSets都提供了查询关系数据的方式。使用LINQ可以直接查询数据库，甚至查询数据库中的存储过程。图3-21中的最后一项是使用LINQ to XML查询XML。LINQ非常强大的原因是它对所查询的内容没有任何限制，因为查询都类似。

实例：新建控制台应用程序Program.cs文件。

根据图3-19所示列出下列代码：

```
Using System;
Using System.Linq;
Namespace ConsoleApplication1
{
  Class Class1
  {
   Static void Main（string［］ args）
   {
    DataClasses1DataContext dc = new DataClasses1DataContext（）;
    Var query=dc.LanMu;
    foreach（LanMu LM in query）
     {
```

```
        Console.WriteLine (" {0} | {1} | {2} ",
LM.LanMuId, LM.LanMuName, LM.UpLanMu)
}
Console.ReadLine ();
}
}
}
```

这些代码并不多，但查询了数据库中LanMu表，提取了要显示的数据。下面单步执行这段代码，从Main（）方法的第一行开始：

```
DataClasses1DataContext dc = new DataClasses1DataContext ();
```

DataClasses1DataContext对象是DataContext类型的一个对象，基本上可以把这个对象看成映射到Connection类型对象上的一个对象。这个对象可以使用连接字符串，为需要的操作连接数据库。

```
Var query=dc.LanMu;
```

这里使用了新的var关键字，它是一个隐式的类型化变量。如果不能确定输出类型，就可以使用varLAI替代类型定义，再在编译期间设置类型。事实上，代码dc.LanMu返回一个System.Data.Linq.Table<ConsoleApplication1.LanMu>对象，这就是编译应用程序时设置的var。因此也可以用以下语句进行代替：

```
Table  <LanMu>query=dc.LanMu;
```

这种方法比较好，因为程序员以后查看应用程序的代码时，很容易理解其含义。使用var关键字还有一个隐含的优点：程序员可能会发现它有问题。要使用Table<LanMu>（这基本上是LanMu对象的一个泛型列表），就应引用System.Data.Linq命名空间。

赋予query对象的值是LanMu属性的值，它是Table<LanMu>类型。之后，下面的代码迭代Table<LanMu>中的LanMu对象集合：

```
foreach (LanMu LM in query)
        {
          Console.WriteLine (" {0} | {1} | {2} ",
LM.LanMuId, LM.LanMuName, LM.UpLanMu)
}
```

这个迭代从LanMu对象中提取了LanMuId、LanMuName、UpLanMu属性，并把它们写到程序中。

LINQ增删改查实例如下（本实例来自互联网——大气象博客）：

```
using System;
using System.Collections.Generic;
using System.Linq;
using System.Web;
```

```
using System.Web.UI;
using System.Web.UI.WebControls;
using System.Data.Common;
using System.Collections.Generic;
namespace FirstLinq
{
   public partial class _Default: System.Web.UI.Page
   {
      NorthwindDataContext ctx=newNorthwindDataContext ("Data Source=ZHANGSHUQ-
IANG; Initial Catalog=Northwind; Persist Security Info=True; User ID=sa; Password=sa");
protected void Page_Load (object sender, EventArgs e)
   {
      Linq1 ();
      Linq2 ();
      Linq3 ();
   }
   /// <summary>
   /// 增删改查
   /// </summary>
   private void Linq3 ()
   {
      //增
      t_User user = new t_User ();
      user.UserName = "大气象";
      user.Pwd = "123456";
      ctx.t_User.InsertOnSubmit (user); //以前的方法是Add ();
      ctx.SubmitChanges ();
      //改
      //参考这样的语法
string s = (from a in ctx.Customers select a) .Single (a => a.ID == 2);
      t_User userUpdate = ctx.t_User.SingleOrDefault (t_User => t_User.ID == 2); //
Single与SingleOrDefault没区别
      userUpdate.UserName = "大气象1";
      ctx.SubmitChanges ();
      //删
      t_User userDelete = (from userinfo in ctx.t_User where userinfo.ID == 1 select
userinfo) .FirstOrDefault ();
```

```
    if (userDelete != null)
    {
        ctx.t_User.DeleteOnSubmit (userDelete);
        ctx.SubmitChanges ();
    }
}
/// <summary>
/// 熟悉 Linq to sql 语法
/// </summary>
private void Linq2 ()
{
    Customers customer = new Customers ();
    //执行普通的sql语句，查询CustomerID="ANATR"的记录
        IEnumerable<Customers> customers = ctx. ExecuteQuery<Customers> ("select
* from Customers where CustomerID='ANATR'");
    customer = customers.First ();
    Response.Write (customer.CustomerID);
    //使用Linq查询单条记录
    var cus = from c in ctx.Customers where c.CustomerID.Equals ("ANATR") select c;
    customer = cus.First ();
    Response.Write (customer.CompanyName);
    //查询结果集，语法：from 临时表名 in 表集合 orderby 临时表名.字段名 升
级序 select 临时表名
    gdvCustomers. DataSource = from cust in ctx. Customers where cust. CustomerID !
= "ANATR" orderby cust.CompanyName descending select cust;
    gdvCustomers.DataBind ();
}
/// <summary>
/// 熟悉一下linq语法，变量的定义类似js，无须声明类型。
/// </summary>
private void Linq1 ()
{
    var age = 29;
    var username = "greatverve";
    var userlist = new [] {"a", "b", "c"};
    foreach (var user in userlist)
    {
```

```
            Response.Write (user);
        }
      }
   }
}
```

能力拓展

模仿相关知识中讲解的内容制作一个LINQ，要具备增、删、改、查功能。

项目4
Web页面设计

项目导入

电子商务网站是一个动态网站，因此所有的数据信息都是添加到数据库中的，或者从数据库中读取出来再显示在窗体上的，对数据库的访问是非常重要的一个环节。

任务4.1 使用DataList控件设计商品浏览页

任务目标

1. 知识目标

(1) 会用DataList控件显示数据。

(2) 会在页面上绑定显示经截取和过滤后的字符串。

2. 能力目标

动态地为DataList控件绑定数据源。

3. 素质目标

(1) 培养学生的思维建构能力，分析能力，协作能力。

(2) 培养学生的判断能力，提升其对网站建设中审美设计的领悟能力。

任务引入

DataList控件的一大特点是能实现灵活复杂的页面布局，所以可以通过它来做商品的显示工作。

任务分析

首页中的疯狂抢购里面涉及商品的图片与名称等内容的显示，若要查看详细内容，需要单击图片或商品名称提供的链接转到商品详情页。

任务实施

(1) 将工具箱中“数据”选项卡中DataList控件拖入default.aspx页面中，如图4-1所示。

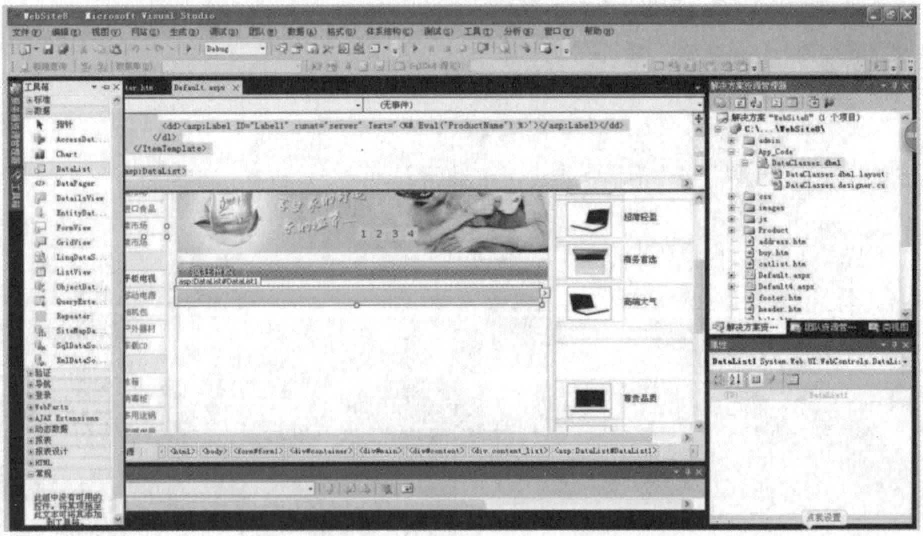

图4-1 网站前台首页面

（2）编辑模板，拖入Image控件及Label控件，并且设置相应的编辑DataBindings选项，如图4-2所示。

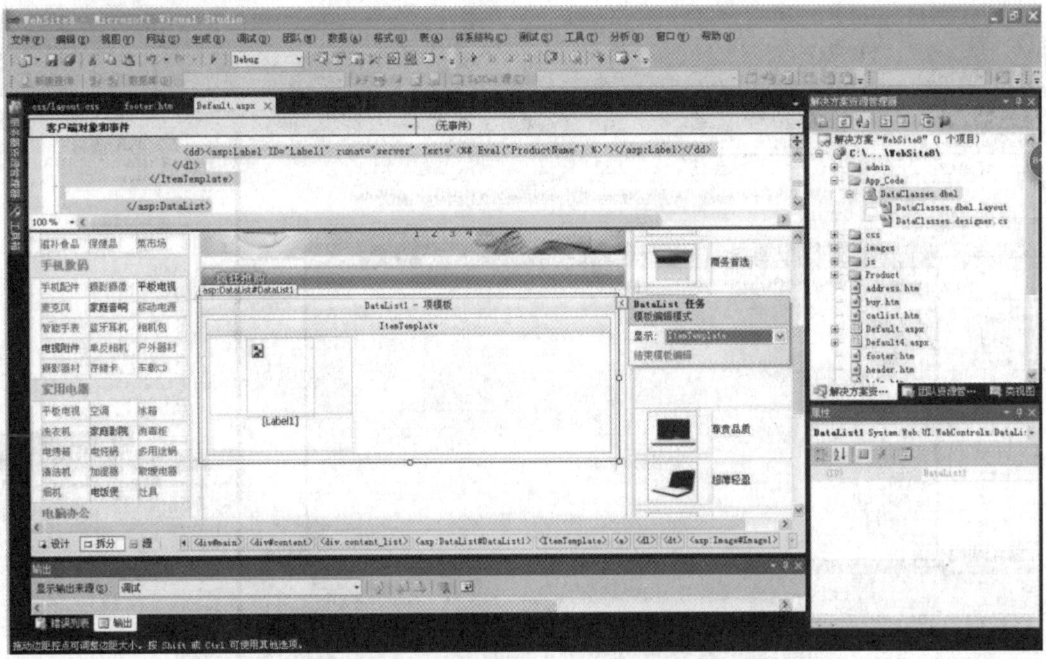

图4-2 首页面商品添加展示模板

（3）将Image控件的ImageUrl属性绑定表达式Eval（“ProductImage”），如图4-3所示。

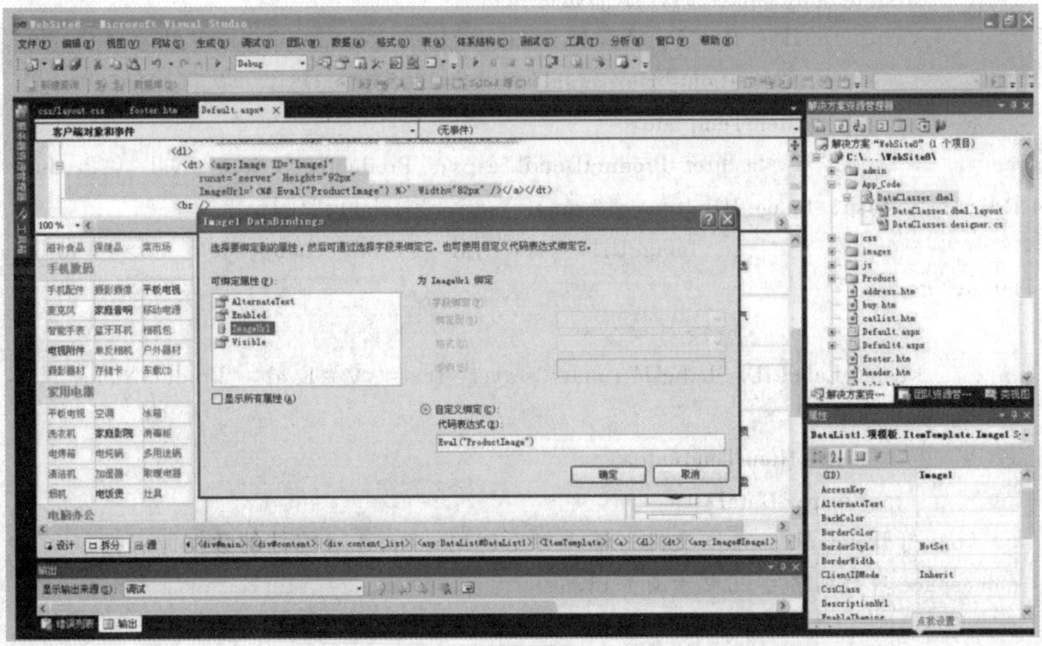

图4-3 Image控件属性绑定表达式

（4）将Label1控件的Text属性绑定代码表达式Eval（“ProductName”），如图4-4所示。

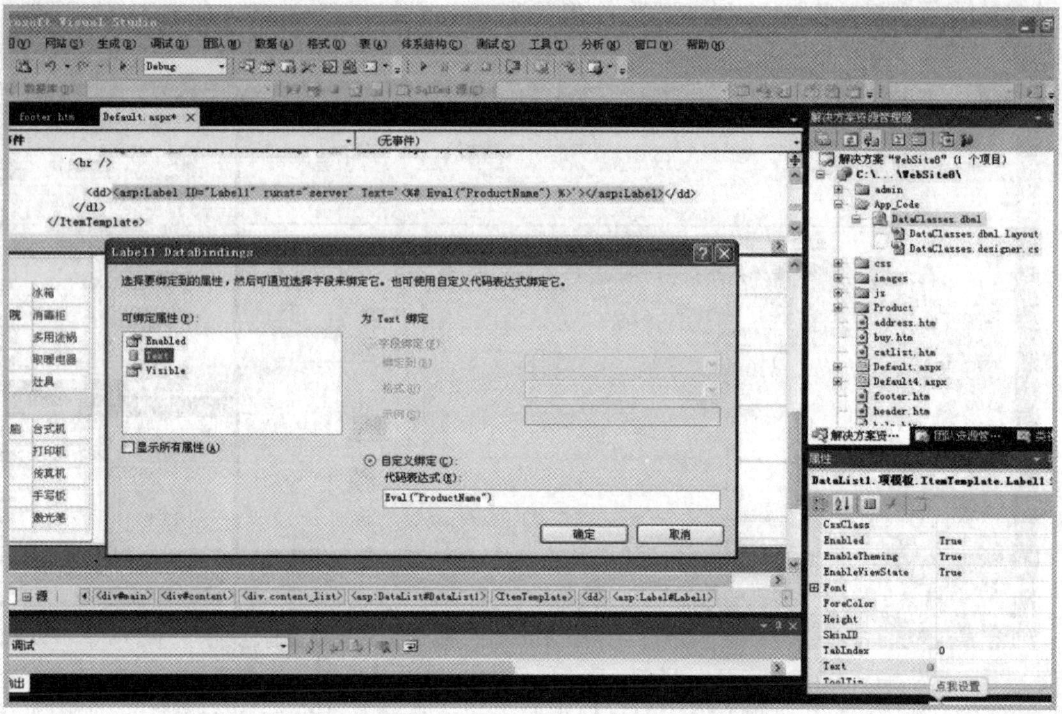

图4-4　Label1控件绑定表达式

（5）编辑default.aspx页面，添加超链接。

```
        <asp：DataList ID="DataList1" runat="server" RepeatColumns="4"
            RepeatDirection="Horizontal" Width="505px">
                <ItemTemplate>
                    <a href=ProductDetail. aspx? ProductId=< % # Eval ("Produc-
tId") %>><asp：Image ID="Image1" runat="server" Height="101px"
                            ImageUrl='<%# Eval ("ProductImageBig") %>' Width=
"98px" /></a>
                        <br />
        <asp：Label ID="Label1" runat="server" Text='<%# Eval ("ProductName") %
>'></asp：Label>
                </ItemTemplate>
            </asp：DataList>
```

（6）打开default.aspx.cs文件，输入如下代码，DataList控件的数据源属性。

```
namespace 现代服务学院电子商务网站
{
    public partial class _default： System.Web.UI.Page
```

```
{
    protected void Page_Load (object sender,  EventArgs e)
    {
        using (DataClasses1DataContext dc = new DataClasses1DataContext () )
        {
            DataList1.DataSource = dc.Product.Where (aa => aa.LanMuId == 1) .
OrderByDescending (bb=>bb.ProductId) .Take (12);
            DataList1.DataBind ();
        }
    }
}
}
```

程序代码详解：

绑定DataList.DataSource数据源：dc为数据库连接对象，dc对象Product即数据库中Product表，where条件。表中字段LanMuId的值为1的数据根据产品ID号降序排列，按照顺序取12条数据绑定到DataList控件上。

特别提示

DataList控件以模板和样式定义的格式显示数据。

相关知识

DataList控件是.NET中的一个控件。DataList控件以表的形式呈现数据，通过该控件，可以使用不同的布局来显示数据记录，例如，将数据记录排成列或行的形式。可以对DataList控件进行配置，使用户能够编辑或删除表中的记录（DataList控件不使用数据源控件的数据修改功能，用户必须自己提供此代码）。DataList控件与Repeater控件的不同之处在于：DataList控件将项目显式放在HTML表中，而Repeater控件则不然。

DataList控件用于显示限制于该控件的项目的重复列表，其使用方式和Repeater控件相似，也是使用模板标记。不过，DataList控件会默认地在数据项目上添加表格，而且正是由于它使用模板进行设计，所以灵活性比GridView更高。DataList控件可被绑定到数据库表、XML文件或者其他项目列表。DataList 控件新增 SelectedItemTemplate 和 EditItemTemplate 模板标记，可以支持选取和编辑功能。

一、DataList控件的模板

AlternatingItemTemplate为每一个间隔项提供内容和布局，如果没有定义，在DataList中将为每一项使用ItemTemplate；

EditItemTemplate为当前正在编辑的项提供内容和布局，如果没有定义，在DataList中将为正在编辑的项使用ItemTemplate；

FooterTemplate为页脚提供内容和布局，如果没有定义，DataList将不会有页脚；

HeaderTemplate为标题提供内容和布局，如果没有定义，DataList将不会有标题行；

ItemTemplate为必须定义，是每一项内容和布局的默认定义；

SelectedItemTemplate为当前选中的行提供内容和布局，如果没有定义，ItemTemplate将被使用；

SeparatorTemplate为项与项之间的分隔符提供内容和布局，如果没有定义，将不会使用分隔符。

二、DataList控件的常用属性和事件

Caption作为HTML caption元素显示的文本；

CellPadding为单元格内容和边框之间的像素数；

CellSpacing为单元格之间的像素数；

DataKeyField指定数据源中的关键字段；

DataKeys每条记录的键值的集合；

DataMember设定多成员数据源中的数据成员；

DataSource为控件设置数据源；

EditItemIndex编辑的行，从零开始的行索引，如果没有项被编辑或者清除对某项的选择，设置值为-1；

Items控件中的所有项的集合；

RepeatColumns设置显示的列数；

RepeatDirection如果为Horizontal，项是从左到右，然后从上到下显示，如果是Vertical，项是从上到下，然后从左到右显示的，默认值为Vertical；

SelectedIndex当前选中的项的索引，从0开始，如果没有选中任何项，或者清除对某项的选择，将值设置为-1；

SelectedItem返回当前选中的项；

SelectedValue返回当前的选中项；

ShowFooter是否显示页脚，默认值为True，仅当FooterTemplate不为null时有效；

ShowHeader是否显示标题行，默认值为True，仅当HeaderTemplate不为null时有效。

三、DataList控件的常用事件

DataBinding当控件绑定到数据源时触发（继承自Control）；

DeleteCommand当单击“Delete”按钮时触发；

EditCommand当单击“Edit”按钮时触发；

Init当控件初始化时触发（继承自Control）；

ItemCommand当单击控件中的一个按钮时触发；

ItemCreated当控件中的所有行创建完毕后触发；

ItemDataBound当绑定数据时触发；

PreRender在控件呈现在页面上之前触发（继承自Control）；

UpdateCommand当单击“Update”按钮时触发。

四、在DataList中显示数据

可以像Repeater控件那样来用DataList显示数据库表中的记录。但是，与Repeater控件不同的是：DataList控件的默认行为是在HTML表格中显示数据库记录。

如下程序清单演示如何显示pubs数据库中authors表中的数据。

```
<%@ Page Language="C#"%>
<%@ Import Namespace="System.Data.SqlClient" %>
<script runat=server>
void Page_Load（Object sender ， EventArgs e）
{
        SqlConnection conn;
        SqlCommand cmd;
        SqlDataReader dr;
        conn = new SqlConnection （ "Server=localhost; Database=Pubs; uid=cdd;
psw=123"）;
cmd = new SqlCommand （ "Select au_fname From authors"， conn）;
 conn.Open （）;
 dr = cmdSelect.ExecuteReader （）;
DataList1.DataSource = dr;
 DataList1.DataBind （）;
dr.Close （）;
conn.Close （）;
}
</Script>
<html>
<head><title>DataList.aspx</title></head>
<body>
<form Runat="Server">
<asp：DataList ID="DataList1" Runat="Server">
<ItemTemplate>
  <%#DataBinder.Eval （Container.DataItem， "au_fname"） %>
</ItemTemplate>
</asp：DataList>
   </form>
</body>
</html>
```

在DataList中显示记录时，authors表中每行都显示在独立的HTML表格中，也可以修改其RepeatLayout属性把DataList的项显示在HTML的<div></div>中。在默认情况下，RepeatLayout属性值为Table。如果把RepeatLayout属性设为Flow，那么每个项就显示在<div></div>中。

<asp：DataList RepeatLayout="Flow" Runat="Server">当RepeatLayout属性为Table时，通过设置GridLines属性可以在每个单元格周围显示线条。GridLines属性可选值有：Both / Horizontal / Vertical。

五、在DataList中创建多列

DataList的一个好处是可以以多个列显示数据项。通过设置其RepeatColumns和RepeatDirection属性，可以控制DataList的列的布局。

RepeatColumns属性决定要显示的列的数量。比如，如果要在DataList中显示4列的项，那么可以把这个属性设为4。

RepeatDirection属性句顶列是按水平或垂直方向来重复。在默认情况下，RepeatDirection值为Vertical。

注意，即使RepeatDirection值为Vertical，还是显示为4个列。RepeatColumns永远是指重复的列的数量，而不是行的数量。

六、捕获DataList控件中产生的事件

DataList控件支持事件冒泡，可以捕获DataList内包含的控件产生的事件，并且通过普通的子程序处理这些事件。有些人可能不太明白事件冒泡的好处所在，这样，我们反过来思考：如果没有事件冒泡，那么对于DataList内包含的每一个控件产生的事件都需要定义一个相应的处理函数，如果DataList中包含10 000个控件呢，或者更多呢？那我们得写多少个事件处理程序？所以有了事件冒泡，不管DataList中包含多少个控件，我们只需要一个处理程序就可以了。DataList控件支持5个事件：

（1）EditCommand：由带有CommandName="edit"的子控件产生。

（2）CancelCommand：由带有CommandName="cancel"的子控件产生。

（3）UpdateCommand：由带有CommandName="update"的子控件产生。

（4）DeleteCommand：由带有CommandName="delete"的子控件产生。

（5）ItemCommand：DataList的默认事件。

有了这5个事件，那么当点击了DataList控件中的某一个按钮的时候，应该触发哪一个事件呢？什么时候才触发它们呢？在ASP.NET中有3个控件带有CommandName属性，分别是Button、LinkButton和ImageButton，可以设置它们的CommandName属性来表示容器控件内产生的时间类型。比如，如果设置DataList中的一个LinkButton的CommandName属性为"update"，那么点击此按钮的时候，将会触发DataList的CancelCommand事件，我们可以将相关处理代码写到对应的事件处理程序中去。

下面的程序清单演示了点击DataList中3个CommandName（分别为edit、delete、

update）的LinkButton按钮。当点击不同的按钮时，在DataList中产生不同的事件，执行不同的程序：

```
<%@ Page Language="C#" %>
<%@ Import Namespace="System.Data.SqlClient" %>
<script runat=server>
void Page_Load (Object sender , EventArgs e)
{
        if (! IsPostBack){
            SqlConnection conn;

SqlCommand cmd;
SqlDataReader dr;
conn = new SqlConnection ( "Server=localhost; Database=Pubs; uid=cdd; psw=
123");
cmd = new SqlCommand ( "Select au_fname From authors", conn);
conn.Open ();
dr = cmd.ExecuteReader ();
dlstTitles.DataSource = dr;
dlstTitles.DataBind ();
dr.Close ();
conn.Close ();
}
}
void DataList1_ItemCommand ( object s, DataListCommandEventArgs e){
lblMessage.Text = "<li>Item Command! ";
}
void DataList1_EditCommand ( object s, DataListCommandEventArgs e){
lblMessage.Text += "<li>Editing Item! ";
}
void DataList1_DeleteCommand ( object s, DataListCommandEventArgs e){
lblMessage.Text = "<li>Deleting Item! ";
}
void DataList1_UpdateCommand ( object s, DataListCommandEventArgs e){
lblMessage.Text = "<li>Updating Item! ";
} </Script>
<html>
<head><title>DataListEvents.aspx</title></head>
```

```
<body>
<form Runat="Server">
<asp: Label ID="lblMessage" BackColor="yellow"  Runat="Server" />
<p>
<asp: DataList ID= "DataList1" OnItemCommand= "DataList1_ItemCommand" OnEdit-
Command= "DataList1_EditCommand" OnDeleteCommand= "DataList1_DeleteCommand"
OnUpdateCommand= "DataList1_UpdateCommand"  GridLines= "Both" CellPadding= "4"
Runat="Server">
<ItemTemplate>
<%#DataBinder.Eval（Container.DataItem， " au_fname "）%> <br>
<asp: LinkButton Text="Edit！" CommandName="edit" Runat="Server"/>
<asp: LinkButton Text="Delete！ " CommandName="delete" Runat="Server"/>
<asp: LinkButton Text="Update！ " CommandName="update" Runat="Server"/>
</ItemTemplate>
</asp: DataList>
</form>
</body>
</html>
```

在DataList中显示的3个LinkButton控件分别与相应的程序相关联。当点击名为delete的LinkButton控件的时候，就触发DataList控件DeleteCommand事件，该事件与DataList1_DeleteCommand函数相关联。

大家注意到与DataList关联的函数都带有一个DataListCommandEventArgs的参数，该参数表示从DataList传递给该函数的信息。DataListCommandEventArgs具有如下属性：

CommandArgument：表示来自产生该事件的控件的CommandArgument属性值。

CommandName：表示产生该事件的命令名称。

CommandSource：表示产生该事件的DataList控件。

Item：表示来自DataList的项，就是DataList中发生事件的那一项。该属性非常有用，在后面的章节中会经常使用到。

能力拓展

制作一个通过程序控制，动态地为DataList控件绑定数据源的功能。

任务4.2　使用QueryString跨页面传递参数

1. 知识目标

（1）掌握获取用户请求的方法。

（2）知道如何通过QueryString进行页面间的参数传递。

2. 能力目标

能够获取相关的用户上网信息，能够获取相关变量及其值。

3. 素质目标

（1）培养学生的动手实践能力与逻辑分析能力。

（2）培养学生团队协作精神与创新精神，提升团队交流与沟通能力。

任务引入

Request对象是获取当前请求的内置对象，用来捕获由客户端提交给服务器端的数据，如用户输入的数据。

任务分析

对于Get方法提交的请求，可以利用Request对象的QueryString方法获取URL后面相关的变量及其值。

任务实施

（1）新建页面插入一个表格，5行2列。左侧单元格选择右键合并单元格，从工具箱中拖入一个图片控件用于显示商品图片，右侧拖入3个LABEL标签，用于显现商品名称、价格，以及商品描述，再拖入1个文本框用于输入购买的数量。如图4-5所示。

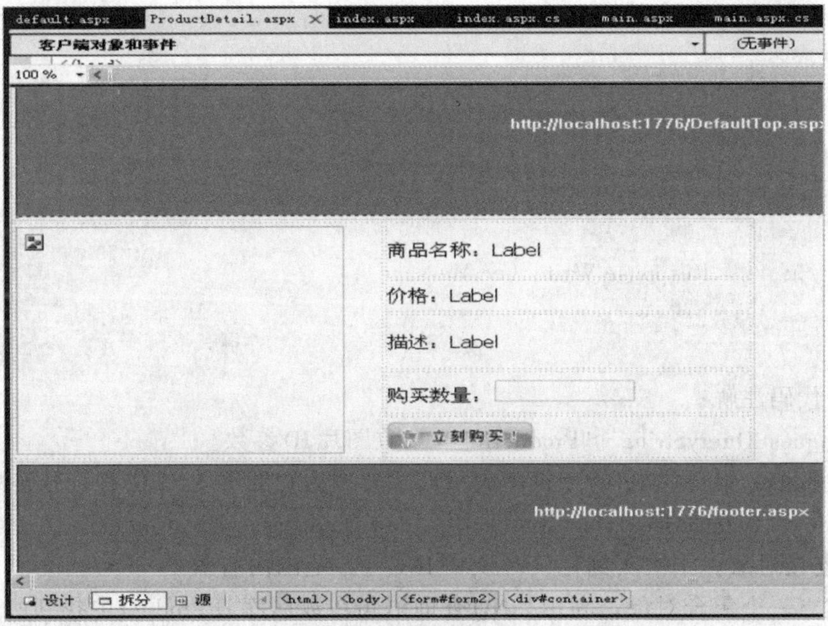

图4-5 商品详细页面设计

（2）在productdetail.aspx.cs中新建一个私有的方法DataBindByPicId()，当页面加载的时候调用这个方法。

```
private void DataBindByPicId（）
{
    try
    {
      int picId = int.Parse（Request.QueryString［"ProductId"］.ToString（））;
      using（DataClasses1DataContext dc = new DataClasses1DataContext（））
        {
          var picContext = dc.Product.Where（dd => dd.ProductId == picId）.SingleOrDe-
fault（）;
                    if（picContext！ = null）
                    {
                        this.Image1.ImageUrl = picContext.ProductImageBig;
                        this.Label1.Text = picContext.ProductName;
                        this.Label3.Text = picContext.Price.ToString（）;
                        this.Label4.Text = picContext.Description.ToString（）;
                    }
                    else
                    {
                        this.Image1.Width = 200;
                        this.Image1.Height = 300;
                    }
                }
            }
            catch（Exception ec）
            {
                Response.Write（ec.Message）;
            }
        }
```

程序代码注解：

1. Request.QueryString［"ProductId"］接收图片ID参数。

2. Int.parse（）将数字的字符串表示形式转换为它的等效32位有符号整数。

3. using（DataClasses1DataContext dc = new DataClassesDataContext（））实例化一个LINQ连接对象。本次实例化仅对该USING（）范围内有效。

4. 建立一个集合对象，利用LINQ查询语句在数据库表Product中找到所传的该图片的参数。

5. 条件判断语句，如果集合内容不为空的话，将进行数据绑定。否则，将该图片设置固定的高度和宽度。

相关知识

一、Get方法和Post方法

在学习HTML表单时，曾简单介绍过Get方法和Post方法。这两种方法和Request对象的使用密切相关，有必要再进行说明。

1. Get方法

在HTTP协议中，用户提交请求有两种方法：Get方法和Post方法。

Get方法提交请求时，表单的内容是直接放在URL后面传递给服务器的，表单和提交请求的网页之间用问号“?”分开。多项表单时，值和表单用一个“&”符号分开。如：

http：//localhost/aa/temp.aspx？ name=test&age=22

上面语句表明用户请求提交给服务器上的动态网页temp.aspx处理，提交了两个表单项：name的值是test，age的值是22，是以Get方法提交的。

由于表单项的内容暴露在URL中，Get方法提交请求时，请求内容可以被看得到，能够被记录下来，因此Get方法提交的内容安全性欠佳。

通常Get方法还限制字符串的长度，因此，也不适于提交表单内容较多的请求。

2. Post方法

另一种提交请求的方法是Post方法。与Get方法相比，采用Post方法提交请求时，用户浏览器的地址栏中不会显示相关的查询字符串。所以Post方法比较适合用于发送比较大量的数据到服务器，而且Post方法提交的数据安全性也比较好。

由于提交请求的方法不同，因此通过Request对象获取请求内容的方法也不同。

二、Request对象概述

1. 主要属性

ApplicationPath：获取服务器上asp.net应用程序的虚拟应用程序根路径。

Browser：获取有关正在请求的客户端的浏览器功能的信息，该属性值为HttpBrowserCapabilities对象。

ContentEncoding：获取或设置实体主体的字符集。该属性值为表示客户端的字符集Encoding对象。

ContentLength：指定客户端发送的内容长度，以字节为单位。

ContentType：获取或设置传入请求的MIME内容类型。

Cookies：获取客户端发送的Cookie集合，该属性值为表示客户端的Cookie变量的 HttpCookieCollection对象。

CurrentExecutionFilePath：获取当前请求的虚拟路径。

FilePath：获取当前请求的虚拟路径。

Files：获取客户端上载的文件集合。该属性值为HttpFileCollection对象，表示客户端上载的文件集合。

Form：获取窗体变量集合。

HttpMethod：获取客户端使用的HTTP数据传输方法（如get、post或head）。

Item：获取Cookies、Form、QueryString或ServerVariables集合中指定的对象。

Params：获取Cookies、Form、QueryString或ServerVariables项的组合集合。

Path：获取当前请求的虚拟路径。

PathInfo：获取具有URL扩展名的资源的附加路径信息。

PhysicalApplicationPath：获取当前正在执行的服务器应用程序的根目录的物理文件系统路径。

PhysicalPath：获取与请求的URL相对应的物理文件路径。

QueryString：获取HTTP查询字符串变量集合。该属性值为NameValueCollection对象，它包含由客户端发送的查询字符串变量集合。

RequestType：获取或设置客户端使用HTTP数据传输的方式（get或post）。

ServerVariables：获取Web服务器变量的集合。

TotalBytes：获取当前输入流的字节数。

Url：获取有关当前请求URL的信息。

UserHostAddress：获取远程客户端的IP主机地址。

2. 主要方法

（1）MapPath（virtualPath）：将当前请求的URL中的虚拟路径virtualPath映射到服务器上的物理路径。参数virtualPath指定当前请求的虚拟路径，可以是绝对路径或相对路径。该方法的返回值为由virtualPath指定的服务器物理路径。

（2）SaveAs（filename，includeHeaders）：将http请求保存到磁盘。参数filename指定物理驱动器路径，includeHeaders是一个布尔值，指定是否应将HTTP标头保存到磁盘。

三、Request对象的应用

1. 读取窗体变量的几种方式

（1）使用Request.Form属性读取窗体变量

HtmlForm控件的Method属性的默认值为post。在这种情况下，当用户提交网页时，表单数据将以HTTP标头的形式发送到服务器端。此时，可以使用Request对象的Form属性来读取窗体变量。如txtUserName和txtPassword的文本框控件，则可以通过以下形式来读取它们的值：Request.Form［"txtUserName"］；Request.Form［"txt-Password"］。

（2）使用Request.QueryString属性读取窗体变量

如果将HtmlForm控件的Method属性设置为get，则当用户提交网页时，表单数据将附加在网址后面发送到服务器端。在这种情况下，可以使用Request对象的QueryS-tring属性读取窗体变量：Request.QueryString［"txtUserName"］；Request.QueryString［"txtPassword"］。

（3）使用Request.Params属性读取窗体变量

不论HtmlForm控件的Method属性取什么值，都可以使用Request对象的Params

属性来读取窗体变量的内容，如Request.Params［"txtPassword"］或者Request.［"txt-Password"］，优先获取Get方式提交的数据，它会在QueryString、Form、ServerVari-able中都按先后顺序搜寻一遍。

Request：包含以上两种方式（优先获取Get方式提交的数据），它会在QueryS-tring、Form、ServerVariable中都按先后顺序搜寻一遍。Request.Params是所有post和get传过来的值的集合，request.params其实是一个集合，它依次包括request.QueryS-tring、request.Form、request.cookies和request.ServerVariable。

注意：当使用Request.Params的时候，这些集合项中最好不要有同名项。如果仅仅是需要Form中的一个数据，但却使用了Request而不是Request.Form，那么程序将在QueryString、ServerVariable中也搜寻一遍。如果正好QueryString或者ServerVariable里面也有同名的项，那么得到的就不是想要的值了。

（4）通过服务器控件的属性直接读取窗体变量

除了以上几种方式之外，也可以通过服务器控件的属性来直接读取窗体变量，这是获取表单数据的最常用、最简单的方式，如txtUserName.Text。

2. 读取查询字符串变量

在浏览网页时，经常看到浏览器地址栏中显示“xxx.aspx？id=8018”之类的URL，其中xxx.aspx表示要访问的.aspx网页，“？”后面跟的内容便是查询字符串，其作用是将变量的名称和值传送给这个ASP.NET文件来处理。查询字符串变量可以通过以下几种方式生成：

（1）若将HtmlForm控件的Method属性设置为get，则当用户提交网页时，窗体数据将作为查询字符串变量附在网址后面被发送到服务器端。

（2）使用<a>…</a>标记或HyperLink控件创建超文本链接时，可以将查询字符串放在目标URL后面，并使用“？”来分隔URL与查询字符串。

（3）调用Response.Redirect方法时，若在网址参数后面附有变量名/值对，则打开目标网页时这些变量值附在该网址后面被发送到服务器端。

（4）在浏览器地址栏中输入请求URL时，在URL后输入“？”和查询字符串。例如，http：//…/t.aspx？Id=8018。

在上述场合，均可通过Request.QueryString属性来检索查询字符串变量。

代码如下：

```
//在登录页面
protected void Button1_Click（object sender， EventArgs e）
{
//登录
//if（txtUserName.Text == "admin" && txtPwd.Text == "123"）
//{
// Session［"Info"］ ="随便一个值";
// Response.Redirect（"Request2_test.aspx？ Info=" + txtUserName.Text）;
```

```
//}
//else
//{
// Response.Redirect ("Request2_test.aspx? error=登录失败! ");
//}
/*******************************方法2*********************************/
//或者
if (txtUserName.Text == "admin" && txtPwd.Text == "123")
{
Response.Redirect ("Request2_test.aspx? Info=" + txtUserName.Text + "&check=1");

}
else
{
Response.Redirect ("Request2_test.aspx? error=登录失败! ");
}
}
//在验证页面
protected void Page_Load (object sender, EventArgs e)
{
//验证页面
//if (Session ["Info"] ! = null && Session ["Info"] .ToString () == "随便一个值")
//{
// Response.Write ("登录成功! <br>" + Request.QueryString ["Info"] + ", 欢迎访问本站");
// //Response.Write ("登录成功! <br>" + Request ["Info"] + ", 欢迎访问本站");
// //Response.Write ("登录成功! <br>"+Request.Form ["username"] +", 欢迎访问本站");

//}
//else
//{
// Response.Write ("登录失败");
//}
/*******************************方法2*********************************/
if (Convert.ToInt32 (Request ["check"] ) == 1)
{
```

```
Response.Write ("登录成功! <br>" + Request.QueryString ["Info"] + ", 欢迎访问本站");
}
else
{
Response.Write ("登录失败");
}
}
```

3. 取得Web服务器端的系统信息

Request对象使用ServerVariables集合对象保存服务器端系统信息，这些信息变量包含在HTTP头部中随HTTP请求一起传送。使用Request对象的ServerVariables集合对象取得环境变量的语法如下：Request.ServerVariables［环境变量名］。

ServerVariables集合对象中保存的常用信息变量见表4-1。

表4-1 ServerVariables集合对象中保存的常用信息变量

服务器变量名	说明
ALL_HTTP	客户端发送的HTTP头
APPL_PHYSICAL_PATH	Web应用程序的物理路径（不含文件名）
CONTENT_LENGTH	客户端发出内容的长度
LOCAL_ADDR	接受请求的服务器地址
PATH_INFO	相对路径（含文件名）
QUERY_STRING	查询HTTP请求中问号“?”后的信息
REMOTE_ADDR	客户端的IP地址
REMOTE_HOST	客户端的主机名称
REMOTE_USER	已经验证了的客户的用户名
REQUEST_METHOD	HTTP请求方式（Get或Post等）
SCRIPT_NAME	执行脚本的程序名（含相对路径）
SERVER_NAME	服务器主机名或IP地址
SERVER_PORT	接受请求的端口号

代码如下：

```
Response.Write（Request.ServerVariables［"LOCAL_ADDR"］）；//远端服务器的地址
Response.Write（"<br>"）；
Response.Write（Request.ServerVariables［"Remote_ADDR"］）；//浏览器所在主机的IP地址
Response.Write（"<br>"）；
Response.Write（Request.Browser.Type.ToString（））；//浏览器的类型
Response.Write（"<br>"）；
Response.Write（Request.Browser.Platform.ToString（））；//浏览器所在的平台
Response.Write（"<br>"）；
Response.Write（Request.ServerVariables［"url"］）；
```

4. 取得客户端浏览器信息

通过Request对象的Browser属性得到。需要利用Browser属性生成一个HttpBrowserCapabilities类型的对象实例。HttpBrowserCapabilities类具有的常用属性见表4-2。

表4-2　HttpBrowserCapabilities类具有的常用属性

属性	说明
Type	获取客户端浏览器的名称和主要版本号
Browser	获取客户端浏览器的名称
Version	获取客户端浏览器的版本
Platform	获取客户端使用的操作平台的名称
Frames	获取客户端浏览器是否支持框架
Cookies	获取客户端浏览器是否支持Cookies
Javascript	获取客户端浏览器是否支持Javascript

举例代码如下：

```
Response.Write（"浏览器的类型是："+Request.Browser.Browser.ToString（）+"<br>"）；
Response.Write（"浏览器的版本是："+Request.Browser.Version.ToString（）+"<br>"）；
Response.Write（"浏览器的所在平台是："+Request.Browser.Platform.ToString（）+"<br>"）；
Response.Write（"浏览器是否支持框架："+Request.Browser.Frames.ToString（）+"<br>"）；
Response.Write（"浏览器是否支持Cookies："+Request.Browser.Cookies.ToString（）+"<br>"）；
Response.Write（"浏览器是否支持Javascript："+Request.Browser.JavaScript.ToString
```

```
() +"<br>");
```

5. 读取客户端Cookie

Cookie是在HTTP协议下服务器或脚本可以维护客户工作站上信息的一种方式。Cookie是由Web服务器保存在用户浏览器上的小文本文件，它可以包含有关用户的信息，这些信息以名/值对的形式储存在文本文件中。无论何时，只要用户连接到服务器，Web站点就可以访问Cookie信息。Cookie保存在用户的Cookie文件中，当下一次用户返回时，仍然可以对它进行调用。

Cookies集合是由一些Cookie对象组成的。Cookie对象的类名为HttpCookie。HttpCookie类的主要属性见表4-3。

表4-3 HttpCookie类的主要属性

属性	说明
Domain	获取或设置Cookie对其有效的URL
Expired	获取或设置Cookie的当前状态。如果Cookie已过期，则为True；否则为False；默认为False
Expires	获取或设置作为DateTime的Cookie过期日期和时间
HasKeys	获取一个值，该值指示Cookie是否具有子键
Name	获取或设置Cookie的名称
Path	获取或设置此Cookie适用的URL
Secure	获取或设置是否安全传输Cookie
Value	获取或设置单个Cookie值
Values	获取在单个Cookie对象中包含的键值对的集合

使用Cookie时，应注意以下几点：

（1）使用Cookie保存客户端浏览器请求服务器页面的请求信息时，保存时间的长短取决于Cookie对象的Expires属性，可以根据需要来设置。若未设置Cookie的失效日期，则它们仅保存到关闭浏览器为止。若将Cookie对象的Expires属性设置为DateTime.MaxValue，则表示Cookie永远不会过期。

（2）Cookie存储的数据量有所限制，大多数浏览器支持的最大容量为4 096字节，因此不要用Cookie来保存大量数据。

（3）并非所有浏览器都支持Cookie，并且数据是以明文形式保存在客户端计算机中，因此最好不要用Cookie来保存敏感的未加密数据。

（4）在ASP.NET中有两个Cookies集合，即Response对象的Cookies集合和Request对象的Cookies集合，但两者的作用有所不同，通过前者可以将Cookie写入客户端，通过后者可以读取存储在客户端的Cookie。

能力拓展

制作一个获取用户上网信息，包括IP地址及浏览器版本等功能的页面。

任务4.3　会员登录页面设计

1. 知识目标

（1）掌握登录页面的实现方法。

（2）了解登录的原理及过程。

（3）熟悉与数据库交互的方法。

2. 能力目标

能够设计符合各类电商网站并且信息全面的会员登录页面。

3. 素质目标

培养学生的职业素养，有敬业精神，为适应职业岗位做准备。

任务引入

会员登录功能是电子商务类型网站必须要具备的功能。

任务分析

本任务中要实现会员登录页面的记录，在该页面将检查登录的用户名和密码是否与数据库中的会员表相符，若登录成功，则记录下状态后进行跳转，否则提示登录失败。

任务实施

（1）打开VS2010菜单栏“表”选项，选中插入表，单击“确定”，如图4-6所示。

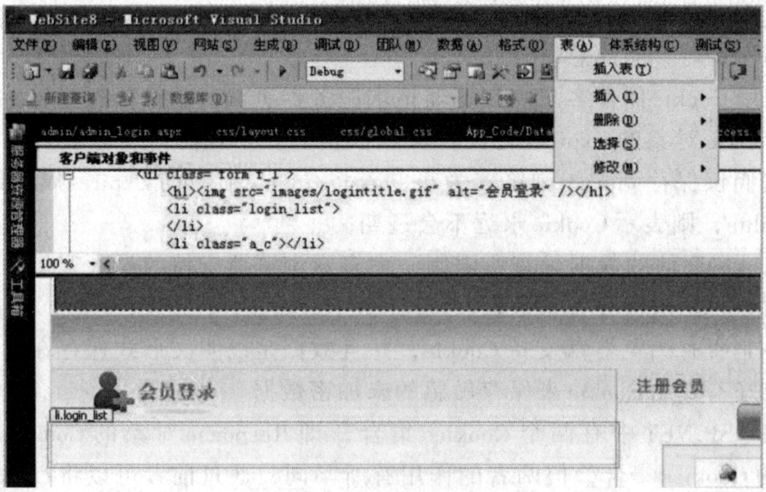

图4-6　插入HTML表格

（2）插入表格，如图4-7所示。

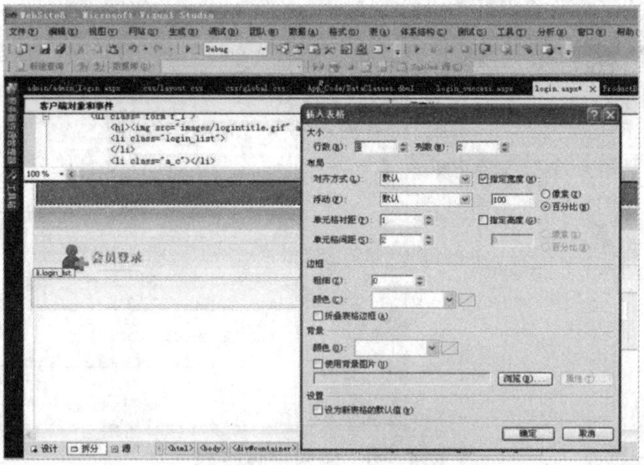

图4-7　插入表格

（3）调整表格宽度，调整样式，如图4-8、图4-9、图4-10所示。

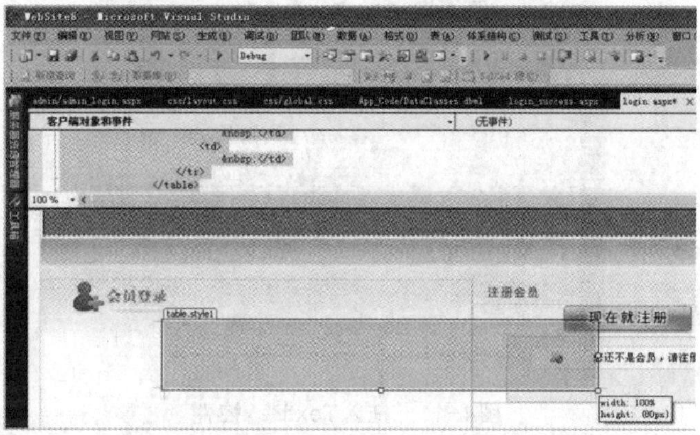

图4-8　调整表格宽度

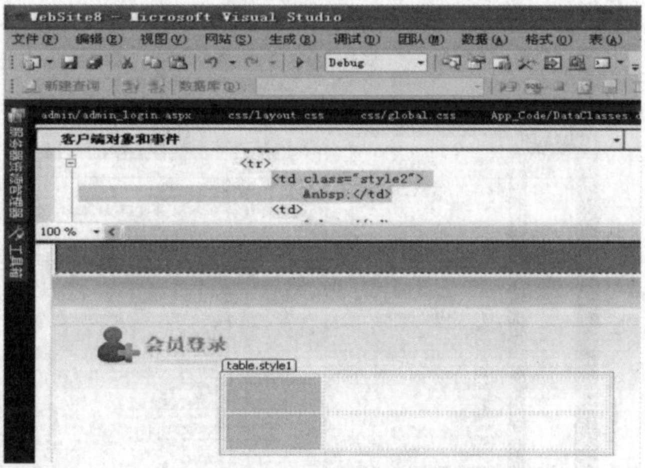

图4-9　调整表格样式

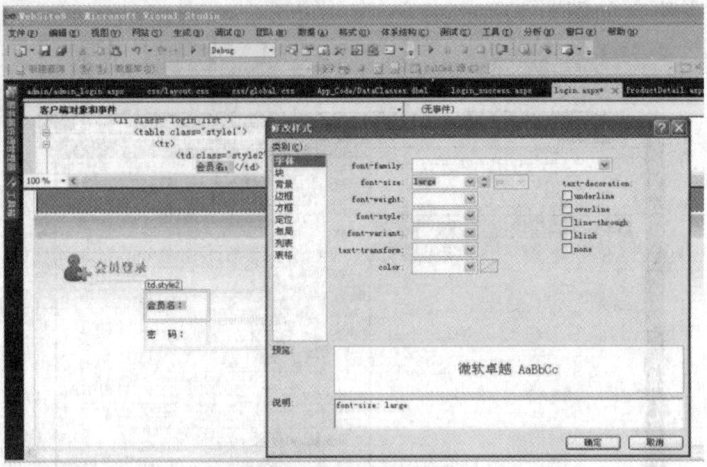

图4-10　调整字体样式

（4）在表中拖入两个文本框控件，分别对应用户名和密码，如图4-11所示。

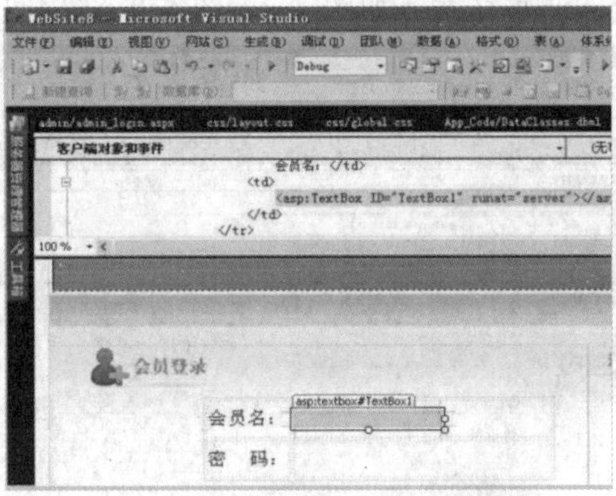

图4-11　拖入TextBox控件

（5）打开工具箱，选择验证栏，将验证控件RequiredFieldValidator拖入到表格中，如图4-12、图4-13所示。

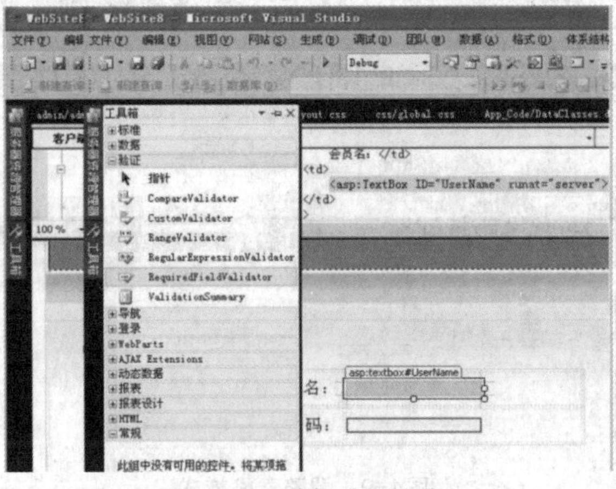

图4-12　选择验证控件

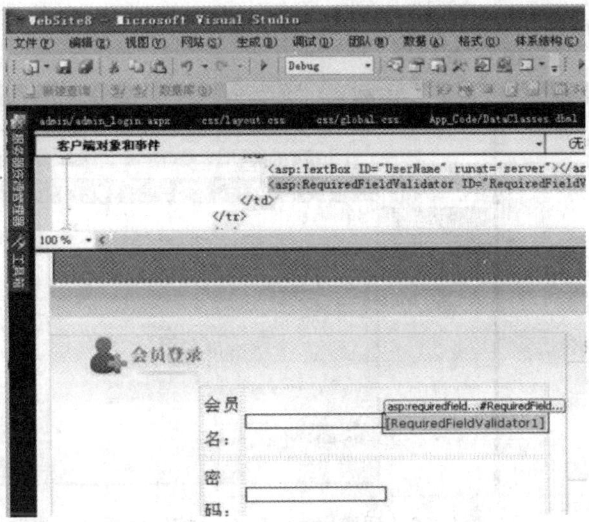

图4-13　拖入验证控件

（6）在左侧下方属性栏中设置验证条件不能为空，如图4-14所示。

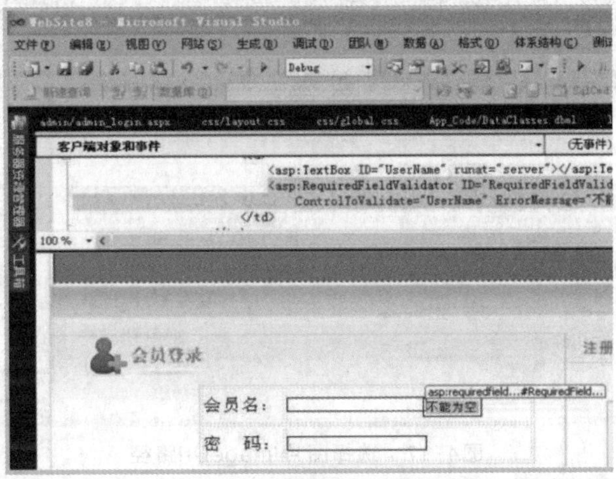

图4-14　设置验证条件

（7）将工具栏箱中ImageButton图像按钮控件拖入表格中，如图4-15所示。

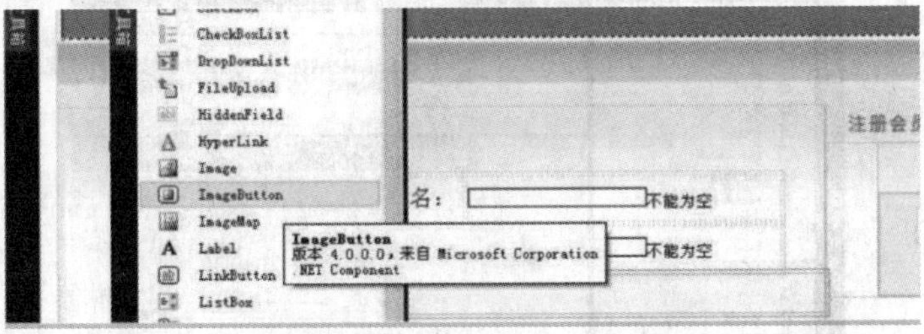

图4-15　拖入ImageButton控件

（8）选择左下方控件属性窗口中的ImageUrl，找到图片存储地址，如图4-16所示。

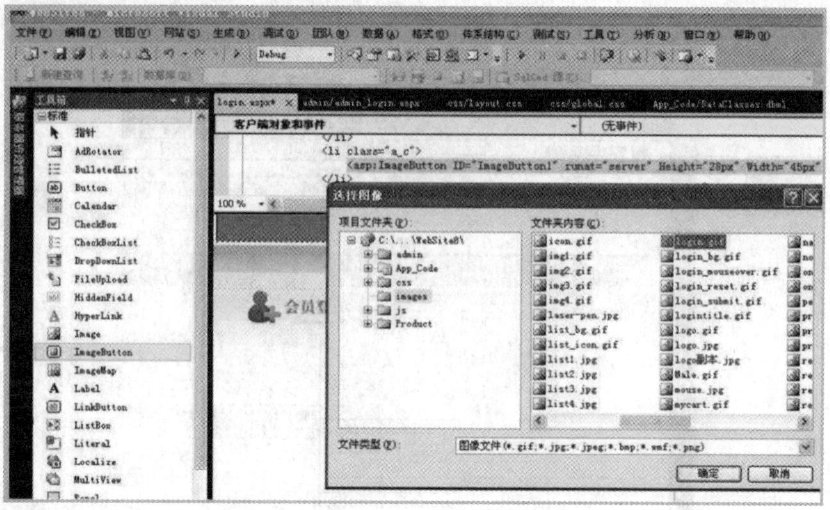

图4-16 调整ImageButton控件大小

（9）弹出选择图像对话框，选择登录按钮图片，如图4-17、图4-18所示。

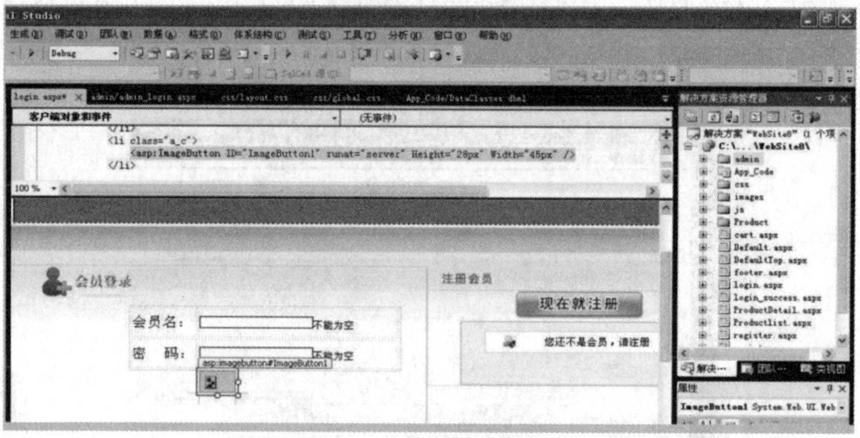

图4-17 选择图片ImageUrl路径

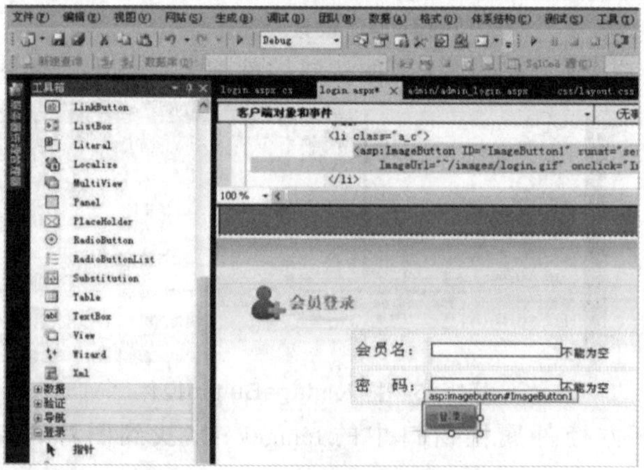

图4-18 调整图片样式

（10）双击图片按钮，编辑添加登录按钮事件代码。

```
protected void ImageLogin_click（object sender， ImageClickEventArgs e）
    {
        using（DataClasses1DataContext dc = new DataClasses1DataContext（））
        {
            var u = dc.User.Where（a => a.UserName.ToLower（） == this.User-
Name.Text.ToLower（） && a.Pwd.ToLower（） == this.UserPass.Text.ToLower（））.
SingleOrDefault（）;
            if（u == null）
            {
                this.fun_showMessage（"用户名或密码不正确！"）;
            }
            else
            {
                Session［"Uid"］= u.UserId.ToString（）;
                Session［"f_LoginName"］= u.UserName.ToString（）;
                Response.Redirect（"default.aspx"）;
            }
        }
    }
```

相关知识

一、验证控件

现在用ASP.NET不但可以轻松实现对用户输入的验证，而且可以选择验证在服务器端进行还是在客户端进行，程序员们可以将主要精力放在主程序的设计上。

ASP.NET有6种验证控件，分别如下：

RequiredFieldValidator（必须字段验证）：用于检查是否有输入值。

CompareValidator（比较验证）：按设定比较两个输入。

RangeValidator（范围验证）：输入是否在指定范围。

RegularExpressionValidator（正则表达式验证）：正则表达式验证控件。

ValidationSummary（验证总结）：总结验证结果。

CustomValidator（自定义验证）：自定义验证控件。

下面，我们来看这些控件的使用。

1. RequiredFieldValidator（必须字段验证）的使用

RequiredFieldValidator控件使用的标准代码如下：

```
<ASP：RequiredFieldValidator id="Validator_Name" Runat="Server" ControlToValidate=
```

```
"要检查的控件名" ErrorMessage="出错信息" Display="Static|Dymatic|None">  占位符
</ASP: RequiredFieldValidator >
```

在以上标准代码中：

ControlToValidate：表示要检查控件ID。

ErrorMessage：表示当检查不合法时，出现的错误信息。

Display：错误信息的显示方式，其中Static表示控件的错误信息在页面中占有肯定位置；Dymatic表示控件错误信息出现时才占用页面控件；None表示错误出现时不显示，但是可以在ValidatorSummary中显示。

占位符：表示Display为Static时，错误信息占有"占位符"那么大的页面空间。

现在，让我们看一个实例：

```
<ASP: TextBox id="txtName" RunAt="Server"/>
<ASP: RequiredFieldValidator id="Validator1" Runat="Server" ControlToValidate="txt-
Name" ErrorMessage="姓名必须输入" Display="Static">*姓名必须输入
</ASP: RequiredFieldValidator>
```

在以上例子中，检查txtName控件是否有输入，如果没有，显示错误信息"姓名必须输入"。

注意：以上代码和下面其他控件的代码最好放入Form中，和ASP中不一样的是，Form最好写为这样：

```
<Form RunAt="Server">
其他代码
</Form>
```

这样，Form在服务器端执行，提交才会有效。

2. CompareValidator（比较验证）控件

比较两个控件的输入是否符合程序设定，大家不要把比较仅仅理解为"相等"，尽管相等是用得最多的，其实，这里的比较包括范围很广，大家看比较控件的标准代码就会明白。

比较控件的标准代码如下：

```
<ASP: CompareValidator id="Validator_ID" RunAt="Server" ControlToValidate="要验
证的控件ID" errorMessage="错误信息" ControlToCompare="要比较的控件ID" type=
"String|Integer|Double|DateTime|Currency" operator="Equal|NotEqual|GreaterThan|Great-
erTanEqual|LessThan|LessThanEqual|DataTypeCheck" Display= "Static|Dymatic|None" >
占位符
</ASP: CompareValidator>
```

在以上标准代码中：

Type表示要比较的控件的数据类型；

Operator表示比较操作（也就是刚才说的为什么比较不仅仅是"相等"的原因），

这里，比较有7种方式；

其他属性和RequiredFieldValidator相同；

在这里，要注意ControlToValidate和ControlToCompare的区别，如果operate为GreateThan，那么，必须ControlToCompare大于ControlToValidate才是合法的。例子程序请参考RequiredFieldValidator控件，对照标准代码自己设计。

3. RangeValidator（范围验证）控件

验证输入是否在一定范围，范围用MaximumValue（最大）和MinimunVlaue来确定，标准代码如下：

```
<ASP: RangeValidator id="Vaidator_ID" Runat="Server" controlToValidate="要验证的控件ID" type="Integer" MinimumValue="最小值" MaximumValue="最大值" errorMessage="错误信息" Display="Static|Dymatic|None">
占位符
</ASP: RangeValidator>
```

在以上代码中：

用MinimumValue和MaximumValue来界定控件输入值的范围，用type来定义控件输入值的类型。

4. RegularExpressionValidator（正则表达式验证）控件

正则表达式验证控件的功能非常强大，你可以自己任意构造验证方式，我们先来看看标准代码：

```
<ASP: RegularExpressionValidator id="Validator_ID" RunAt="Server" ControlToValidate="要验证控件名" ValidationExpression="正则表达式" errorMessage="错误信息" display="Static">
占位符
</ASP: RegularExpressionValidator>
```

在以上标准代码中，ValidationExpression是重点，现在来看看它的构造。在ValidationExpression中，不同的字符表示不同的含义：

“.”表示任意字符；

“*”表示和其他表达式一起，表示容易组合；

“［A-Z］”表示任意大写字母；

“\d”表示任意一个数字；

注意，在以上表达式中，引号不包括在内。

5. ValidationSummary（验证总结）控件

该控件收集本页的所有验证错误信息，并可以将它们组织以后再显示出来。其标准代码如下：

```
<ASP: ValidationSummary id="Validator_ID" RunAT="Server" HeaderText="头信息" ShowSummary="True|False"DisplayMode="List|BulletList|SingleParagraph">
</ASP: ValidationSummary>
```

在以上标准代码中，HeaderText相当于表的HeaderText，DisplayMode表示错误信息显示方式：List相当于HTML中的
；BulletList相当于HTML中的<LI>；SingleParegraph表示错误信息之间不作如何分割。

6. CustomValidator（自定义验证）控件

该控件用自定义的函数界定验证方式，其标准代码如下：

```
<ASP：CustomValidator id="Validator_ID" RunAt="Server" controlToValidate="要验证的控件" onServerValidateFunction="验证函数" errorMessage="错误信息" Display="Static|Dymatic|None">
占位符
</ASP： CustomValidator >
```

以上代码中，用户必须定义一个函数来验证输入。

二、**Session对象**

Session又称为会话状态，是Web系统中最常用的状态，用于维护和当前浏览器实例相关的一些信息。举个例子来说，我们可以把已登录用户的用户名放在Session中，这样就能通过判断Session中的某个Key来判断用户是否登录，如果登录的话用户名又是多少。

我们知道，Session对于每一个客户端（或者说浏览器实例）是“人手一份”，用户首次与Web服务器建立连接的时候，服务器会给用户分发一个SessionID作为标识。SessionID是一个由24个字符组成的随机字符串。用户每次提交页面，浏览器都会把这个SessionID包含在HTTP头中提交给Web服务器，这样Web服务器就能区分当前请求页面的是哪一个客户端。

存储在Session池中的数据是全局型的数据，可以跨页面访问，每个SessionID中只存储唯一的数据，如首先你这样设定：session［"userName"］=“admin”，然后你在会话还没结束的session还没过期的情况下，你又设定：session［"userName"］=“123”，这样这个SessionID没变，然而Session池中的数据则被覆盖。此时session［"userName"］的值就是“123”，而不是其他。

Session池中的数据不能跨进程访问。如打开login.aspx页面写入session［"userName"］=“admin”，然后login页面不关闭，即此会话不结束，这时你在另外一个浏览器中打开一个login.aspx页面则session［"userName"］=null。

session存储数据计时是滚动计时方式。具体是这样的，如果你打开写入session，从写入开始，此页面如果一直没有提交操作，则默认时间是20分钟，20分钟后session被服务器自动销毁；如果有提交操作，服务器会从提交后重新计时以此类推，直至在设定时间内销毁，也可以设置session的销毁时间。

session中保存的数据是在服务器端的，而每个用户如进行登录操作，都要进行session数据写入，所以建议慎用session。

小资料

中国第一程序员求伯君

信息时代，办公、学习、生活都离不开office，国产办公软件WPS免费后，无论在PC断还是移动终端，WPS已经深入大众的生活及工作中，而WPS之父就是求伯君。求伯君，珠海金山电脑公司董事长兼总经理；1964年11月26日出生于浙江新昌县；1984年，毕业于中国人民解放军国防科技大学信息系统专业；1986年，加盟北京四通公司；1988年，加入香港金山公司在深圳从事软件开发；1989年转到珠海，开发成功国内第一套文字处理软件WPS；1994年，在珠海独立创办珠海金山电脑公司。

1986年12月，求伯君在一间几平方米的小屋里，撰写出了他的处女作——“西山超级文字打印系统”；1988年，他开发出国内第一套文字处理软件WPS1.0系统。1995年8月，求伯君以“组织实施WPS开发第一人”的身份获得“珠海市一九九四年度科技进步突出贡献奖”；1995年获得首届“首都青年科技企业家之星”称号并被评为珠海市优秀专家。1997年，金山公司成功发布WPS97，这是第一个在Windows平台下运行的中国本土文字处理软件，引起世人广泛关注。2007年，金山软件成功上市。求伯君带领金山软件自主开发，坚持技术创新，打破了国外技术垄断，保护了自主知识产权，为发展民族软件事业作出突出贡献。WPS诞生时，求伯君只有25岁，可以说机遇对每一个人都是平等的，关键是我们是否具有坚韧不拔的求索精神，是否能做到囊萤夜读、笔耕不辍。

能力拓展

完成电子商务网站中的会员注册功能。

案例实践一：主题设计站点

实践应用：

步骤1，启动VS 2010后，新建站点“Summary Example”。打开默认的页面“Default.aspx”

步骤2，在默认的<div>标签中插入4个Image控件，并分别设置各个控件的ImageUrl属性。

步骤3，在默认的<div>标签下方插入一个<div>，并在其中嵌套3个<div>，之后分别设置其内容。

步骤4，在步骤3中插入的<div>标签下方再插入一个<div>，并设置其内容，完成“Default.aspx”页面内容的设置，其主要代码如下。

```
<body>
  <form id="form1" runat="server">
  <div>
    <asp: Image ID="Image1" ImageUrl="~/images/main_01.jpg" runat="server" />
```

```
        <asp: Image ID="Image2" ImageUrl="~/images/main_02.jpg" runat="server" />
        <asp: Image ID="Image3" ImageUrl="~/images/main_03.jpg" runat="server" />
        <asp: Image ID="Image4" ImageUrl="~/images/main_04.jpg" runat="server" />
      </div>
      <div>
      <div>
        <asp: Image ID="Image5" ImageUrl="~/images/main_05.jpg" runat="server" />
        <div>
        <ul>
        <li>2021凤凰单枞茶秋茶上市</li>
          <li>安溪茶都部分不良茶商网络营销黑幕及讨论</li>
          <li>品茶茗吃美食——记香港首届国际茶展</li>
        </ul>
        </div>
    </div>
    <div>
      <asp: Image ID="Image6" ImageUrl="~/images/main_06.jpg" runat="server" />
    </div>
    <div>
      <asp: Image ID="Image7" ImageUrl="~/images/main_09.jpg" runat="server" />
    </div>
    </div>
    <div>增值电信业务经营许可证：京B-1234567890 | 广告经营许可证号：1234567890 | 京ICP备12345678号 | 信息网络传播视听节目许可证：1234567</div>
      </form>
    </body>
```

步骤5，在站点根文件夹中创建一个“App_Themes”文件夹，并在其中创建一个名为“Simple”的文件夹

步骤6，在“Simple”文件夹中创建一个名为“c1.css”的文件，其代码如下所示。

```
    body
    {
      text-align: center;
      margin: 0px;
      font-size: 12px;
      line-height: 20px;
      color: #999999;
```

```
}
#top
{
  width: 1000px;
  }
#content
{
  background-color: #FFFFFF;
  height: 140px;
  width: 1000px;
  }
#news
{
  float: left;
  width: 362px;
  }
#newscontent
{
  font-family: "宋? 体? ";
  width: 362px;
  list-style-position: outside;
  list-style-type: square;
  text-align: left;
  }
#center
{
  float: left;
  width: 315px;
  }
#right
{
  float: left;
  padding-top: 22px;
  padding-left: 12px;
  }
#bottom
{
```

```
    background-color: #EEEEEE;
    height: 30px;
    width: 1000px;
    padding-top: 10px;
}
```

步骤7，打开站点根文件夹中的“web.config”文件，在<pages>标签中输入“theme="Simple"”

步骤8，打开“Default.aspx”文件，分别为各个Div标签设置id属性，最后保存文件并在浏览器中查看，如图4-19所示。

图4-19 应用主题设计站点

案例实践二：动态加载用户控件

实践应用：

可以在运行时动态加载并将用户控件显示在页面中。例如，要在图书网站的首页随机显示不同系列的特色图书，并且每个系列都具有完全不同的布局。这种情况下，就可以为每个系列创建一个独立的用户空间，并在运行时随机加载。

简单动态用户控件：

通常情况下，Page.LaodControl（）方法用于加载用户控件。该方法返回一个可以添加到页面上的Control（）类实例。可以将动态加载的用户控件添加到已经在页面中声明的PlaceHoler控件中。

实例代码中的页面随机加载了UesrControls文件夹中的一个控件并将其显示在页

面上。

实例代码动态加载用户控件（ShowFeaturedBooks.aspx.cs）：

```
using System.IO;
public partial class ShowFeaturedBooks： System.Web.UI.Page
{
  const string randomFolder = "~/UserControls";
  protected void Page_Load（object sender， EventArgs e）
  {
    string featuredBooksPath = GetRandomBooksPath（）;
    Control featuredBooks = Page.LoadControl（featuredBooksPath）;
    PlaceHolder1.Controls.Add（featuredBooks）;
  }
  private string GetRandomBooksPath（）
  {
    Random rnd = new Random（）;
    string［］ files = Directory.GetFiles（MapPath（randomFolder）， "*.ascx"）;
    string featuredBooksPath = Path.GetFileName（files［rnd.Next（files.Length）］）;
    return Path.Combine（randomFolder， featuredBooksPath）;
  }
}
```

使用引用指令

在使用Page.LaodControl（）方法加载用户控件时，该控件将作为System.Web.UI.Control一个实例返回。也就是说，如果用户控件包含自定义属性，在动态加载该用户控件时这些属性都不再可用。

在动态加载用户控件时，如果要访问控件的自定义属性，就需要将控件转换成合适的类型。使用<%@Reference%S>指令可以得到用户控件类型的引用。

假如要创建一个表单，可以根据用户针对当前问题提交的答案显示不同的问题。此时可以动态加载包含不同问题的不同用户控件。

示例代码中的页面是一个调查表单。第一个问题询问用户当前使用的是什么浏览器，根据用户的回答，接下来会显示不同的问题。

示例代码使用引用指令（BrowserSurvey.aspx）

```
<%@ Page Language="C#" AutoEventWireup="true" CodeFile="BrowserSurvey.aspx.cs" Inherits="BrowserSurvey" %>
<%@ Reference Control="~/IEfeatures.ascx" %>
<%@ Reference Control="~/FirefoxFeatures.ascx" %>
<! DOCTYPE html PUBLIC "-//W3C//DTD XHTML 1.0 Transitional//EN" "http：//www.w3.org/TR/xhtml1/DTD/xhtml1-transitional.dtd">
```

```
<html xmlns="http: //www.w3.org/1999/xhtml">
<head runat="server">
<style type="text/css">
    html
    {
    font: 14px;
    }
</style>
    <title>无标题页</title>
</head>
<body>
    <form id="form1" runat="server">
    <div>
        <asp: Label ID="lblBrowser" runat="server" Text="你使用什么浏览器"></
asp: Label>
        <br />
        <asp: DropDownList ID="ddlBrowser" ToolTip="网页浏览器÷" AutoPostBack
="true" runat="server">
        <asp: ListItem Text="选择一种浏览器÷"></asp: ListItem>
        <asp: ListItem Text="IE"></asp: ListItem>
        <asp: ListItem Text="FireFox"></asp: ListItem>
        </asp: DropDownList>
        <br /><br />
        <asp: PlaceHolder ID="PlaceHolder1" runat="server"></asp: PlaceHolder>
        <asp: Button ID="btnSubmit" runat="server" Text="提交？"
          onclick="btnSubmit_Click" />
        <hr />
        <asp: Literal ID="ltlResults" runat="server"></asp: Literal>
    </div>
    </form>
</body>
</html>
```

另外，在其相应的代码页面 BrowserSurvey.aspx.cs 中设置一下代码。

实例代码 BrowserSurvey.aspx.cs：

```
public partial class BrowserSurvey： System.Web.UI.Page
{
    private Control _survey = null;
```

```
    void Page_Load ()
    {
      switch (ddlBrowser.SelectedIndex)
      {
      case 1:
          _survey = Page.LoadControl ("IEfeatures.ascx");
          break;
      case 2:
          _survey = Page.LoadControl ("FirefoxFeatures.ascx");
          break;
      }
      if (_survey ! =null)
          PlaceHolder1.Controls.Add (_survey);
    }
  protected void btnSubmit_Click (object sender,  EventArgs e)
    {
    switch (ddlBrowser.SelectedIndex)
    {
    case 1:
          IEfeatures IEResults = (IEfeatures) _survey;
          ltlResults.Text = "<h2>IE 的特点</h2>";
          ltlResults.Text += "<br />最新版本是 IE7.0" + IEResults.KnowNewest.To-
String ();
          ltlResults.Text += "<br />自带的浏览器吗? " + IEResults.KnowDefault.To-
String ();
          break;
     case 2:
          FirefoxFeatures FirefoxResults = (FirefoxFeatures) _survey;
          ltlResults.Text = "<h2>Firefox的特点</h2>";
          ltlResults.Text += "<br />Firefox被攻击少吗? " + FirefoxResults.Knowless.
ToString ();
          ltlResults.Text += "<br />Firefox 更常用吗? " + FirefoxResults.KnowCom-
mon.ToString ();
          break;
      }
    }
  }
```

根据用户在上述页面中作出的选择，IEfeatures .ascx和FirefoxFeatures. ascx中的用户控件会被加载，并显示在页面上。这两个控件的代码可参见示例代码。

当提交调查表单时，将执行btnSubmit_ Click（）方法，该方法将加载到页面中的用户控件转换为正确的类型，IEfeatures或者FirefoxFeatures。

示例代码用户控件（IEfeatures. ascx）

```
<%@ Control Language="C#" ClassName="IEfeatures" %>
<script runat="server">
  public bool KnowNewest
  {
    get { return chkNewest.Checked; }
  }
  public bool KnowDefault
  {
    get { return chkDefault.Checked; }
  }
</script>
<asp: CheckBox ID="chkNewest" Text="IE 浏览器的最新版本是 IE 7.0 吗？"
runat="server" />
<br />
<asp: CheckBox ID="chkDefault" Text="IE 是 Windows 系统自带的浏览器吗？"
runat="server" />
<br />
```

实例代码用户控件（FirefoxFeatures.ascx）：

```
<%@ Control Language="C#" ClassName="FirefoxFeatures" %>
<script runat="server">
  public bool KnowLess
  {
    get { return chkLess.Checked; }
  }
  public bool KnowCommon
  {
    get { return chkFavorite.Checked; }
  }
</script>
<asp: CheckBox ID="chkLess" Text="Firefox 1.0 比 IE 受到的恶意攻击少吗？"
runat="server" />
```

```
<br />
<asp: CheckBox ID="chkFavorite" Text="Firefox 是比 IE 更常用的浏览器吗？" runat="server" />
<br />
```

案例实践三：导航栏制作

实践应用：

开发网站时，可以将网站中使用较多的项目创建为用户控件，比如导航条，网站信息栏等。这样不仅可以大大减少开发人员的工作量，同时也减少网站维护的工作量。本实训首先创建用户控件，然后将该用户控件应用在网站页面中。

步骤1，启动VS2010后，打开站点"usercontrol"。

步骤2，在站点中新建一个名为"dh.ascx"的Web用户控件。在该用户控件中添加table标签，并在标签中插入HyperLink控件。

步骤3，分别设置各个HyperLink控件的ImageUrl和NavigateUrl属性，最终代码如下所示：

```
<%@ Control Language="C#" ClassName="dh" %>
<Table border="0" cellpadding="0" cellspacing="0">
<tr>
<td>
    <asp: HyperLink ID="HyperLink1" ImageUrl="~/images/j_09.jpg" NavigateUrl="~/Default.aspx" runat="server"></asp: HyperLink></td>
<td>
    <asp: HyperLink ID="HyperLink2" ImageUrl="~/images/j_10.jpg" NavigateUrl="~/Default.aspx" runat="server"></asp: HyperLink></td>
<td>
    <asp: HyperLink ID="HyperLink3" ImageUrl="~/images/j_11.jpg" NavigateUrl="~/Default.aspx" runat="server"></asp: HyperLink></td>
<td>
    <asp: HyperLink ID="HyperLink4" ImageUrl="~/images/j_12.jpg" NavigateUrl="~/Default.aspx" runat="server"></asp: HyperLink></td>
<td>
    <asp: HyperLink ID="HyperLink5" ImageUrl="~/images/j_13.jpg" NavigateUrl="~/Default.aspx" runat="server"></asp: HyperLink></td>
<td>
    <asp: HyperLink ID="HyperLink6" ImageUrl="~/images/j_14.jpg" NavigateUrl="~/Default.aspx" runat="server"></asp: HyperLink></td>
<td>
```

```
<asp: HyperLink ID="HyperLink7" ImageUrl="~/images/j_15.jpg" NavigateUrl=
"~/Default.aspx" runat="server"></asp: HyperLink></td>
</tr>
</Table>
<script runat="server">
</script>
```

步骤4，打开站点中的默认主页"Default. aspx"，在页面中代码"chead runat="server">"下方设置网页样式，如下所示：

```
<style type "textess">
html
{
text-align: center;
}
</style>
```

步骤5，在“解决方案资源管理器”中单击“images”文件夹左侧的加号将其打开，之后单击并向左拖动“banner.jpg”图片到div标签中。

步骤6，在默认的div标签下方再插入一个div，之后切换到“设计”界面，在“解决方案资源管理器”中单击并向左拖动前面创建的“dh.ascx”到新插入的div标签中。此时“Defaul.aspx”的主要代码如下所示：

```
<%@ Page Language="C#" AutoEventWireup="true" CodeFile="Default.aspx.cs"
Inherits="_Default" %>
<%@ Register src="dh.ascx" tagname="dh" tagprefix="uc2" %>
<! DOCTYPE html PUBLIC "-//W3C//DTD XHTML 1.0 Transitional//EN" "http: //
www.w3.org/TR/xhtml1/DTD/xhtml1-transitional.dtd">
<html xmlns="http: //www.w3.org/1999/xhtml">
<head runat="server">
<style type="text/css">
  html
  {
    text-align: center;
  }
</style>
  <title>无标题页</title>
</head>
<body>
  <form id="form1" runat="server">
```

```
    <div>
        <img alt="网？ 站？ banner" src="images/banner.jpg"
            style="width: 873px; height: 115px" /></div>
            <div>
                <uc2: dh ID="dh1" runat="server" />
    </div>
    </form>
</body>
</html>
```

步骤7，分别保存用户控件和主页，之后在浏览器中查看页面，其效果如图4-20所示。

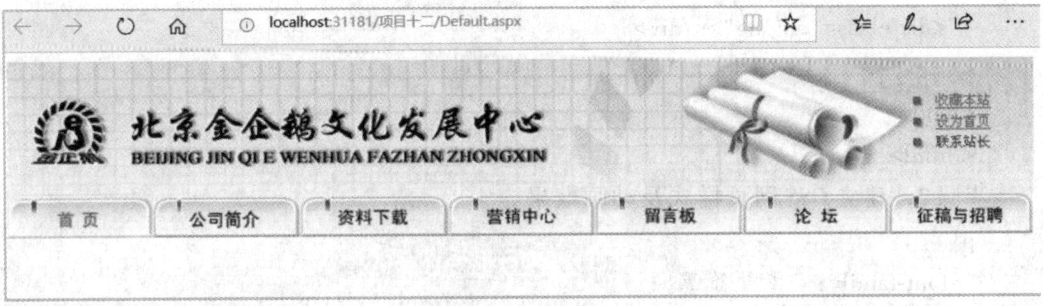

图4-20 导航栏

实践案例四：钟南山抗疫宣传页

2020年，新冠肺炎疫情在武汉暴发，以钟南山院士为代表的医护工作者，不畏艰险、无私奉献，奋斗在抗击疫情的前线。钟南山以其精湛的医术和真实敢言的风范，在抗疫期间引起了公众的高度关注。斗争越是艰险，精神就越显伟大。面对突如其来的严重疫情，中国人民风雨同舟、众志成城，不仅构筑起疫情防控的坚固防线，创造了人类同疾病斗争史上又一个英勇壮举，也铸就了伟大抗疫精神。本案例致敬为抗击疫情做出努力的工作人员。

案例内容：卡通钟南山抗疫宣传页。

步骤1，建立HTML页面框架。

```
<html lang="zh-cn">
<head>
<meta charset="utf-8">
<title>众志成城抗疫情</title>
<link rel="stylesheet" type="text/css"  href="css/zns2.css">
</head>
<body>
<div class="act_wrapper">
```

```
    <div class="act_content">
      <div class="mod_style">
        <p>抗击疫情--从我做起</p>
        <span class="zns zns1 shake1" ></span>
        <span class="zns zns2 shake2" ></span>
        <span class="zns zns3 shake3" ></span>
        <span class="zns zns4 shake4" ></span>
        <span class="zns zns5 shake5" ></span>
        <span class="zns zns6 shake6" ></span>
      </div>
    </div>
    <div class="act_bg"></div>
  </div>
  </body>
  </html>
```

步骤2，建立CSS网页样式及动画效果。

```
p{
  font-family: "微软雅黑";
  font-size: 40px;
 position: absolute;
  top: -100px;
  left: 0px;
}
.act_wrapper {
  position: relative;
  z-index: 1;
  min-width: 1000px;  /*元素最小宽度1000px*/
  margin:  0 auto;
  overflow: hidden;
}
.act_wrapper .act_bg {
  position: absolute;
  left: 50%;
  top: 0;
  z-index: 1;
  width: 1920px;
```

```
    margin-left: -1350px;
}
.act_wrapper .act_content {
    position: relative;  /*相对定位*/
    z-index: 2;
    width: 1000px;
    height: 1200px;
    margin: 0 auto;
    margin-top: -569px
}
.act_bg {
    background: url (../images/bg.jpg) 100% 0 no-repeat;
    height: 750px
}
.mod_style {
    position: absolute;
    top: 716px;
    left: 200px;
    width: 870px;
    height: 560px
}
/*公共样式*/
.zns {
    position: absolute;
    top: 0;
    left: 0;
    width: 90px;
    height: 100px;
    display: block;
    background: url (../images/zns.png) no-repeat 0 0; /*设置背景图片为精灵图片*/
}
/*分别设置不同图片的位置*/
.zns1 {
    background-position: 0 0;
    top: 100px;
    left: 72px
```

```
}
.zns2 {
    background-position: 0 -115px;
    top: 39px;
    left: 242px
}
.zns3 {
    background-position: 0 -215px;
    top: 71px;
    left: 452px
}
.zns4 {
    background-position: 0 -328px;
    top: 156px;
    left: 261px
}
.zns5 {
    background-position: 0 -435px;
    top: 256px;
    left: 412px
}
.zns6 {
    background-position: 0 -545px;
    top: 247px;
    left: 575px
}
/*每个图片的晃动时间*/
.shake1 {
    -webkit-animation-duration: 2.5s;
}
.shake2, .shake6 {
    -webkit-animation-duration: 3.5s;
}
.shake3 {
    -webkit-animation-duration: 1.5s;
}
```

```
.shake4 {
  -webkit-animation-duration: 4s;
}
.shake5 {
  -webkit-animation-duration: 3s;
}
.shake1, .shake2, .shake3, .shake4, .shake5, .shake6 {
  -webkit-animation-iteration-count: infinite;
  -webkit-animation-name: shake;
  -webkit-animation-timing-function: ease-in-out;}
/*定义动画*/
@-webkit-keyframes shake{
  0% {
        -webkit-transform: rotate (2deg);
        -webkit-transform-origin: 50% 0;
}
20% {
        -webkit-transform: rotate (10deg);
        -webkit-transform-origin: 50% 0;
}
40% {
        -webkit-transform: rotate (0deg);
        -webkit-transform-origin: 50% 0;
}
60% {
        -webkit-transform: rotate (-2deg);
        -webkit-transform-origin: 50% 0;
}
80% {
        -webkit-transform: rotate (-10deg);
        -webkit-transform-origin: 50% 0;
}
100% {
        -webkit-transform: rotate (0deg);
        -webkit-transform-origin: 50% 0;
  }
}
```

钟南山抗疫动画宣传页如图4-21所示。

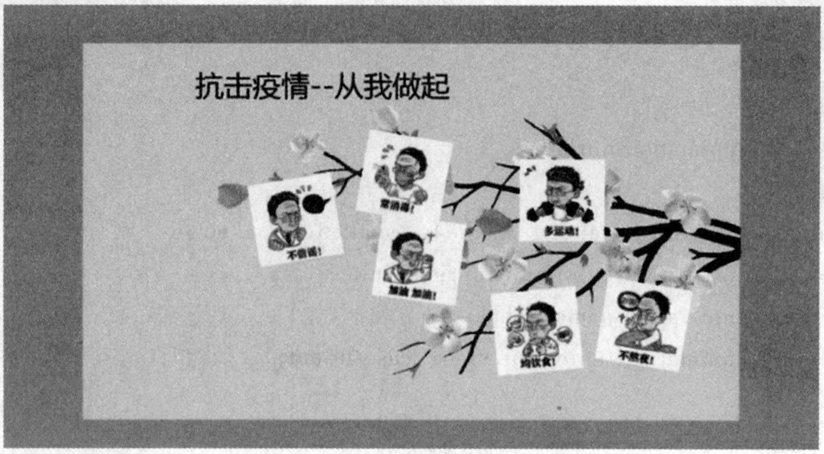

图4-21　钟南山抗疫动画宣传页

项目5
购物车设计

- 项目导入

任务　Repeater控件用于显示购物车中的商品

项目导入

在前几章的学习中我们掌握了使用服务器控件设计aspx页面的基本技能，终于在功能强大的服务器网站设计之旅上迈出了第一步，网站就是由一个一个的页面组成的，用相似的方法，我们就可以设计一个一个的页面来组成整个网站。

然而，网页之间是有数据联系的，比如电子商务网站中的购物车功能：我们在一个页面选书加入购物车，在另一个页面得到这些购物数据并显示。要做到这一点，仅用以前的技能就不够了。

任务 Repeater控件用于显示购物车中的商品

任务目标

1. 知识目标

（1）进一步熟练网页和控件的使用。

（2）熟悉ASP.NET状态管理的作用。

2. 能力目标

能够分析并设计出满足各类电商网站所需的购物车。

3. 素质目标

培养学生的团队意识，进行科学调研及专业设计的能力。

任务引入

网上购物网站需要购物车功能，先选购，然后下单。

任务分析

会员的购物过程如下：

（1）会员在主页搜索到了某些商品。

（2）通过商品链接到该商品的详细信息页面，填入购买数量，将其加入购物车。

（3）在购物车页面中浏览购物车数据（也可以删除购物车数据）。

任务实施

（1）新建Cart.aspx文件，如图5-1所示，打开工具箱，选择数据选项，将Repeater控件拖入表格中，双击Repeater控件，在Cart.aspx.cs文件中生成ItemCommand单击事件。

```
protected void Repeater1_ItemCommand（object source，System.Web.UI.WebControls.
RepeaterCommandEventArgs e）
```

（2）在<asp：Repeater ID=“Repeater1” runat=“server” onitemcommand=“Repeater1_ItemCommand”></asp：Repeater>代码中间输入如下所示代码：

```
<ItemTemplate>
    <tr class="h26 blue">
        <td><span class="c9"><%#Eval（"ProductName"）%></span></td>
        <td><span class="c9"><%#Eval（"Price"）%></span></td>
        <td><span class="red"><%#Eval（"amount"）%></span></td>
            <td><asp：LinkButton ID="lbn" runat="server" CommandName="ShowMore"
Command Argument='<%#Eval（"ProductId"）%>'>删除</asp：LinkButton></td>
    </tr>
</ItemTemplate>
```

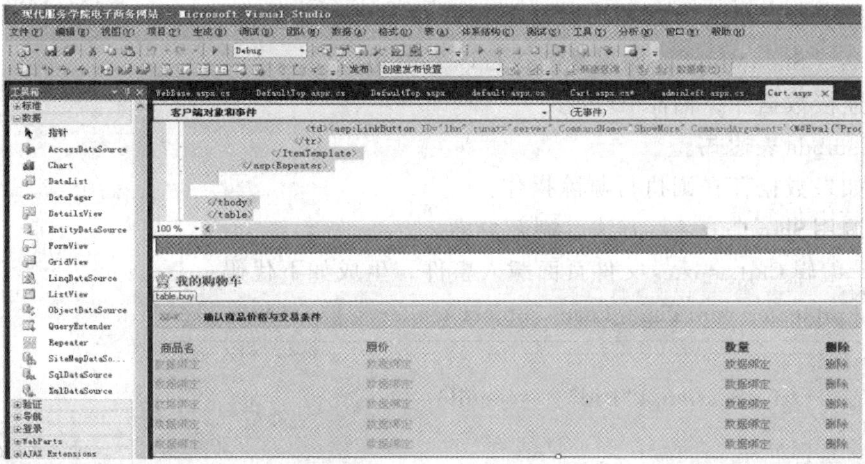

图5-1　新建Cart.aspx

将光标置于最后一个<td></td>之间，选择工具箱中标准菜单选项，选中LinkButton控件，将该控件拖入<td></td>之间，自动生成如下代码：

```
<asp: LinkButton ID="LinkButton1" runat="server">LinkButton</asp: LinkButton>
```

在runat="server"后添加：

CommandName="ShowMore" CommandArgument='<%#Eval（"ProductId"）%>'>删除</asp：LinkButton>

（3）打开Cart.aspx.cs文件，编辑单击事件，生成如下代码：

```
protected void Repeater1_ItemCommand (object source, System.Web.UI.WebControls.
RepeaterCommandEventArgs e)
    {
        if (e.CommandName == "ShowMore")
        {
            using (DataClasses1DataContext dc = new DataClasses1DataContext ())
            {
                var DeleteProduct = dc.OrderItems.Where (aa => aa.ProductId == int.
Parse (e.CommandArgument.ToString ()) ).FirstOrDefault ();
                if (DeleteProduct ! = null)
                {
                    dc.OrderItems.DeleteOnSubmit (DeleteProduct);
                    dc.SubmitChanges ();
                    this.ShowCart ();
                }
            }
        }
    }
```

代码注解：单击“删除”链接则执行IF条件语句判断，查看当前的e.CommandName是否“ShowMore”，如果是则执行以下语句。

① 连接数据库，商品ID传参。

② lambda表达式。

③ 如果数据存在则执行删除操作。

④ 调用ShowCart（）方法，刷新页面。

（4）编辑Cart.aspx.cs文件页面载入事件，生成如下代码：

```
protected void Page_Load（object sender， EventArgs e）
{
    if（Session［"Uid"］ == null）
    {
        Response.Write（"<script language='javascript'>alert（'请登录'）;
</script>"）;
        Response.Redirect（"default.aspx"）;
    }
    else
    {
        if（！ IsPostBack）
          { this.ShowCart（）; }
    }
}
```

判断用户是否登录，如果Session［"Uid"］==null，则需要用户登录，弹出请登录页面提示，页面重定向到default.aspx，登录成功，则调用ShowCart（）。生成如下代码：

```
public void ShowCart（）
  {
    using（DataClasses1DataContext dc=new DataClasses1DataContext（））
    {
var SChar = from i in dc.OrderItems.Where（aa => aa.UserId == Session［"Uid"］.To-
String（））select i;
        Repeater1.DataSource = SChar;
        Repeater1.DataBind（）;
    }
}
```

注解：显示当前用户购物车中商品。

相关知识

一、Repeater控件简介

Repeater控件是一个基本模板数据绑定列表控件。它与DataList控件相似，可用来显示被绑定数据项的一个循环序列，也没有内置分页功能。两者也有不同：DataList控件提供了布局功能，会自动在数据项周围生成一个HTML表格，有内置的选择和编辑功能，而Repeater控件则不然。Repeater控件功能比DataList控件简单，它没有内置的布局或样式，不会自动生成任何HTML标签，因此必须在这个控件的模板内声明所有的HTML布局标记、格式设置及样式标记等。Repeater控件没有内置的选择和编辑功能，它只能用于数据显示。也正因为如此，Repeater控件具有更好的灵活性和更高的效率。不过，Repeater控件的所有代码必须在Web页面的源代码视图中手工添加。

1. Repeater的模板

Repeater控件的数据显示形式完全由用户通过模板来控制。例如，若通过HTML表格显示数据，应在HeaderTemplate模板中放置<table>标记来开始此表格，然后在ItemTemplate模板中放置<tr>和<td>及数据绑定项来创建该表的行和列。若要使表格中交替项呈现不同的外观，可使用与ItemTemplate相同的内容创建AlternatingItemTemplate模板，并为其指定一个不同的样式。最后在FooterTemplate模板中放置</table>标记完成表格的设置。Repeater控件支持的模板如表5-1所示。

表5-1　　Repeater控件支持的模板

模板属性	说明
ItemTemplate	包含要为数据源中每个数据项都要呈现一次的HTML元素和控件
AlternatingItemTemplate	包含要为数据源中每个数据项都要呈现一次的HTML元素和控件。通常可以使用此模板为交替项创建不同的外观，例如指定一种与在ItemTemplate中指定的颜色不同的背景色
HeaderTemplate	包含在列表的开始处呈现的文本和控件，如标题、列标头等
FooterTemplate	包含在列表的结束处呈现的文本和控件，如脚注的内容和布局
SeparatorTemplate	包含在每项之间呈现的元素，如使用<hr/>标记作一条分隔线

要使用Repeater控件显示数据，必须创建ItemTemplate。如例5-1所示：

例5-1　使用ItemTemplate显示数据。

```
<asp: Repeater ID="Repeater1" runat="server" DataSourceID="SqlDataSource1">
<ItemTemplate>
<div class="movies">
<h1><%#Eval ("Title") %></h1>
</div>
```

```
<b>Directed by：</b><%#Eval（"Director"）%>
<br />
<b>Description：</b><%#Eval（"Description"）%>
</ItemTemplate>
</asp：Repeater>
```

以上代码，通过浏览器可以看到，.net不会改变里面的结构，模板里面怎么排列，数据显示就怎么显示。它的HTML如下所示：

```
<div class="movies">
<h1>史密斯行动</h1>
</div>
<b>Directed by：</b>Doug Liman
<br />
<b>Description：</b>约翰（布拉德.皮特 Brad Pitt 饰）和
<div class="movies">
<h1>暴力街区</h1>
</div>
<b>Directed by：</b>Luc  Besson
<br />
<b>Description：</b>卧虎藏龙……
```

所以，Repeater的灵活性就在这方面，完全可以自由发挥，想怎么显示就怎么显示。还可以把它放在JavaScript代码中：

```
<script type="text/javascript">
<asp：Repeater id="rptPhotos" Runat="server">
<ItemTemplate>
    <%# Eval（"Name"，"photos.push（'Photos/ {0} '）"）%>
</ItemTemplate>
</asp：Repeater>
</script>
```

以上，photos是一个Javscript数组对象。Repeater生成的数据，最后就像下面这样：

```
<script type="text/javascript">
            photos.push（'Photos/1.jpg'）；
            photos.push（'Photos/2.jpg'）；
            photos.push（'Photos/3.jpg'）；
            photos.push（'Photos/4.jpg'）；
      …
</script>
```

2. Repeater的事件处理

Repeater控件有以下事件：

DataBinding：Repeater控件绑定到数据源时触发。

ItemCommand：Repeater控件中的子控件触发事件时触发。

ItemCreated：创建Repeater每个项目时触发。

ItemDataBound：Repeater控件的每个项目绑定数据时触发。

例5-2　使用Repeater控件的事件支持编辑、更新、删除。

后台代码如下：

```
// The name of the primary key column
    string DataKeyName = "Id";
/// 把每个列的ID存储在ViewState ["Keys"] 对象中，ViewState ["Keys"] 是一个
HashTable对象。
    Hashtable Keys
    {
        get
        {
if (ViewState ["Keys"] == null)
                ViewState ["Keys"] = new Hashtable ();
return (Hashtable) ViewState ["Keys"];
        }
    }
/// Repeater控件绑定到数据源时触发
/// 每次更新，删除，增加后，都会触发这个事件，Keys中的值都会被清除
/// 在ItemDataBound事件发生时，被新的值填充
    protected void rptMovies_DataBinding (object sender, EventArgs e)
    {
        Keys.Clear ();
    }
/// 每个项目绑定数据时触发
    protected void rptMovies_ItemDataBound (object sender, RepeaterItemEventArgs e)
    {
// 如果是数据列，把ID列取出来，加入到ViewState ["Keys"] 中
// DataBinder.Eval是在运行时计算数据绑定表达式。这样的用法要记住。
if (e.Item.ItemType == ListItemType.Item || e.Item.ItemType ==ListItemType.AlternatingItem)
        {
Keys.Add (e.Item.ItemIndex, DataBinder.Eval (e.Item.DataItem, "Id"));
        }
```

```
    }
/// 当点击Update，Insert，Delete按钮时触发
    protected void rptMovies_ItemCommand（object source，RepeaterCommandEventArgs e）
    {
switch（e.CommandName）
        {
case "Update":
                UpdateMovie（e）;
break;
case "Insert":
                InsertMovie（e）;
break;
case "Delete":
                DeleteMovie（e）;
break;
        }
    }
/// Update a movie record
    protected void UpdateMovie（RepeaterCommandEventArgs e）
    {
// 从一个数据项中获得相应的控件
        TextBox txtTitle =（TextBox）e.Item.FindControl（"txtTitle"）;
        TextBox txtDirector =（TextBox）e.Item.FindControl（"txtDirector"）;
        CheckBox chkInTheaters =（CheckBox）e.Item.FindControl（"chkInTheaters"）;
// 填充sqlDataSource的UpdateParameters值
        srcMovies.UpdateParameters［"Id"］.DefaultValue =
        Keys［e.Item.ItemIndex］.ToString（）;
        srcMovies.UpdateParameters［"Title"］.DefaultValue = txtTitle.Text;
        srcMovies.UpdateParameters［"Director"］.DefaultValue = txtDirector.Text;
        srcMovies.UpdateParameters［"InTheaters"］.DefaultValue =
        chkInTheaters.Checked.ToString（）;
// 进行Update
        srcMovies.Update（）;
    }
/// Insert a movie record
    protected void InsertMovie（RepeaterCommandEventArgs e）
    {
```

```
// 从一个数据项中获得相应的控件
        TextBox txtTitle = (TextBox) e.Item.FindControl ("txtTitle");
        TextBox txtDirector = (TextBox) e.Item.FindControl ("txtDirector");
        CheckBox chkInTheaters = (CheckBox) e.Item.FindControl ("chkInTheaters");
// 填充 sqlDataSource 的 InsertParameters 值
        srcMovies.InsertParameters ["Title"] .DefaultValue = txtTitle.Text;
        srcMovies.InsertParameters ["Director"] .DefaultValue = txtDirector.Text;
        srcMovies.InsertParameters ["InTheaters"] .DefaultValue =
        chkInTheaters.Checked.ToString ();
// Fire the InsertCommand
        srcMovies.Insert ();
    }
/// Delete a movie record
    protected void DeleteMovie (RepeaterCommandEventArgs e)
    {
// 设置 sqlDataSource 的 DeleteParameters 值
        srcMovies.DeleteParameters ["Id"] .DefaultValue=Keys [e.Item.ItemIndex] .
ToString ();
// Fire the DeleteCommand
        srcMovies.Delete ();
    }
```

前台页面代码如下：

```
<asp: Repeater id="rptMovies" DataSourceID="srcMovies" Runat="server"
     OnItemCommand="rptMovies_ItemCommand"  OnItemDataBound="rptMovies_Item-
DataBound" OnDataBinding="rptMovies_DataBinding">
<HeaderTemplate>
<table class="movies">
<tr> <th>Title</th><th>Director</th><th>In Theaters</th> </tr>
</HeaderTemplate>
<ItemTemplate>
<tr>
     <td><asp: TextBox id="txtTitle" Text='<%#Eval ("Title") %>' Runat="server" />
</td>
     <td><asp: TextBox id="txtDirector" Text='<%#Eval ("Director") %>'Runat="serv-
er" /></td>
     <td><asp: CheckBox id="chkInTheaters" Checked='<%#Eval ("InTheaters") %>
'Runat="server" /></td>
```

```
<td><asp: LinkButton id="lnkUpdate" CommandName="Update" Text="Update" Runat=
"server" />
  |  <asp: LinkButton id="lnkDelete" CommandName="Delete" Text="De-
lete"
                                          OnClientClick="return confirm ('Are you sure?
'); " Runat="server" /></td>
</tr>
</ItemTemplate>
<FooterTemplate>
<tr>
<td><asp: TextBox id="txtTitle" Runat="server" /></td>
<td><asp: TextBox id="txtDirector" Runat="server" /></td>
<td><asp: CheckBox id="chkInTheaters" Runat="server" /></td>
<td><asp: LinkButton id= "lnkInsert" CommandName= "Insert" Text= "Insert" Runat=
"server" /></td>
</tr>
</table>
</FooterTemplate>
</asp: Repeater>
<asp: SqlDataSource id= "srcMovies" ConnectionString= "<%$ ConnectionStrings:
Movies %>"
    SelectCommand="SELECT Id, Title, Director, InTheaters FROM Movies"
    UpdateCommand="UPDATE Movies SET Title=@Title, Director=@Director, InThe-
aters=@InTheaters WHERE Id=@Id"
    InsertCommand= "INSERT Movies (Title, Director, InTheaters) VALUES (@Ti-
tle, @Director, @InTheaters) "
    DeleteCommand="DELETE Movies WHERE Id=@Id" Runat="server">
<UpdateParameters>
<asp: Parameter Name="Id" />
<asp: Parameter Name="Title" />
<asp: Parameter Name="Director" />
<asp: Parameter Name="InTheaters" />
</UpdateParameters>
<InsertParameters>
<asp: Parameter Name="Title" />
<asp: Parameter Name="Director" />
<asp: Parameter Name="InTheaters" />
```

```
</InsertParameters>
<DeleteParameters>
<asp: Parameter Name="Id" />
</DeleteParameters>
</asp: SqlDataSource>
```

二、Response对象

Response用于回应浏览器，告诉浏览器回应内容的报头、服务器的状态信息和输出指定的内容。为了提高服务器的性能，asp.net向浏览器Write的时候默认并不会每Write一次都会立即输出到浏览器，而是会缓存数据，到合适的时机或者响应结束才会将缓冲区中的数据一起发送到浏览器。

1. Response对象的主要成员

Response.Buffer、Response.BufferOutput：它们的属性是一样的，Buffer内部就是调用BufferOutput，用来控制是否采用响应缓存，默认是true。

Response.Flush（）将缓冲区中的数据发送给浏览器。这在需要将Write出来的内容立即输出到浏览器的场合非常适用。

Response.Clear（）清空缓冲器中的数据，这样在缓存区中的没有发送到浏览器端的数据被清空，不会被发送到浏览器。

Response.ContentEncoding输出流的编码。

Response.ContentType输出流的内容类型，比如html（text/html）、普通文本（text/pain）还是JPEG图片（image/JPEG）。

Response.Cookies返回给浏览器的Cookie的集合，可以通过它设置Cookie。

Response.OutputStream输出流，在输出图片、Excel文件等非文本内容的时候使用它（ashx中保存图片就用这个）。

Response.End（）终止响应，将之前缓存中的数据发给浏览器，End（）之后的代码不会被继续执行。在终止一些非法请求的时候，可以用End（）立即终止请求（不往下执行了）。

Response.Redirect（url）重定向浏览器到新的网址，既可以重定向到站外网址也可以重定向到站内网址。Redirect是向浏览器发回302重定向，通知浏览器“请重新访问url这个网址”，这个过程经历了服务器和浏览器“请重新访问url这个网址”和浏览器接到命令访问新网址的过程。用Redirect是因为浏览器是自己去访问新网址的，所以在地址栏中是可以看到网址的变化的。后面用这个来防止刷新时浏览器提示“重试”。

Response.SetCookie（HttpCookie cookie），向输出流中更新写到浏览器中的Cookie，如果Cookie存在就更新，不存在就增加。它是对Response.Cookies的简化调用。

Response.Write（）向浏览器输出内容。

Response.WriteFile（filename）向浏览器输出文件。

2. Response.Flush的例子

```
using System;
using System.Collections.Generic;
using System.Linq;
using System.Web;
namespace asp.net 入门 2
{
    /// <summary>
    /// Flush 练习的摘要说明
    /// </summary>
    public class Flush 练习 ： IHttpHandler
    {
        public void ProcessRequest（HttpContext context）
        {
            context.Response.ContentType = "text/html";
            for（int i = 0； i < 25； i++）
            {
                System.Threading.Thread.Sleep（500）; //模拟处理所需的时间，延迟
                context.Response.Write（"第"+i+"步执行完毕 <br />"）;
                context.Response.Flush（）; //没有这步的话，要等全部都缓冲好，
再发送出来，有了这步是一条一条输出
            }
        }
        public bool Is Reusable
        {
            get
            {
            return false;
            }
        }
    }
}
```

3. Response.Redirect的例子

```
using System;
using System.Collections.Generic;
```

```
using System.Linq;
using System.Web;
using System.Web.UI;
using System.Web.UI.WebControls;
namespace asp.net入门2
{
public partial class Redirect练习： System.Web.UI.Page
{
protected void Page_Load（object sender， EventArgs e）
{
string q = Request ["q"];
if（q == "1"）
{
Response.Write（"你传的是1"）;
}
else if（string.IsNullOrEmpty（q））
{
Response.Write（"什么都没有"）;
}
else
{
Response.Redirect（"~/image/资料.jpg"）;
}
}
}
}
```

小资料

阿里巴巴总裁马云

马云的人生因网络而辉煌，阿里巴巴网站因马云而风靡全球。马云的成功最关键的一步是定位，比尔·盖茨将事业的目标定位在“微”小的“软”件，在那个年代，足见其智谋。在互联网日新月异时，马云敏锐地嗅到了商机，将自己的人生与电子商务的发展密切联系，从而缔造了财富神话。

当然，马云也经历过人生低谷，成功前的跋涉岁月、艰苦历程都变成了他的力量源泉，从而厚积薄发。这位知名的创业家、企业家的奋斗故事激励着亿万年轻人。

能力拓展

编写程序，使得当第1 000个用户访问页面的时候，显示一个祝贺信息。

案例实践一：Web配置文件注册用户

实践应用：

除了在ASP.NET页面中使用<%@Register%>指令来注册用户控件外，也可以在整个应用程序中只注册一次用户控件，即在Web配置文件中注册用户控件。

```
<configuration>
<system.web>
<pages>
<controls>
<add tagPrefix="uc1" tagName="RandomImage" src="~/UserControls/RandomImage.ascx"/>
    </controls>
</pages>
</system.web>
</configuration>
```

在Web配置文件中注册用户控件后，只要在页面中简单声明就可以使用了。例如，页面使用了在Web配置文件中注册RandomImage控件，这里并不需要使用<%@Register%>指令来注册它。

使用Web配置文件中注册用户控件（ApplyControls.aspx）：

```
<%@ Page Language="C#" AutoEventWireup="true" CodeFile="ApplyControls.aspx.cs" Inherits="ApplyControls" %>
<! DOCTYPE html PUBLIC "-//W3C//DTD XHTML 1.0 Transitional//EN" "http：//www.w3.org/TR/xhtml1/DTD/xhtml1-transitional.dtd">
<html xmlns="http：//www.w3.org/1999/xhtml">
<head runat="server">
    <title>无标题页</title>
</head>
<body>
    <form id="form1" runat="server">
    <div>
        <uc1：RandomImage ID="RandomImage1" runat="server" />
    </div>
    </form>
</body>
</html>
```

自定义用户控件属性：

自定义用户控件属性又叫暴露用户控件属性。通过暴露用户控件属性，可以在应用它的页面中修改该属性。

前面我们创建的RandomImage用户控件随机显示图片文件夹中的图片。如果可以指定包含图片的文件夹名称，就可以在不同的应用程序中使用不同的图片文件夹路径。可以通过自定义RandomImage控件的属性来达到这个目的。

代码中是修改后的RandomImage用户控件，名为RandomImageProperty.ascx，它的ImageFilePath属性暴露为公共属性。

示例代码（暴露用户控件属性）RandomImageProperty.ascx：

```
<%@ Control Language="C#" ClassName="RandomImageProperty" %>
<%@ Import Namespace="System.IO" %>
<script runat="server">
  private string _imageFilePath = "~/images";
  public string ImageFilePath
  {
    get { return _imageFilePath; }
    set { _imageFilePath = value; }
  }
  void Page_Load ()
  {
    string imageToDisplay = GetRandomImage ();
    imgRandom.ImageUrl = Path.Combine (_imageFilePath, imageToDisplay);
    lblRandom.Text = imageToDisplay;
  }
  private string GetRandomImage ()
  {
    Random rnd = new Random ();
    string [] images = Directory.GetFiles (MapPath ("~/images"), "*.jpg");
    string imageToDisplay = images [rnd.Next (images.Length) ];
    return Path.GetFileName (imageToDisplay);
  }
</script>
<asp: Image ID="imgRandom" Width="600px" runat="server" />
<br />
<asp: Label ID="lblRandom" runat="server"></asp: Label>
```

在用户控件中暴露属性后可以通过声明或编程的方式在文件页面中设置属性值。示例代码中的页码通过声明设置ImageFilePath的值。

示例代码通过声明设置暴露属性值（ApplyDeclaration.aspx）：

```
<%@ Page Language="C#" AutoEventWireup="true" CodeFile="ApplyDeclaration.aspx.cs" Inherits="ApplyDeclaration" %>
<%@ Register src="RandomImageProperty.ascx" tagname="RandomImageProperty" tagprefix="uc2" %>
<! DOCTYPE html PUBLIC "-//W3C//DTD XHTML 1.0 Transitional//EN" "http://www.w3.org/TR/xhtml1/DTD/xhtml1-transitional.dtd">
<html xmlns="http://www.w3.org/1999/xhtml">
<head runat="server">
    <title>无标题页</title>
</head>
<body>
    <form id="form1" runat="server">
    <div>
        <uc2:RandomImageProperty ID="RandomImageProperty1" ImageFilePath="~/Images2" runat="server" />
    </div>
    </form>
</body>
</html>
```

案例实践二：自定义用户控件事件

实践应用：

同自定义用户控件属性一样，通过自定义用户控件事件，可以在包含该用户控件的页面中处理该事件。

当需要将信息传递给包含此控件的页面时，可以通过自定义用户控件事件来实现。例如，可以通过用户控件创建一个定制标签栏，当用户单击一个标签时，页面内容也跟着改变。

在示例代码中的用户控件创建一个标签。

示例代码自定义用户控件事件（tab.ascx）：

```
<%@ Control Language="C#" ClassName="tab" %>
<%@ Import Namespace="System.Collections.Generic" %>
<script runat="server">
    public event EventHandler TabClick;
    public int SelectedIndex
    {
        get { return dlstTab.SelectedIndex; }
    }
```

```
    void Page_Load ()
    {
      if (! Page.IsPostBack)
      {
    //创建标签栏
      List<string> tabs = new List<string> ();
      tabs.Add ("衣柜");
      tabs.Add ("椅子");
      tabs.Add ("牛仔裤");
      tabs.Add ("衬衫");
    //绑定标签栏到DataList控件
      dlstTab.DataSource = tabs;
      dlstTab.DataBind ();
    //选择第一个标签
      dlstTab.SelectedIndex = 0;
    }
  }
  /// <summary>
  /// 当用户单击一个标签时，执行方法
  /// </summary>
  protected void dlstTab_SelectedIndexChanged (object sender, EventArgs e)
  {
    if (TabClick ! = null)
      TabClick (this, EventArgs.Empty);
    }
  </script>
  <asp: DataList ID= "dlstTab" RepeatDirection= "Horizontal" OnSelectedIndex-
Changed= "dlstTab_SelectedIndexChanged" CssClass= "tabs" ItemStyle - CssClass= "tab"
SelectedItemStyle-CssClass="selectedTab" runat="server">
    <ItemTemplate>
      <asp: LinkButton ID="lnkTab" CommandName="Select" runat="server"><%#
Container.DataItem %></asp: LinkButton>
  </ItemTemplate>
  </asp: DataList>
```

上述代码中的标签使用DataList控件来创建。DataList控件显示每一个在Page_Load事件处理程序中创建的项目的链接。

示例代码中的页面使用了tab控件，可以通过单击标签显示不同的内容。

示例代码应用自定义了事件的用户控件（ApplyTab.aspx）：

```
<%@ Page Language="C#" AutoEventWireup="true" CodeFile="ApplyTab.aspx.cs"
Inherits="ApplyTab" %>
<%@ Register src="tab.ascx" tagname="tab" tagprefix="uc1" %>
<! DOCTYPE html PUBLIC "-//W3C//DTD XHTML 1.0 Transitional//EN" "http: //
www.w3.org/TR/xhtml1/DTD/xhtml1-transitional.dtd">
<html xmlns="http: //www.w3.org/1999/xhtml">
<head runat="server">
<style type="text/css">
html
    {
    background-color: Maroon;
    font: 14px;
    }
    .tabs a
    {
    color: Maroon;
    text-decoration: none;
    }
    .tab
    {
    background-color: #cccccc;
    padding: 8px;
    border: Solid 1px black;
    border-bottom: none;
    }
    .selectedTab
    {
    background-color: White;
    padding: 8px;
    border: Solid 1px black;
    border-bottom: none;
    }
    .views
    {
    background-color: White;
    width: 280px;
```

```
        border: Solid 1px black;
        padding: 10px;
        }
    </style>
        <title>无标题页? </title>
    </head>
    <body>
        <form id="form1" runat="server">
        <div>
          <uc1: tab ID="tab1" OnTabClick="tab1_TabClick" runat="server" />
        <div class="views">
    <asp: MultiView ID="MultiView1" ActiveViewIndex="0" runat="server">
        <asp: View ID="education" runat="server">
        <h2> 衣柜</h2>
        <br />
        衣柜，是存放衣物的柜式家具，一般分为单门、双门、嵌入式等等，是家
庭常用的家具之一。
        </asp: View>
        <asp: View ID="train" runat="server">
        <h2>椅子</h2>
        <br />
        椅子是一种有靠背、有的还有扶手的坐具。古代席地而坐，原没有椅子，
"椅"本是木名。椅子的名称始见于唐代，而椅子的形象则要上溯到汉魏时传入北
方的胡床。椅子按材质分类：实木椅、玻璃椅、铁艺椅、塑料椅、布艺椅、皮艺
椅、发泡椅等。椅子按使用分类：办公椅、餐椅、吧椅、休闲椅、躺椅、专用
椅等。
        </asp: View>
        <asp: View ID="enrollment" runat="server">
        <h2>牛仔裤</h2>
        <br />
        牛仔裤又称"坚固呢裤"。一种男女穿用的紧身便裤。前身裤片无裥，后
身裤片无省，门里襟装拉链，前身裤片左右各设有一个斜袋，后片有尖形贴腰的两
个贴袋，袋口接缝处钉有金属铆钉并压有明线装饰。具有耐磨、耐脏，穿着贴身、
舒适等特点。
        </asp: View>
        <asp: View ID="abroad" runat="server">
        <h2>衬衫</h2>
```

```
        <br />
        衬衫是一种穿在内外上衣之间、也可单独穿用的上衣。中国周代已有衬衫，称中衣，后称中单。汉代称近身的衫为厕牏。宋代已用衬衫之名。现称之为中式衬衫。
        </asp: View>
      </asp: MultiView>
    </div>
    </div>
    </form>
  </body>
  </html>
```

另外，在其中代码页 ApplyTab.aspx 中定义了 tabl_TabClick（）事件。如示例代码所示。

示例代码 tabl_TabClick（）事件（ApplyTab.aspx.cs）：

```
protected void tab1_TabClick（object sender， EventArgs e）
  {
      MultiView1.ActiveViewIndex = tab1.SelectedIndex;
  }
```

示例代码中处理程序，用于响应 tab 控件的 TabClick 事件。当单击标签时，可以从标签栏获取到选中的标签的索引，然后显示与索引匹配的 View 控件的内容。运行如图 5-2 所示。

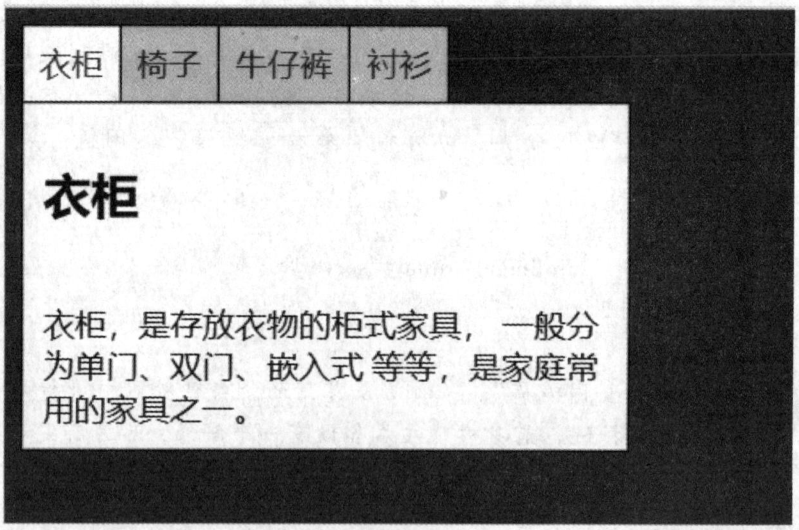

图5-2　显示与索引

项目6
网站后台管理设计

项目导入

在前面我们掌握了使用ASP.NET的多种技术保持页面数据、跨页面传递数据的技能，我们不用再担心用户在各个网页之间“跳来跳去”时如何与用户交互的问题了。

在管理大量的商品信息时，我们当然要用到数据库技术，ASP.NET网站程序与Windows窗体程序的数据库访问有所不同，我们还需进一步掌握ASP.NET网站程序数据库访问的技能。

任务6.1 后台登录页面设计

任务目标

1. 知识目标

（1）掌握<iframe>框架的用法。

（2）熟悉Session的使用方法。

2. 能力目标

具备对网站后台的管理能力，能够对会员及相关数据进行管理。

3. 素质目标

培养学生的行业自信、精益求精的精神以及应对项目的责任心。

任务引入

动态网站具备后台管理功能，为了保证管理的安全性，要求管理员必须通过登录才能使用管理功能。

任务分析

管理员登录功能与会员登录类似，只不过访问的数据库中的表不同，本次要操作的是管理员表。

任务实施

（1）新建admin_login.aspx页面。插入一个table标签，插入表格3行2列，分别拖入Label控件、Textbox控件、Button按钮，如图6-1所示。

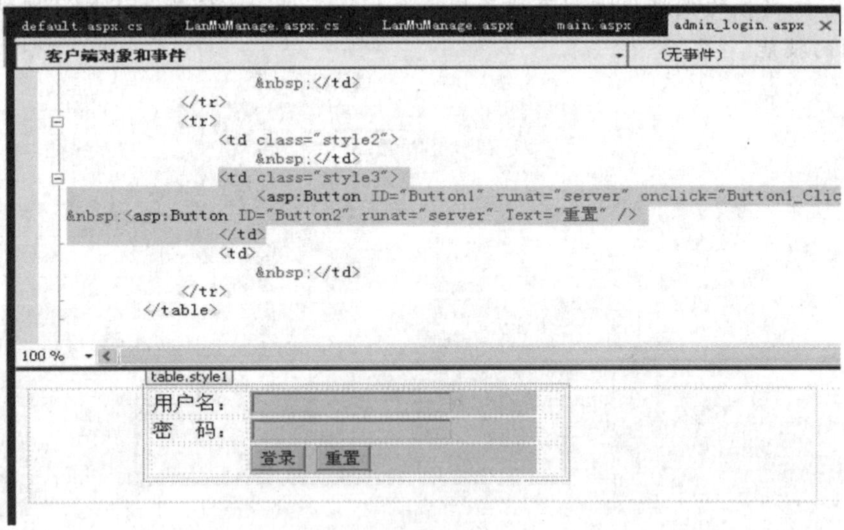

图6-1 用户验证界面

（2）添加“登录”按钮代码，代码如下。

```
protected void Button1_Click（object sender， EventArgs e）
        {
            try
            {
                using（DataClasses1DataContext dc = new DataClasses1DataContext（））
                {
                    var u = dc.Admin.Where（aa => aa.AdminUserName.ToLower（）
== this.UserName.Text.ToLower（） && aa.AdminPassWord.ToLower（） == this.Pass-
Word.Text.ToLower（））.SingleOrDefault（）;
                    if（u == null）
                    {
                        this.fun_showMessage（"用户名或密码错误"）;
                    }
                    else
                    {
                        PersonInformation pi = new PersonInformation（）;
                        pi.f_LoginDate = System.DateTime.Now;
                        pi.f_LoginName = u.AdminUserName;
                        pi.f_admin = false;
                        Session［"person"］ = pi;
                        this.fun_CookieWrite（pi.f_LoginName）;
                        Response.Redirect（"index.aspx"）;
                    }
                }
            }
            catch
            {
                this.fun_showMessage（"状态丢失，请重新登录！"）;
            }
        }
```

（3）在admin文件夹中新建管理页面首页面index.aspx。拖入2个Label标签用于显示管理用户的用户名和身份角色，如图6-2所示。

（4）在管理首页下插入div层，在div中插入1个iframe标签，如图6-3所示。

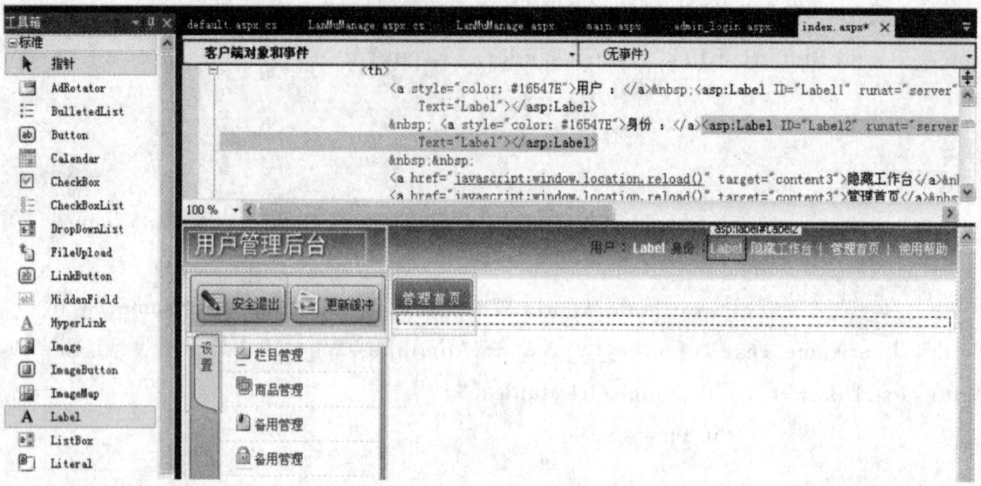

图6-2 拖入Label控件

图6-3 插入div层

HTML代码如下所示：

```
<div id="dtab1">
        <iframe name="content3" src=""  frameborder="0"></iframe>
</div>
```

任务6.2 商品图片上传管理

任务目标

1. 知识目标

（1）掌握文件上传控件的使用。

（2）掌握文本编辑器的使用。

2. 能力目标

能够对电子商务网站中各类商品的相关信息进行增、删、改、查。

3. 素质目标

培养学生的自主学习能力、思维构建能力，提升学生的实践创新能力。

任务引入

在繁杂的管理功能中，很多情况下都会涉及文件的上传，尤其是在电子商务网站中，对于商品的属性，有一个很重要的内容就是要让用户能很直观地看到商品的外观图片，所以在这里我们将介绍如何进行商品图片的上传。

任务分析

在这里我们要设计一个商品的添加页面，在该页面会涉及商品的各个信息的录入，对于商品图片的录入，采取将图片上传到服务器指定目录的方式。

任务实施

（1）新建LanMuManage.aspx，插入表格，4行2列，分别选择工具箱中Button控件、TextBox控件、DropDownList控件、FileUpload控件拖入到页面中，如图6-4、图6-5、图6-6所示。

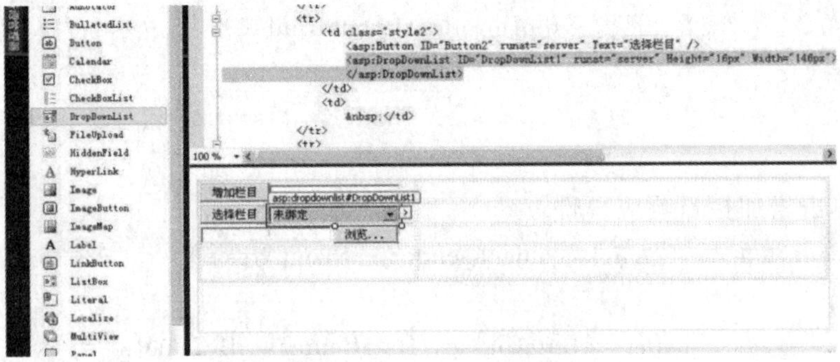

图6-4　新建栏目管理页面

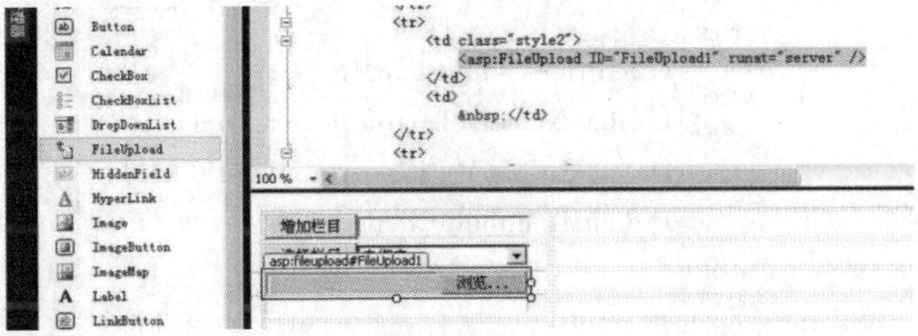

图6-5　拖入FileUpload控件

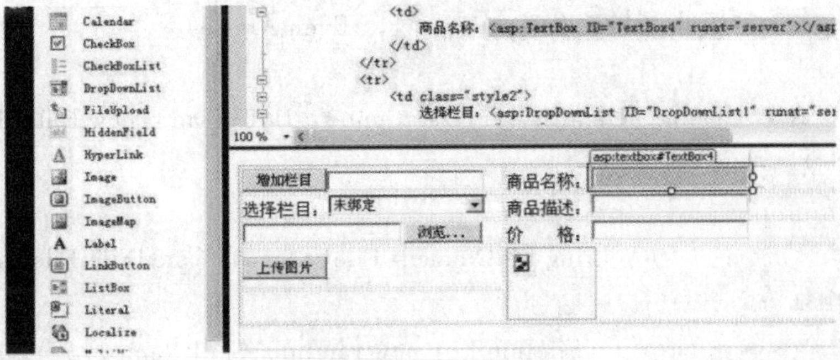

图6-6　最终效果

（2）编辑 LanMuManage.aspx.cs 文件页面载入事件。

```
protected void Page_Load (object sender, EventArgs e)
        {
            this.fun_alreadyLogin ();
            if (! IsPostBack)
            {
                using (DataClasses1DataContext dc = new DataClasses1Data-
Context () )
                {
                    DropDownList1.DataSource = dc.LanMu.Select (bb => bb.
LanName);
                    DropDownList1.DataBind ();
                }
            }
        }
```

（3）单击增加栏目响应事件。

```
protected void 增加栏目_Click (object sender, EventArgs e)
        {
            using (DataClasses1DataContext DcLanMu = new DataClass-
es1DataContext () )
            {
                LanMu LM = new LanMu ();
                LM.LanName = TextBox1.Text.ToString ();
                DcLanMu.LanMu.InsertOnSubmit (LM);
                DcLanMu.SubmitChanges ();
            }
        }
```

（4）单击上传图片按钮响应事件。

```
protected void 上传图片_Click (object sender, EventArgs e)
        {
            using (DataClasses1DataContext DcUpload = new DataClasses1Data-
Context () )
            {
                string FullName = FileUpload1.PostedFile.FileName; //获取
图片物理地址
                  FileInfo Fi = new FileInfo (FullName);
                  string Name = this.TextBox4.Text.ToString ();
```

```
                    string ImageUrl;
                    int a = 0;
                    string DropListValue;
                    string SavePath = Server.MapPath ("../Product");
                    this.FileUpload1.PostedFile.SaveAs (SavePath + "\\" + Fi.Name);
                    ImageUrl = "Product" + "\\" + Fi.Name; //界面显示图片
                    this.Image1.ImageUrl = "../Product" + "\\" + Fi.Name;
                    DropListValue = DropDownList1.SelectedValue.ToString ();
                    var Items = from i in DcUpload.LanMu where i.LanName =
= DropListValue select i.LanMuId;
                    foreach (var i in Items)
                    {
                        a = i;
                    }
                    Product p = new Product ();
                    p.ProductName = Name;
                    p.ProductImageBig = ImageUrl;
                    p.Price = decimal.Parse (TextBox3.Text);
                    p.LanMuId = a;
                    p.Description = this.TextBox2.Text.ToString ();
                    DcUpload.Product.InsertOnSubmit (p);
                    DcUpload.SubmitChanges ();

                }
            }
```

相关知识

一、CKEditor控件

CKEditor是文本编辑器，CKFinder是CKEditor的一个插件，用来上传图片和flash。

使用CKEditor的操作步骤如下：

（1）在ASP.NET网站中新建文件夹以存放ckeditor和ckfinder文件。

以HtmlEdit文件夹为例，文件结构如下。

```
-HtmlEdit
  --ckeditor
  --ckfinder
```

（2）解压缩ckeditor和ckfinder压缩文件包。

复制ckeditor文件夹下adapters、images、lang、plugins、skins、themes、ckeditor.js、config.js\contents.css到HtmlEdit->ckeditor文件夹下。

复制ckfinder文件夹下core、ckfinder.html、ckfinder.js、config.ascx到HtmlEdit->ckfinder文件夹下。

（3）复制ckfinder\bin\Debug\CKFinder.dll文件到网站Bin目录下。

可右键单击网站->新建ASP.NET文件夹->Bin文件夹，也可以新建其他文件夹，例如第三方DLL统一放在Library文件夹下，然后添加对其引用。

（4）新建UploadFiles文件夹，该文件夹的作用是保存ckfinder上传的文件。

（5）配置ckeditor\config.js文件。

将下面的代码复制到config.js文件的函数体内。

```
var  ckfinderPath= "HtmlEdit";
config. filebrowserBrowseUrl=ckfinderPath+  ' /ckfinder/ckfinder.
config. filebrowserImageBrowseUrl=ckfinderPath+' /ckfinder/ckfinder
Type=lmages  ';
config. filebrowserFlashBrowseUrl=ckfinderPath+  ' /ckfinder/ckfinder
Type=Flash';
config. filebrowserUploadUrl=ckfinderPath+  ' /ckfinder/core/con
aspx/connector. aspx?  command=Quic  kUpload&type=Files';
config. filebrowserImageUploadUrl=ckfinderPath+' /ckfinder/core/coz
aspx/connector. aspx? command=QuickUpload&type=lmages';
config. filebrowserlashUploadUrl=ckfinderPath+1/ckfinder/core/cor
aspx/connector. asl~x ? command=QuickUpload&type=Flash';
```

唯一需要修改的是ckfinderPath变量的值。它代表ckfinder所在的路径。注意要使用绝对路径。

（6）配置ckfinder\config.ascx文件。

config.ascx文件中只有两个函数：CheckAuthentication（）和SetConfig（）。

CheckAuthentication（）函数用来确定用户权限。只有取得权限的用户才能够上传图片等文件。它返回bool值，true代表有权限，false代表没有权限（测试时，可以让其返回true，免去验证的麻烦）。通常在此函数中的操作是验证Session中是否有用户登录成功的信息，如果存在返回true，否则返回false。

因此，一般的代码如下。

```
object isLogin=Session [ "IsLogin"];
if (isLogin ! =null& & Convert.ToBoolean (isLogin) ==true)
  {
    return true;
```

```
    }
    return false;
```

在登录界面中验证用户，登录成功，Session［“IsLogin”］=true。

SetConfig（）函数配置上传文件信息。

其中比较重要的有BaseUrl，Thumbnails.Url。BaseUrl为上传文件夹路径，Thumbnails.Url为图片缩略图路径。将BaseUrl赋值为步骤（4）中建立的UploadFiles文件夹，即上传文件统一存放在此文件夹中。

特别需要注意的是路径从网站根目录开始。不要使用“~”表示从网站根目录开始，因为CKEditor使用img HTML标签表示图片，HTML标签无法识别“~”这个ASP.NET中特有的东西。

（7）上述都配置成功后，首先，引入JavaScript文件。

```
<head>
    <script  src=" HtmlEdit/ckeditor/ckeditor.js"  type=" text/j avascript" >
</script>
    <title>CKEditor Test Page</title>
    </head>
```

然后，加入Text文本框，并设置CssClass。

```
    <form  id="forml" runat="server">
    <div><b><big>Edit your document</big> </b>
    <asp: TextBox  ID="txtContent" CssClass="ckeditor" TextMode="MultiLine"
    columns="50" Rows="10" runat="server"/><br/><br/>
    <asp: Button ID= "btnSubmit" Text= "All Done" runat= "server" onclick= "btnSub-
mit_click" />
    <hr/>
    <asp: Literal ID="ltlResult" runat="server" /></div></form>
```

就像使用普通的TextBox一样，使用Text属性获取值。

```
    protected void btnSubmit_Click（object sender,  EventArgs e）
    {
    ltlResult.Text=txtContent.Text;
    }
```

二、FileUpload控件

FileUpload控件显示一个文本框控件和一个浏览按钮，使用户可以选择客户端上的文件并将它上载到Web服务器。用户通过在控件的文本框中输入本地计算机上文件的完整路径（例如，C：\MyFiles\TestFile.txt）来指定要上载的文件，用户也可以通过单击“浏览”按钮，然后在“选择文件”对话框中定位文件来选择文件。

用户选择要上传的文件后，FileUpload 控件不会自动将该文件保存到服务器，必须显式提供一个控件或机制，使用户能提交指定的文件。例如，可以提供一个按钮，用户单击它即可上载文件。为保存指定文件所写的代码应调用 SaveAs 方法，该方法将文件内容保存到服务器上的指定路径。

在文件上传的过程中，文件数据作为页面请求的一部分，上传并缓存到服务器的内存中，然后再写入服务器的物理硬盘中。

有3个方面需要注意：

（1）确认是否包含文件。

在调用 SaveAs 方法将文件保存到服务器之前，使用 HasFile 属性来验证 FileUpload 控件确实包含文件。若 HasFile 返回 true，则调用 SaveAs 方法；如果它返回 false，则显示控件不包含文件。不要通过检查 PostedFile 属性来确定要上载的文件是否存在，因为默认情况下该属性包含0字节，因此，即使 FileUpload 控件为空，PostedFile 属性仍返回一个非空值。

（2）文件上传大小限制。

默认情况下，上传文件大小限制为4 096 KB（4 MB），可以通过设置 httpRuntime 元素的 maxRequestLength 属性来允许上载更大的文件。若要增加整个应用程序所允许的最大文件大小，要设置 Web.config 文件中的 maxRequestLength 属性。若要增加指定页所允许的最大文件大小，可设置 Web.config 中 location 元素内的 maxRequestLength 属性。

上载较大文件时，用户也可能接收到以下错误信息：

aspnet_wp. exe （PID： 1520） was recycled because memory consumption exceeded 460 MB（60 percent of available RAM）.

以上信息说明，上传文件的大小不能超过服务器内存大小的60%。这里的60%是 Web.config 文件的默认配置，是<processModel>配置节中的 memoryLimit 属性默认值。虽然可以修改，但是上传文件越大，成功概率越小，不建议使用。

（3）上传文件夹的写入权限。

应用程序可以通过两种方式获得写访问权限，可以将要保存上载文件的目录的写访问权限显式授予运行应用程序所使用的账户，也可以提高为 ASP.NET 应用程序授予的信任级别。若要使应用程序获得执行目录的写访问权限，必须将 AspNetHostingPermission 对象授予应用程序并将其信任级别设置为 AspNetHostingPermissionLevel.Medium 值。提高信任级别可提高应用程序对服务器资源的访问权限。请注意，该方法并不安全，因为如果怀有恶意的用户控制了应用程序，他（她）也能以更高的信任级别运行应用程序。

FileUpload 控件的常用属性见表6-1。

可以通过3种方法访问上传文件：

（1）通过 FileBytes 属性。该属性将上传文件数据置于字节数组中，遍历该数组，则能够以字节方式了解上传文件的内容。

表6-1 FileUpload控件的常用属性

属性	数据类型	说明
FileBytes	byte [ ]	获取上传文件的字节数组
FileContent	Stream	获取指定上传文件的Stream对象
FileName	String	获取上传文件在客户端的文件名称
HasFile	Bool	获取一个布尔值，用于表示FileUpload控件是否已经包含一个文件
PostedFile	HttpPostedFile	获取一个与上传文件相关的HttpPostedFile对象，使用该对象可以获取上传文件的相关属性

（2）通过FileContent属性。调用该属性可以获得一个指向上传文件的Stream对象。可以使用该属性读取上传文件数据，并使用FileBytes属性显示文件内容。

（3）通过PostedFile属性。调用该属性可以获得一个与上传文件相关的HttpPostedFile对象，使用该对象可以获得与上传文件相关的信息。例如，调用HttpPostedFile对象的ContentLength，可以获得上传文件大小；调用HttpPostedFile对象的ContentType属性，可以获得上传文件的类型；调用HttpPostedFile对象的FileName属性，可以获得上传文件在客户端的完整路径（调用FileUpload控件的FileName属性，仅能获得文件名）。

最基本的文件上传示例：

Default.aspx

```
<%@ Page Language="C#" AutoEventWireup="true" CodeFile="Default.aspx.cs" Inherits
="_Default" %>

<! DOCTYPE html PUBLIC "-//W3C//DTD XHTML 1.0 Transitional//EN" "http：//www.
w3.org/TR/xhtml1/DTD/xhtml1-transitional.dtd">
<html xmlns="http：//www.w3.org/1999/xhtml">
<head runat="server">
    <title>示例 8-3</title>
    <link id="InstanceStyle" href="StyleSheet.css" type="text/css" rel="stylesheet" />
</head>
<body>
    <form id="Form1" runat="server">
        <div>
            <fieldset style="width： 290px">
                <legend class="mainTitle">FileUpload控件典型应用</legend>
                <br />
```

```
        <asp: FileUpload ID="FileUpload1" runat="server" /><asp: Button ID="BtnU-
pload" runat="server" Text="上传" OnClick="BtnUpload_Click" />
            <hr />
        <asp: Label ID="LabMessage1" runat="server" ForeColor="red" /><br />
          <asp: Label ID="LabMessage2" runat="server" />
        </fieldset>
      </div>
    </form>
</body>
</html>
```

Default.aspx.cs

```
usin
g System;
using System.Data;
using System.Configuration;
using System.Web;
using System.Web.Security;
using System.Web.UI;
using System.Web.UI.WebControls;
using System.Web.UI.WebControls.WebParts;
using System.Web.UI.HtmlControls;

public partial class _Default: System.Web.UI.Page
{
  protected void Page_Load (object sender, EventArgs e)
  {
  }
  protected void BtnUpload_Click (object sender, EventArgs e)
  {
    bool fileOK = false;
    string path = Server.MapPath ("~/Temp/");
    if (FileUpload1.HasFile)
    {
        String fileExtension = System.IO.Path.GetExtension (FileUpload1.FileName) .
ToLower ();
        String [] allowedExtensions = { ".gif", ".png", ".bmp", ".jpg" };
```

```
for (int i = 0;  i < allowedExtensions.Length;  i++)
{
    if (fileExtension == allowedExtensions [i] )
    {
        fileOK = true;
    }
}
}
if (fileOK)
{
    try
    {
        FileUpload1.SaveAs (path + FileUpload1.FileName);
        LabMessage1.Text = "文件上传成功.";
        LabMessage2.Text = "<b>原文件路径: </b>" + FileUpload1.PostedFile.File-
Name + "<br />" +
"<b>文件大小: </b>" + FileUpload1.PostedFile.ContentLength + "字节<br />" +
"<b>文件类型: </b>" + FileUpload1.PostedFile.ContentType + "<br />";
    }
    catch (Exception ex)
    {
        LabMessage1.Text = "文件上传不成功.";
    }
}
else
{
    LabMessage1.Text = "只能够上传图片文件.";
}
}
}
```

通过对以上的示例进行分析，我们还可以用验证控件来实现对文件类型的验证。

正则表达式代码如下：

```
<ASP: RegularExpressionValidator
id="RegularExpressionValidator1" runat="server"
ErrorMessage="Only mp3,  m3u or mpeg files are allowed! "
ValidationExpression="^ ( ( [a-zA-Z]: ) | (\\ {2} \w+) \$?) (\\ (\w [\w] .*) )
+ (.mp3|.MP3|.mpeg|.MPEG|.m3u|.M3U) $"
```

```
ControlToValidate="FileUpload1"></ASP：RegularExpressionValidator>
<br />
<ASP：RequiredFieldValidator
id="RequiredFieldValidator1" runat="server"
ErrorMessage="This is a required field！ "
ControlToValidate="FileUpload1"></ASP：RequiredFieldValidator>
```

小资料

腾讯公司首席执行官马化腾

马化腾，腾讯公司执行董事、董事会主席兼首席执行官（CEO），全面负责腾讯集团的策略规划、定位和管理。最初，马化腾和腾讯公司的日子都非常艰难，第一次网络泡沫席卷了全中国的互联网时，腾讯公司难以为继，中华网、新浪网都不肯接手。那时的马化腾虽然执着，却也迷茫，不知道自己的QQ盈利点在哪里？后来得益于风险投资公司帮助腾讯在中国香港上市，马化腾的个人身价迅速飙升。马化腾在不经意间打造了一个庞大的QQ帝国，改变了中国人沟通的方式，手机、QQ、微信成了现代人沟通的三大工具。2014年5月7日，腾讯宣布成立微信事业群（WXG），其中的O2O业务并入微信事业群，实物电商业务并入京东。2019年，腾讯入选中国品牌强国盛典榜样100品牌；同年2月18日，《人民日报》发布中国品牌发展指数100榜单，腾讯排名第4位。2021年8月6日，中国互联网络信息中心官网显示，腾讯公司2021年陆续开通解析了“QQ.中国”与“腾讯.中国”两个域名。其中，“QQ.中国”解析到腾讯网，“腾讯.中国”解析到腾讯官网。2021年9月，腾讯公司进入“2021年中国民营企业500强”榜单，排名第6位。

作为国内互联网的头部企业，腾讯以社交和娱乐闻名。但从拍拍网，到之后的QQ商城、QQ网购，再到对京东和拼多多的投资，腾讯在电商领域的经验其实并不在少数。

昨天，马化腾抓住了即时聊天工具开发的机遇，今天，马化腾已走上了成功大道。我们能否在今天也高瞻远瞩选择方向，找寻项目，走向成功呢？机不可失，时不再来，同学们努力吧！

能力拓展

1. 完成后台显示和添加用户界面。
2. 完成后台修改用户界面的设计。
3. 完成后台删除用户界面。
4. 完成修改、删除商品信息界面。

案例实践一：管理界面树状形式显示设计

实践应用：

一般情况下，当一个网站包含多个导航时，可以将页面中的导航以树状显示，这样不仅可以有效节约页面空间，还可以方便用户查看，本实训通过将TreeView控件绑定到XML文件，来制作网站后台界面。

步骤1，启动VS2010后，打开站点“Navigarion Control”。

步骤2，在站点中建立一个名为“Summary.xml”的文档，并设置其内容，代码如下所示：

```
<? xml version="1.0" encoding="utf-8" ? >
<Web>
  <Option Text="管理网站首页" Url="Default.aspx" />
  <Option Text="用户管理" Url="TreeViewStyle.aspx">
    <leaf Text="用户信息添加" Url="TreeViewStyle.aspx" />
  </Option>
  <Option Text="用户查找" Url="TreeViewStyle.aspx" />
  <Option Text="管理用户头像" Url="TreeViewStyle.aspx">
    <leaf Text="添加头像" Url="TreeViewStyle.aspx" />
  </Option>
  <Option Text="公告管理" Url="TreeViewStyle.aspx">
    <leaf Text="添加公告" Url="TreeViewStyle.aspx" />
    <leaf Text="删除公告？" Url="TreeViewStyle.aspx" />
  </Option>
  <Option Text="新闻管理中心" Url="TreeViewStyle.aspx">
    <leaf Text="添加新闻？" Url="TreeViewStyle.aspx" />
    <leaf Text="编辑新闻" Url="TreeViewStyle.aspx" />
  </Option>
  <Option Text="留言本管理？" Url="TreeViewStyle.aspx" />
  <Option Text="产品资源下载管理" Url="TreeViewStyle.aspx">
    <leaf Text="添加产品信息" Url="TreeViewStyle.aspx" />
  </Option>
  <Option Text="产品类别管理" Url="TreeViewStyle.aspx">
    <leaf Text="产品类别添加" Url="TreeViewStyle.aspx" />
  </Option>
  <Option Text="友情链接管理" Url="TreeViewStyle.aspx">
    <leaf Text="添加友情链接" Url="TreeViewStyle.aspx" />
  </Option>
  <Option Text="忘记密码" Url="TreeViewStyle.aspx" />
  <Option Text="管理员重新登录" Url="TreeViewStyle.aspx" />
  <Option Text="安全退出" Url="Exit.aspx" />
</Web>
```

步骤3，建立网页“SummaryExample.aspx”，在网页中添加一个TreeView控件和一个XmlDataSource控件，分别设置其属性。

步骤4，在默认的<div>标签下方在插入一个<div>，并在其中插入一个Image控件。

步骤5，在<head runat=” server” >标签下方输入样式代码，并将设置的样式分别应用于2个div，最后的网页代码如下所示：

```
<%@ Page Language="C#" AutoEventWireup="true" CodeFile="SummaryExample.aspx.cs" Inherits="SummaryExample" %>
<! DOCTYPE html PUBLIC "-//W3C//DTD XHTML 1.0 Transitional//EN" "http：//www.w3.org/TR/xhtml1/DTD/xhtml1-transitional.dtd">
<html xmlns="http：//www.w3.org/1999/xhtml">
<head runat="server">
  <style type="text/css">
    html
    {
    font-size：14px;
    font-weight：bold;
    }
    .contentLeft
    {
    float：left;
    width：200px;
    border-right-width：6px;
    border-right-color：#eeeeee;
    border-right-style：window-inset;
    background-color：Azure;
    }
    .contentRight
    {
    float：left;
    width：700px;
    height：470px;
    text-align：center;
    }
</style>
  <title>无标题页</title>
</head>
```

```
<body>
  <form id="form1" runat="server">
  <div class="contentLeft">
    <asp: TreeView ID="TreeView1" DataSourceID="XmlDataSource1" runat="server">
    <DataBindings>
    <asp: TreeNodeBinding DataMember="Option" TextField="Text" TargetField="Url" />
    <asp: TreeNodeBinding DataMember="Leaf" TextField="Text" TargetField="Url" />
    </DataBindings>
    </asp: TreeView>
    <asp: XmlDataSource ID="XmlDataSource1" DataFile="Summary.xml" runat=
"server"></asp: XmlDataSource>
  </div>
  <div class="contentRight">
    <asp: Image ID="Image1" ImageUrl="~/images/wellcome.jpg" runat="server" /></div>
  </form>
</body>
</html>
```

步骤6，保存文档后在浏览器中浏览，效果图如图6-7所示。

图6-7 网站后台功能导航

案例实践二：管理人员登录页面设计

实践应用：

完成了之前的任务制作，可以开始制作后台页面了。

管理员登录页面如图6-8所示。

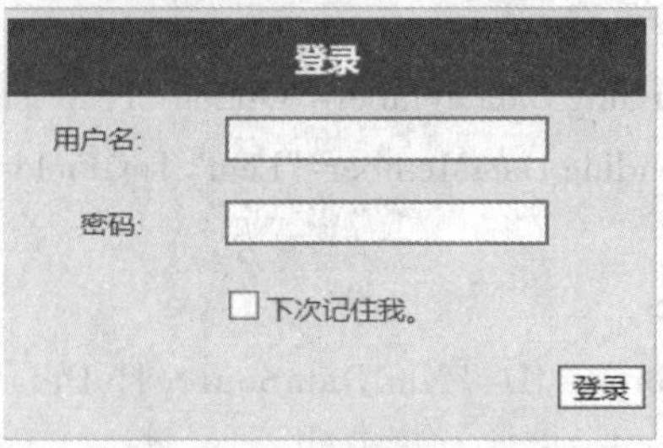

图6-8　管理员登录页面

login.aspx的HTML主要代码：

图6-8所示的登录对话框是用login控件实现的，通过设置控件属性实现了图中效果。

该控件的HTML代码如下：

```
<body>
    <form id="form1" runat="server">
    <div style="vertical-align: middle; text-align: center">
    <br /><br /><br /><br /><br /><br />
        <asp: Login ID="Login1" runat="server" BackColor="#eeeeee" BorderColor=
"silver" BorderPadding="4" BorderStyle="Solid" BorderWidth="1px" Font-Size="12px"
ForeColor= "#333333" Height= "180px" Width= "275px" OnAuthenticate= "Login1_Au-
thenticate1">
            <TitleTextStyle BackColor= "#990000" Font - Bold= "true" Font - Size= "14px"
ForeColor="White" />
        <InstructionTextStyle Font-Italic="true" ForeColor="Black" />
        <TextBoxStyle Font-Size="12px" />
        <LoginButtonStyle BackColor= "White" BorderColor= "#990000" BorderStyle=
"Solid" BorderWidth="1px" Font-Size="12px" ForeColor="black" />
        </asp: Login>
    </div>
    </form>
</body>
```

login.aspx.cs的主要代码及其解释：

登录页面的代码相对来说比较简单，用户登录时将触发一个事件，该事件用于判断登录用户是否合法。默认的管理员名称和密码均为“admin”。

创建公共类BaseClass的对象。

```
BaseClass BaseClass1 = new BaseClass ();
```

登录时将触发Login1_Authenticate1事件，其代码如下：

```
protected void Login1_Authenticate1 (object sender, AuthenticateEventArgs e)
{
  string strsql = "select * from [User] where 管理员标志=1 and 用户名= '" + Log-
in1.UserName.ToString () + "' and 密码 = '" + Login1.Password.ToString () + "' "; //定
义SQL查询语句
    DataTable dt = new DataTable (); //创建DataTable
    dt = BaseClass1.ReadTable (strsql); //调用ReadTable方法获取查询结果
    if (dt.Rows.Count > 0)
    {
        Session ["admin"] = Login1.UserName.ToString (); //将合法的用户名
放到Session对象中，表括示用户已登录
        Response.Redirect ("~/admin/admin_default.aspx"); //跳转到后台管理页
面admin_default.aspx
    }
}
```

案例实践三：后台管理页面设计

实践应用：

管理员登录成功后，默认进入后台管理页面，如图6-9所示。该页面包括新闻管理、新闻添加、产品管理、产品添加、订单管理和用户管理等功能。

图6-9　后台管理页面

admin_default.aspx的HTML主要代码

为便于后期的维护和更新，我们将所有管理页面放在了一个名为“admin”的文件夹中。admin_default.apsx.cs使用框架集把页面分成了左右两个部分。VS2010没有提供框架集的编辑，直接在代码界面中输入以下代码即可：

```
<frameset rows="*" cols="181, *" framespacing="0" frameborder="1" border="false" id="frame" scrolling="yes">
        <frame name="left" scrolling="no" src="admin_left.aspx">
        <frame name="main" scrolling="auto" src="admin_main.aspx">
</frameset>
```

admin_default.aspx.cs的主要代码及其解释

在加载后台管理页面时，应用程序会检查管理员是否已登录，如果未登录，将跳转到管理员登录页面。其代码如下：

```
protected void Page_Load（object sender,  EventArgs e）
  {
      if（Session ["admin"]  == null）//判断是否登录
      {
        Response.Redirect（"~/login.aspx"）; //跳转到管理员登录页面
      }
  }
```

案例实践四：新闻管理页面设计

实践应用：

单击后台管理页面左侧框架中的“新闻管理”链接，将在右侧框架中打开新闻管理页面，如图6-10所示。

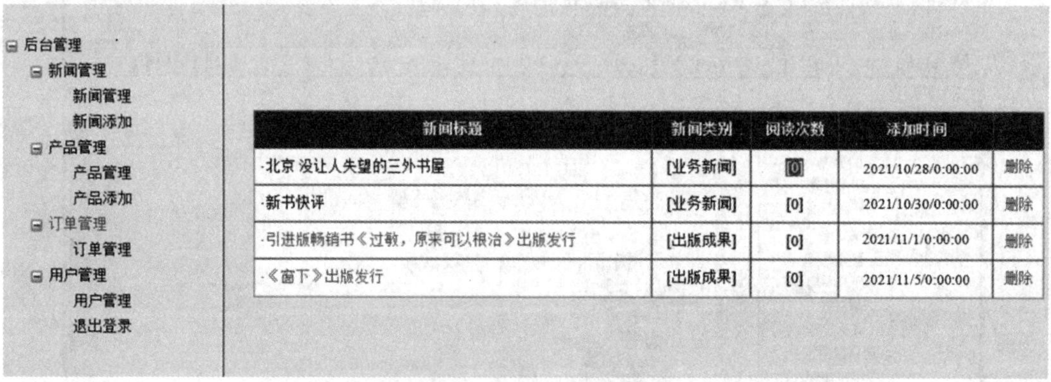

图6-10 新闻管理页面

delnews.aspx的HTML主要代码

该页面使用GridView控件显示新闻列表，并在该控件中增加了“删除”列，以删除过期的新闻。其主要HTML代码如下：

```
    <head runat="server">
        <title>新闻管理</title>    <link rel="Stylesheet" rev="Stylesheet" href="~/Web-
Style.css" type="text/css" />
    </head>
    <body>
        <form id="form1" runat="server">
        <div>
        <br />     <br />     <br />     <br />     <br />
            <asp: GridView ID= "GridView1" runat= "server" AutoGenerateColumns=
"False" BackColor="White"
                BorderColor= "#CC9966" BorderStyle= "Solid" BorderWidth= "1px" CellPad-
ding="4" DataKeyNames="流水号"
                Height="87px" Width="637px" AllowPaging="True" HorizontalAlign="Cen-
ter" OnPageIndexChanging= "GridView1_PageIndexChanging" OnRowDeleting= "Grid-
View1_RowDeleting" PageSize="6" OnRowEditing="GridView1_RowEditing" OnRowUp-
dating="GridView1_RowUpdating">
                <Columns>
                    <asp: HyperLinkField DataNavigateUrlFields="流水号"DataNavigateUrl-
FormatString="~/shownew.aspx? id= {0} "
                        DataTextField="新闻标题" DataTextFormatString="· {0} " Header-
Text="新闻标题" Target="main">
                        <ItemStyle HorizontalAlign="Left" />
                    </asp: HyperLinkField>
                    <asp: BoundField DataField="新闻类别" DataFormatString=" [ {0} ]
" HeaderText="新闻类别" />
                    <asp: BoundField DataField="阅读次数" DataFormatString=" [ {0} ]
" HeaderText="阅读次数" />
                    <asp: BoundField DataField="添加时间" HeaderText="添加时间" />
                    <asp: CommandField ShowCancelButton="False" ShowDeleteButton="True" />
                </Columns>
                <PagerStyle BackColor= "#FFFFCC" ForeColor= "black" HorizontalAlign=
"Center" />
                <HeaderStyle BackColor="#990000" Font-Bold="True" ForeColor="#FFFFCC" />
                <PagerSettings FirstPageText= "" LastPageText= "" Mode= "NextPrevious"
NextPageText="下一页? "
                    PageButtonCount="6" PreviousPageText="上一页? " />
            </asp: GridView>
```

```
    </div>
    </form>
</body>
delnews.aspx.cs的主要代码及其解释
创建公共类BaseClass的对象，以便使用该类中的方法。其代码如下：
BaseClass BaseClass1 = new BaseClass（）;
页面加载时判断管理员是否已登录，如未登录，跳转到登录页面。代码如下：
protected void Page_Load（object sender， EventArgs e）
{
    if（Session［"admin"］ == null）//判断是否登录
    {
        Response.Redirect（"~/login.aspx"）; //跳转到登录页面
    }
    bindgrig（）; //显示所有新闻
}
```

单击新闻列表右侧的“删除”链接将触发GridView1_RowDeleting事件。其代码如下：

```
protected void GridView1_RowDeleting（object sender， GridViewDeleteEventArgs e）
{
    //删除行处理
    String strsql = "delete from News where 流 i ？ 水？ 号？ =" + GridView1.
DataKeys［e.RowIndex］.Value.ToString（）+ ""; //定义删除语句
    BaseClass1.execsql（strsql）; //执行SQL命令
    bindgrig（）; //重新显示新闻
}
bindgrig（）是自定义函数，用于检索新闻，并将检索到的新闻绑定到Grid-
View控件上。其代码如下：
void bindgrig（）
{
    string strsql = "select * from News order by 流 i ？ 水？ 号？ "; //定义SQL
检索语句
    DataTable dt = BaseClass1.ReadTable（strsql）; //创建DataTable，并返回数据
    GridView1.DataSource = dt; //设置GridView数据源
    GridView1.DataBind（）; //显示数据
}
```

单击页面中的“上一页”“下一页”链接时，将触发GridView1_PageIndexChanging事件，其代码如下：

```
protected void GridView1_PageIndexChanging (object sender, GridViewPageEventArgs e)
{
    //改变显示页面
    GridView1.PageIndex = e.NewPageIndex;
    bindgrig ();
}
```

案例实践五：新闻添加页面设计

实践应用：

单击后台管理页面左侧框架中的“新闻添加”链接，将在右侧框架中打开添加新闻页面，如图6-11所示。

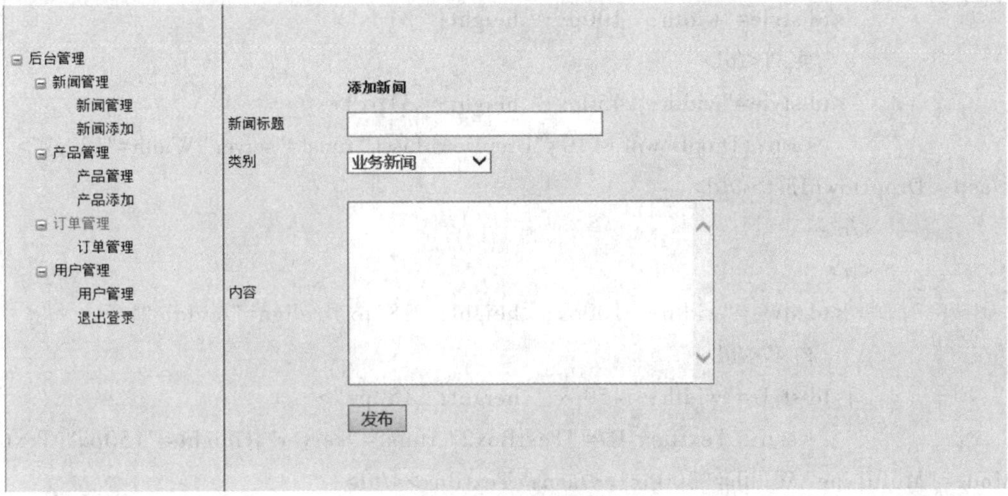

图6-11 添加新闻页面

addnews.aspx的HTML主要代码

该页面使用表格布局，主要用到了文本框和下拉列表框等Web控件。其主要代码如下：

```
<body>
    <form id="form1" runat="server">
    <div>
    <br />
        <br />
           
        <table style="width: 550px; height: 194px; text-align: left">
            <tr>
                <td style="width: 100px; height: 26px">
                </td>
```

```
                <td style="width: 450px; height: 26px">
                    <strong>添加新闻</strong></td>
            </tr>
            <tr>
                <td style="width: 100px; height: 26px">
                    新闻标题</td>
                <td style="width: 450px; height: 26px">
                    <asp: TextBox ID="TextBox1" runat="server" Width="209px"></asp:
TextBox></td>
            </tr>
            <tr>
                <td style="width: 100px; height: 31px">
                    类别</td>
                <td style="width: 450px; height: 31px">
                    <asp: DropDownList ID="DropDownList1" runat="server" Width="120px">
</asp: DropDownList></td>
            </tr>
            <tr>
                <td style="width: 100px; height: 182px" valign="middle">
                    内容</td>
                <td style="width: 450px; height: 182px">
                    <asp: TextBox ID="TextBox2" runat="server" Height="150px" Text-
Mode="MultiLine" Width="300px"></asp: TextBox></td>
            </tr>
            <tr>
                <td style="width: 100px; height: 20px">
                </td>
                <td style="width: 450px; height: 20px">
                    <asp: Button ID="Button1" runat="server" Text="发布" OnClick=
"Button1_Click" /></td>
            </tr>
        </table>
    </div>
    </form>
</body>
```

addnews.aspx.cs的主要代码及其解释：

创建公共类BaseClass的对象，以使用该类中的方法。

BaseClass BaseClass1 = new BaseClass（）;

每次加载该页面时，应用程序都将判断用户是否已登录。第一次加载时将初始化新闻类别下拉列表框。其代码如下：

```
protected void Page_Load（object sender, System.EventArgs e）
  {
    if（Session ["admin"] == null）
    {
      Response.Redirect（"~/login.aspx"）;
    }
    if（! Page.IsPostBack）//判断是否第一次加载
    {
      DataTable dt = new DataTable（）;
      string strsql = "select * from NewsCategory";
      dt = BaseClass1.ReadTable（strsql）;
      DropDownList1.DataSource = dt;
      DropDownList1.DataTextField = "新闻类别";
      DropDownList1.DataValueField = "新闻类别";
      DropDownList1.DataBind（）;
    }
    //第一次加载初始化下拉列表框
  }
```

单击“发布”按钮时，将触发Button1_Click事件，其代码如下：

```
protected void Button1_Click（object sender, EventArgs e）
  {
    string strsql;
    strsql = "insert into News（新闻标题，新闻内容，新闻类别，添加时间）values（'" + TextBox1.Text + "', '" + TextBox2.Text + "', '" + DropDownList1.SelectedValue + "', '" + System.DateTime.Now.ToString（）+ "'）"; //定义SQL插入语句
    BaseClass1.execsql（strsql）; //执行SQL插入语句
    Response.Write（"<script>alert（\"新闻发表成功\"）; </script>"）; //提示新闻发表成功
    TextBox1.Text = "";
    TextBox2.Text = ""; //清空新闻标题和新闻内容
  }
```

案例实践六：产品管理页面设计

实践应用：

单击后台管理页面左侧框架中的“产品管理”链接，将在右侧框架中打开产品管

理页面，如图6-12所示。

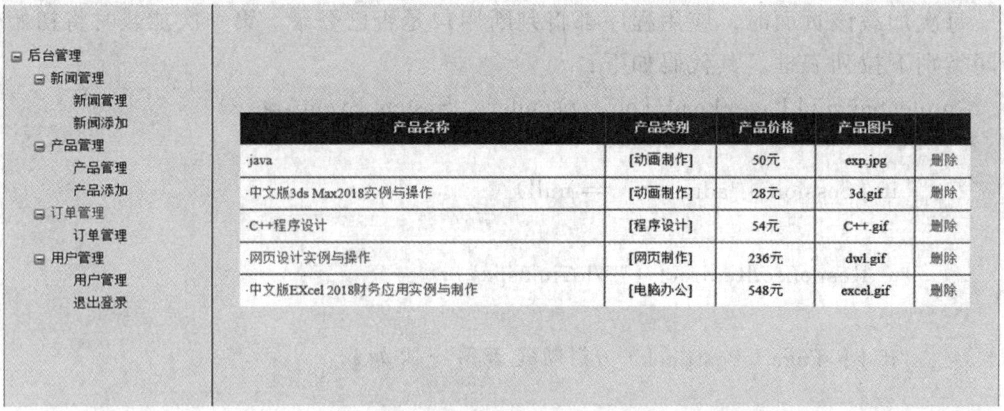

图6-12 产品管理页面

delpros.aspx的HTML主要代码

该页面使用GridView控件显示产品列表，并增加了“删除”列，以删除不需要的产品。其代码如下：

```
<body>
    <form id="form1" runat="server">
    <div>
    <br />    <br />    <br />    <br />    <br />
        <asp: GridView ID= "GridView1" runat= "server" AutoGenerateColumns= "False" BackColor="White"
            BorderColor="#CC9966" BorderStyle="None" BorderWidth="1px" CellPadding="4" DataKeyNames="流水号"
            Height="87px" Width="637px" AllowPaging="True" HorizontalAlign="Center" OnPageIndexChanging= "GridView1_PageIndexChanging" OnRowDeleting= "GridView1_RowDeleting" PageSize="6">
            <Columns>
                <asp: HyperLinkField DataNavigateUrlFields="流水号" DataNavigateUrlFormatString="showpro.aspx? id= {0} "
                    DataTextField="产品名称" DataTextFormatString="· {0} " HeaderText="产品名称" Target="main">
                    <ItemStyle HorizontalAlign="Left" />
                </asp: HyperLinkField>
                <asp: BoundField DataField="产品类别" DataFormatString="［ {0} ］" HeaderText="产品类别" />
                <asp: BoundField DataField="产品价格" DataFormatString=" {0} " HeaderText="产品价格" />
```

```
            <asp: BoundField DataField="产品图片" HeaderText="产品图片" />
            <asp: CommandField ShowCancelButton="False" ShowDeleteButton="True" />
        </Columns>
        <PagerStyle BackColor="#FFFFCC" ForeColor="#330099" HorizontalAlign=
"Center" />
        <HeaderStyle BackColor="#990000" Font-Bold="True" ForeColor="#FFFFCC" />
        <PagerSettings FirstPageText="" LastPageText="" Mode="NextPrevious" Next-
PageText="下一页"
            PageButtonCount="6" PreviousPageText="上一页" />
      </asp: GridView>
    </div>
    </form>
  </body>
```

delpros.aspx.cs的主要代码及其解释

创建公共类BaseClass的对象，以使用该类中的方法。其代码如下：

BaseClass BaseClass1 = new BaseClass ()；

加载该页面时将判断管理员是否已登录，其代码如下：

```
  protected void Page_Load (object sender, EventArgs e)
    {
      if (Session ["admin"] == null)
      {
        Response.Redirect ("~/login.aspx"); //跳转到登录页面
      }
      bindgrig (); //显示所有产品
    }
```

单击产品列表右侧的“删除”链接时，将触发GridView1_RowDeleting事件，其代码如下：

```
  protected void GridView1_RowDeleting (object sender, GridViewDeleteEventArgs e)
    {
      //删除行处理
      String strsql = "delete from Book where 流水号=" + GridView1.DataKeys [e.
RowIndex] .Value.ToString () + ""; //定义删除语句
      BaseClass1.execsql (strsql); //执行SQL命令
      bindgrig (); //重新显示产品
    }
```

bindgrig () 是自定义函数，用于检索新闻，并将检索到的新闻绑定到GridView控件上。其代码如下：

```
void bindgrig ()
{
    string strsql = "select * from Book order by 流? 水? 号? "; //定义SQL检索语句
    DataTable dt = BaseClass1.ReadTable (strsql); //创建DataTable, 并返回数据
    GridView1.DataSource = dt; //设置GridView数据源
    GridView1.DataBind (); //显示数据
}
```

单击“上一页”“下一页”链接时，将触发GridView1_PageIndexChanging事件，其代码如下所示：

```
protected void GridView1_PageIndexChanging (object sender, GridViewPageEventArgs e)
{
    //改变显示页面
    GridView1.PageIndex = e.NewPageIndex;
    bindgrig ();
}
```

案例实践七：产品添加页面设计

实践应用：

单击后台管理页面左侧框架中的“产品添加”链接，将在右侧框架中打开添加产品页面，如图6-13所示。

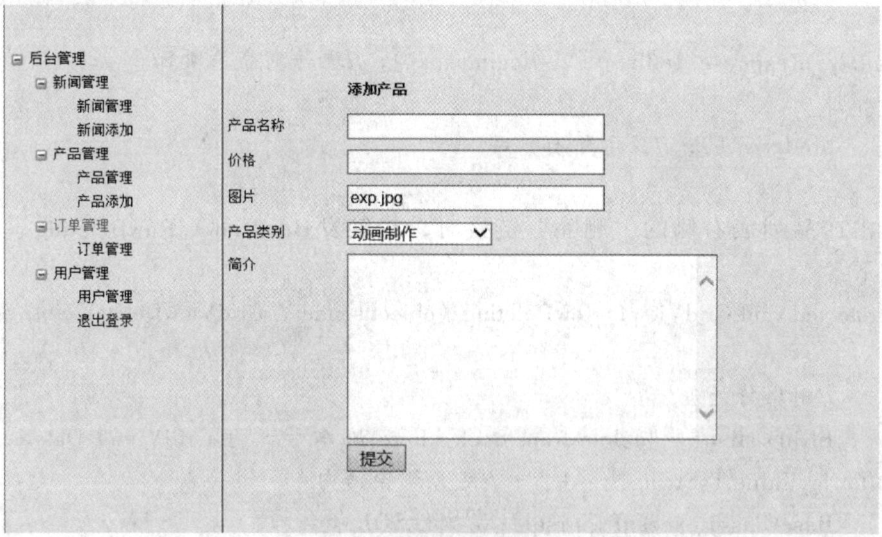

图6-13 添加产品页面

addpro.aspx的HTML主要代码

同“新闻添加”页面类似，该页面也主要由文本框和下拉列表框等Web控件组成，其代码如下：

```
<body>
    <form id="form1" runat="server">
    <div>
    <br />      <br />
         
      <table style="width: 550px; height: 194px; text-align: left">
        <tr>
          <td style="width: 100px; height: 26px">
          </td>
          <td style="width: 450px; height: 26px">
            <strong>添加产品</strong></td>
        </tr>
        <tr>
          <td style="width: 100px; height: 26px">
            产品名称</td>
          <td style="width: 450px; height: 26px">
            <asp: TextBox ID="TextBox1" runat="server" Width="209px"></asp:
TextBox></td>
        </tr>
        <tr>
          <td style="width: 100px; height: 26px">
            价格</td>
          <td style="width: 450px; height: 26px">
            <asp: TextBox ID="TextBox3" runat="server" Width="209px"></asp:
TextBox></td>
        </tr>
        <tr>
          <td style="width: 100px; height: 26px">
            图片</td>
          <td style="width: 450px; height: 26px">
            <asp: TextBox ID="TextBox4" runat="server" Width="209px">exp.jpg
</asp: TextBox></td>
        </tr>
        <tr>
          <td style="width: 100px; height: 26px">
            产品类别</td>
          <td style="width: 450px; height: 26px">
```

```
                <asp: DropDownList ID="DropDownList1" runat="server" Width="120px">
                </asp: DropDownList></td>
            </tr>
            <tr>
                <td style="width: 100px; height: 151px" valign="top">
                简介</td>
                <td style="width: 450px; height: 151px">
                <asp: TextBox ID="TextBox2" runat="server" Height="150px" TextMode
="MultiLine" Width="300px"></asp: TextBox></td>
            </tr>
            <tr>
                <td style="width: 100px; height: 20px">
                </td>
                <td style="width: 450px; height: 20px">
                    <asp: Button ID="Button1" runat="server" Text="提 交" OnClick=
"Button1_Click" /></td>
            </tr>
        </table>
    </div>
    </form>
</body>
```

addpro.aspx.cs的主要代码及其解释

（1）创建公共类BaseClass的对象，以使用该类中的方法操作数据库。其代码如下：

BaseClass BaseClass1 = new BaseClass（）;

（2）每次加载该页面时都需要判断管理员是否已登录。第一次加载时将初始化产品类别下拉列表框。其代码如下：

```
protected void Page_Load（object sender, System.EventArgs e）
    {
    if（Session［"admin"］ == null）
    {
    Response.Redirect（"~/login.aspx"）; //判断用户是否已登录，如未登录，
转到登录页面
    }
        if（! Page.IsPostBack）//判断是否第一次加载页面
        {
        DataTable dt = new DataTable（）;
        string strsql = "select * from BookCategory";
```

```
            dt = BaseClass1.ReadTable（strsql）;
            DropDownList1.DataSource = dt;
            DropDownList1.DataTextField = "产品类别";
            DropDownList1.DataValueField = "产品类别";
            DropDownList1.DataBind（）;
        }
        //如果是首次加载，初始化下拉列表框
    }
```

（3）单击“提交”按钮时，将触发Button1_Click事件，其代码如下：

```
protected void Button1_Click（object sender，EventArgs e）
{
        string strsql;
        strsql = "insert into Book（产品·名称，产品·价格，产品·图片，产品·类别，
产品·介绍 values（'" + TextBox1.Text + "'，'" + TextBox3.Text + "'，'" + TextBox4.Text +
"'，'" + DropDownList1.SelectedValue + "'，'" + TextBox2.Text + "'）"; //定义SQL插入语句
        BaseClass1.execsql（strsql）; //执行SQL插入语句
        Response.Write（"<script>alert（\"产品添加成功\"）; </script>"）; //提示产
品添加成功
        TextBox1.Text = "";
        TextBox2.Text = "";
        TextBox3.Text = "";
        TextBox4.Text = "";
    } //清空产品名称价格图片和简介文本框
}
```

案例实践八：订单管理页面设计

实践应用：

单击后台管理页面左侧框架中的“订单管理”链接，将在右侧框架中打开订单管理页面，如图6-14所示。

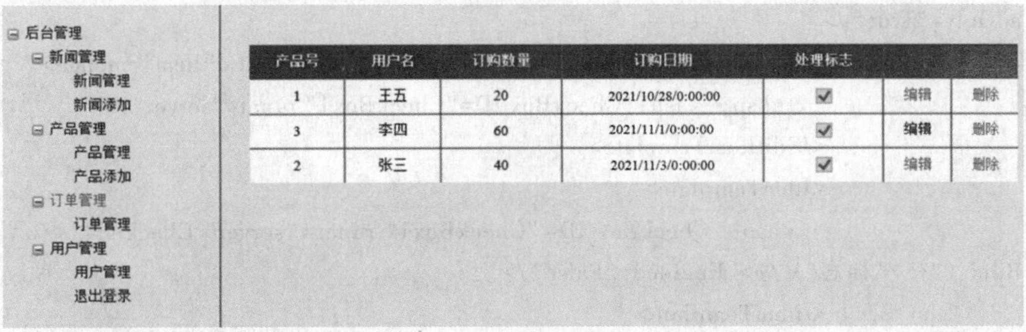

图6-14　订单管理页面

delorder.aspx的HTML主要代码

该页面使用GridView控件显示订单列表。其代码如下：

```
<body>
    <form id="form1" runat="server">
    <div>
     <br />      <br />       <br />
    <asp: GridView ID="GridView1" runat="server" AllowPaging="True" AutoGene-
rateColumns="False"
        BackColor="White" BorderColor="#CC9966" BorderStyle="None" BorderWidth
="1px"
        CellPadding="4" DataKeyNames="流水号" Height="87px" HorizontalAlign=
"Center" OnPageIndexChanging="GridView1_PageIndexChanging"
        OnRowCancelingEdit="GridView1_RowCancelingEdit" OnRowDeleting="Grid-
View1_RowDeleting"
        OnRowEditing= "GridView1_RowEditing" OnRowUpdating= "GridView1_Row-
Updating"
        PageSize="6" Width="637px">
        <PagerSettings FirstPageText="" LastPageText="" Mode="NextPrevious" Next-
PageText="下一页"
           PageButtonCount="6" PreviousPageText="上一页" />
        <Columns>
           <asp: BoundField DataField="产品流水号" HeaderText="产品号" Re-
adOnly="True" />
           <asp: BoundField DataField="用户名" HeaderText="用户名" ReadOnly=
"True" />
           <asp: BoundField DataField="订购数量" HeaderText="订购数量" Re-
adOnly="True" />
           <asp: BoundField DataField="订购日期" HeaderText="订购日期" Re-
adOnly="True" />
           <asp: TemplateField HeaderText="处理标志">        <EditItemTemplate>
                   <asp: CheckBox ID="CheckBox1" runat="server" />
              </EditItemTemplate>
              <ItemTemplate>
                 <asp: CheckBox ID="CheckBox1" runat= "server" Checked='<%#
Bind ("处理标志") %>' Enabled="False" />
              </ItemTemplate>
          </asp: TemplateField>
```

```
            <asp: CommandField ShowEditButton="True" />
            <asp: CommandField ShowCancelButton="False" ShowDeleteButton="True" />
          </Columns>
          <SelectedRowStyle BackColor="#FFCC66" Font-Bold="True" ForeColor="#
663399" />
          <PagerStyle BackColor="#FFFFCC" ForeColor="#330099" HorizontalAlign=
"Center" />
          <HeaderStyle BackColor="#990000" Font-Bold="True" ForeColor="#FFFFCC" />
        </asp: GridView>
      </div>
      </form>
    </body>
```

delorder.aspx.cs的主要代码及解释

（1）创建公共类BaseClass的对象，以使用该类中的方法操作数据库。其代码如下：

BaseClass BaseClass1 = new BaseClass（）;

（2）加载该页面时将判断管理员是否已登录，其代码如下：

```
    protected void Page_Load（object sender， EventArgs e）
      {
        if（Session［"admin"］ == null）
        {
          Response.Redirect（"~/login.aspx"）;
        }
        if（! Page.IsPostBack）
        {
          bindgrig（）;
        }
      }
```

单击订单列表右侧的“删除”链接，将触发GridView1_RowDeleting事件，其代码如下：

```
    protected void GridView1_RowDeleting（object sender， GridViewDeleteEventArgs e）
      {
        //删除行处理
        String strsql = "delete from ［Order］ where 流？ 水？ 号？ =" + GridView1.
DataKeys［e.RowIndex］.Value.ToString（）+ "";
        BaseClass1.execsql（strsql）;
        bindgrig（）;
```

```
}
```

在编辑状态下，单击“更新”链接将触发GridView1_RowUpdating事件，其代码如下：

```
protected void GridView1_RowUpdating（object sender， GridViewUpdateEventArgs e）
    {
        //提交行修改
        string str;
        CheckBox ck = （CheckBox） GridView1.Rows ［e.RowIndex］.FindControl
("CheckBox1")；//在编辑状态下，获取CheckBox1的值
        if（ck.Checked == true）
        {
          str = "1";
        }
        else
        {
          str = "0";
        }
        String strsql = "update ［Order］ set 处理标志=" + str + " where 流水号=" +
GridView1.DataKeys ［e.RowIndex］.Value.ToString（） + ""；//处理标志为1时，表
示订单已经处理过
        BaseClass1.execsql（strsql）;
        GridView1.EditIndex = -1;
        bindgrig（）;
    }
```

在编辑状态下，单击“取消”链接将触发GridView1_RowCancelingEdit事件，其代码如下：

```
protected void GridView1_RowCancelingEdit（object sender， GridViewCancelEditEventArgs e）
    {
        GridView1.EditIndex = -1;
        bindgrig（）;
    }
```

bindgrig（）是自定义函数，用于将订单绑定到GridView控件上，其代码如下：

```
void bindgrig（）
    {
        string strsql = "select  * from ［Order］ order by 流水号 desc";
        DataTable dt = BaseClass1.ReadTable（strsql）;
        GridView1.DataSource = dt;
```

```
    GridView1.DataBind ();
}
```

单击“上一页”“下一页”链接时将触发GridView1_PageIndexChanging事件。其代码如下：

```
protected void GridView1_PageIndexChanging (object sender, GridViewPageEventArgs e)
{
    //改变显示页面
    GridView1.PageIndex = e.NewPageIndex;
    bindgrig ();
}
```

单击“编辑”链接时将触发GridView1_RowEditing事件，其代码如下：

```
protected void GridView1_RowEditing (object sender, GridViewEditEventArgs e)
{
    //设置行编辑状态
    GridView1.EditIndex = e.NewEditIndex;
    bindgrig ();
}
```

案例实践九：用户管理页面设计

实践应用：

单击后台管理左侧框架中的“用户管理”链接，将在右侧框架中打开用户管理页面，如图6-15所示。

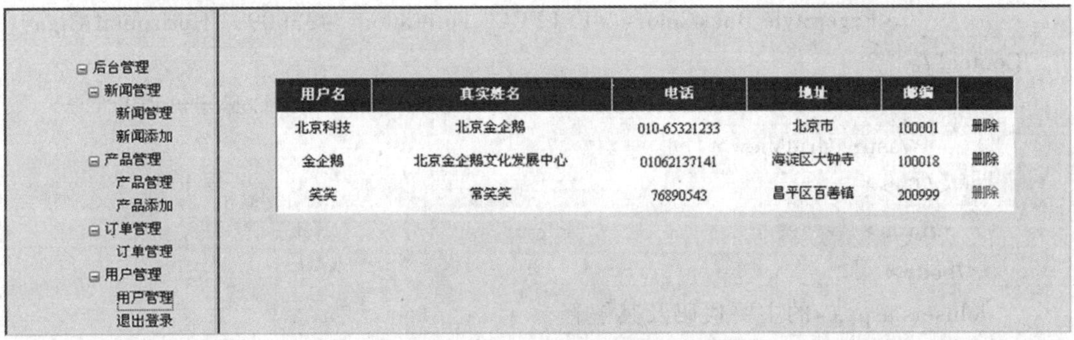

图6-15　用户管理页面

delusers.aspx的HTML主要代码

该页面使用GridView控件显示用户列表，并增加了“删除”列，以删除不需要的用户。其代码如下：

```
<body>
    <form id="form1" runat="server">
    <div>
```

```
<br />
    <br />
    <br />
    <asp: GridView ID="GridView1"runat="server"AutoGenerateColumns="False"
        BackColor="White" BorderColor="#CC9966" BorderStyle="None" BorderWidth="1px"
        CellPadding="4" DataKeyNames="用户名" Height="87px" HorizontalAlign=
"Center" OnRowDeleting="GridView1_RowDeleting" Width="637px">
        <PagerSettings FirstPageText="" LastPageText="" NextPageText=""
            PageButtonCount="6" PreviousPageText="上一页" />
        <Columns>
            <asp: BoundField DataField="用户名"HeaderText="用户名"ReadOnly=
"True" />
            <asp: BoundField DataField="真实姓名" HeaderText="真实姓名" Re-
adOnly="True" />
            <asp: BoundField DataField="电话"HeaderText="电话"ReadOnly="True" />
            <asp: BoundField DataField="地址"HeaderText="地址"ReadOnly="True" />
            <asp: BoundField DataField="邮编 HeaderText="邮编/>
            <asp: CommandField ShowCancelButton="False" ShowDeleteButton="True" />
        </Columns>
        <SelectedRowStyle BackColor="#FFCC66" Font-Bold="True" ForeColor="#
663399" />
        <PagerStyle BackColor="#FFFFCC" ForeColor="#330099" HorizontalAlign=
"Center" />
        <HeaderStyle BackColor="#990000" Font-Bold="True" ForeColor="#FFFFCC" />
    </asp: GridView>
  </div>
  </form>
</body>
```

delusers.aspx.cs的主要代码及其解释

创建公共类BaseClass的对象，以使用该类中的方法操作数据库。其代码如下：

BaseClass BaseClass1 = new BaseClass ();

每次加载该页面时将判断管理员是否已登录，如未登录，将跳转至登录页面。其代码同前。

bindgrig（）是自定义函数，用于显示用户信息。代码如下：

```
void bindgrig ()
  {
    string strsql = "select 用户名，真实姓名，电话，地址，邮编 from [User]
```

```
where 管理员标志=0";
        DataTable dt = BaseClass1.ReadTable (strsql);
        GridView1.DataSource = dt;
        GridView1.DataBind ();
    }
```

单击“删除”链接将触发GridView1_RowDeleting事件。其代码如下：

```
  protected void GridView1_RowDeleting (object sender, GridViewDeleteEventArgs e)
    {
        //删除行处理
        String strsql = "delete from [User] where 用户名='" + GridView1.DataKeys
[e.RowIndex].Value.ToString () + "'";
        BaseClass1.execsql (strsql);
        bindgrig ();
    }
```

项目7
网站发布与部署

项目导入

网站开发完成后，可以对网站进行复制站点、发布站点和生成安装包等操作，保证网站可以在服务器端正常运行。

任务7.1 网站的编译和发布

任务目标

1. 知识目标

（1）掌握网站的编译过程。

（2）熟悉网站发布操作。

2. 能力目标

具备网站的编译能力，能够发布网站到相应服务器。

3. 素质目标

培养学生综合实践能力及持之以恒的精神，具有认真负责的工作态度。

任务引入

发布站点将编译站点并将输出复制到指定的位置，如成品服务器。发布网站不会随站点部署任何程序代码，从而为文件提供了一项安全措施。可以带标记保护发布站点，这将编译.aspx文件；或者不带标记保护发布站点，这将把.aspx文件按原样复制到站点中并允许在部署后对其进行更改。

任务分析

发布的第一步是预编译站点。预编译实际执行的编译过程与通常在浏览器中请求页时发生的动态编译的编译过程相同。发布站点的过程将对站点中的可执行文件进行编译，然后将输出写入指定的文件夹中。因为测试环境与发布应用程序的位置之间存在配置差异，所以发布的应用程序可能与测试环境中的应用程序行为不同。如果出现这种情况，在发布站点后可能需要更改配置设置。

任务实施

在网站发布时可以使用菜单命令或ASP.NET编译器工具将ASP.NET网站源码编译成相关DLL文件，最后在部署网站时就可以部署程序集，而不必部署源代码。

（1）网站发布菜单命令。

①选择Visual Studio 2010中“文件”菜单中的“打开网站”命令，打开前面开发完毕的网站。

②选择“生成”菜单中的“发布网站”命令，弹出“发布网站”对话框，如图7-1所示。

③单击“目标位置”文本框右侧的 ... 按钮，可以更改发布网站的目标位置，Visual Studio 2010允许直接将网站发布为“文件系统”、“本地IIS”、“FTP站点”或者“远程站点”，如图7-2所示。在此我们选择发布到“文件系统”，然后部署到网站上。

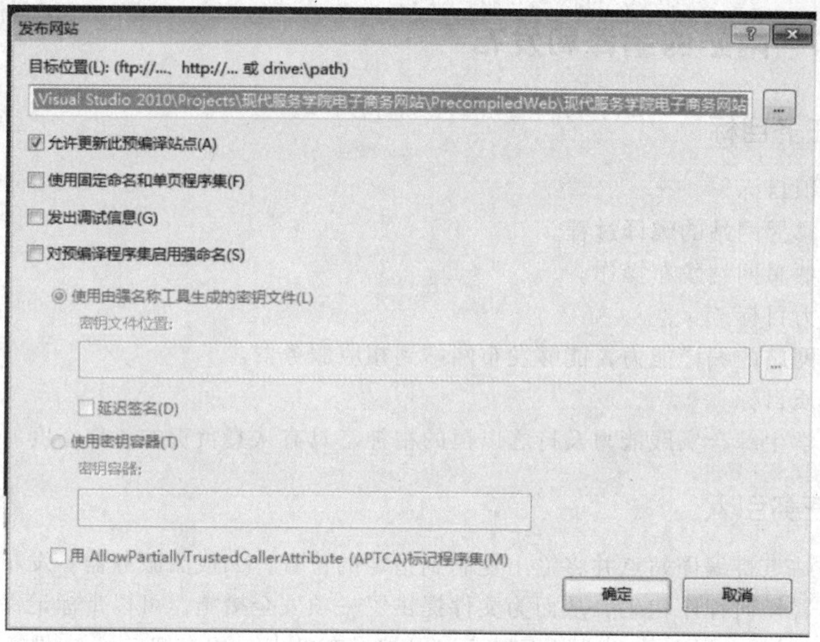

图7-1　“发布网站”对话框

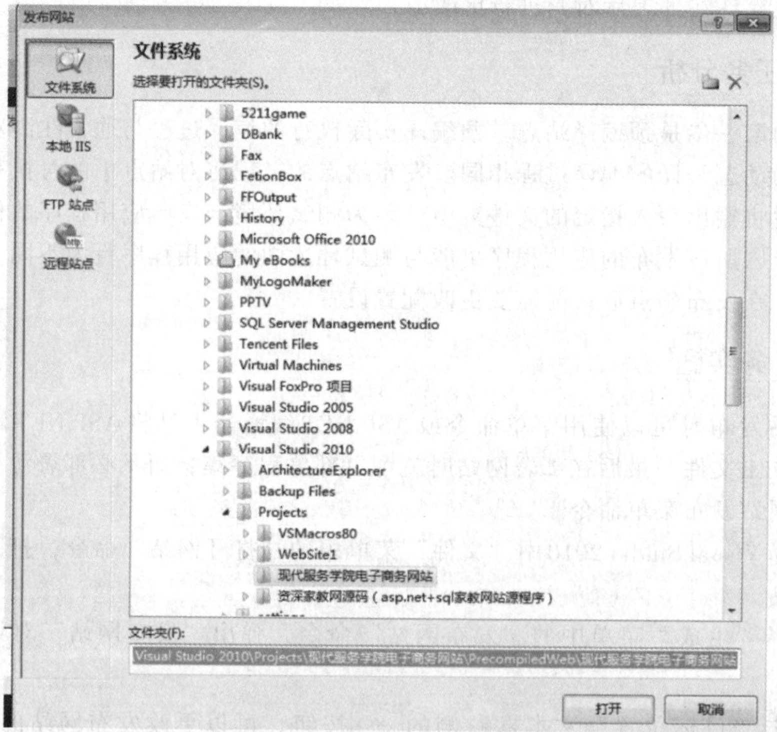

图7-2　选择发布网站位置

④单击“打开”按钮后，就会返回到“发布网站”对话框中，最后单击“确定”按钮。在弹出的对话框中，发布方法选“文件系统”，目标位置自定义（如选桌面的

test文件夹），勾选“发布前删除所有现有文件”单选框，然后点击发布即可，如图7-3所示。在Visual Studio 2010的状态栏中会给出相应的信息提示，首先是“已启动生成……”然后是“发布已启动……”最后是“发布成功”。在发布成功以后，可以看到所有的相关文件都已经被发布到了文件夹中，如图7-4所示。

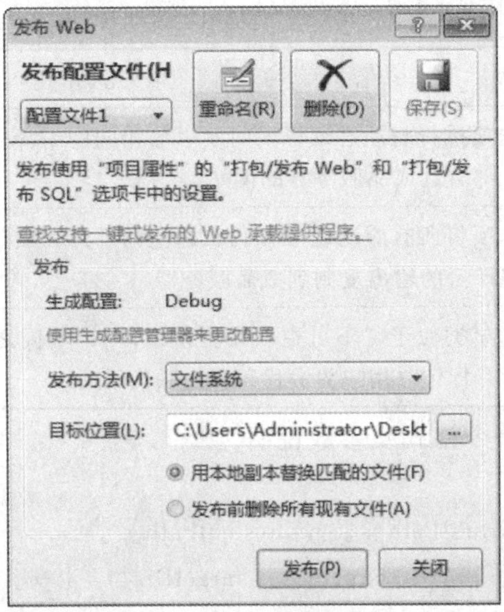

图7-3　发布设置

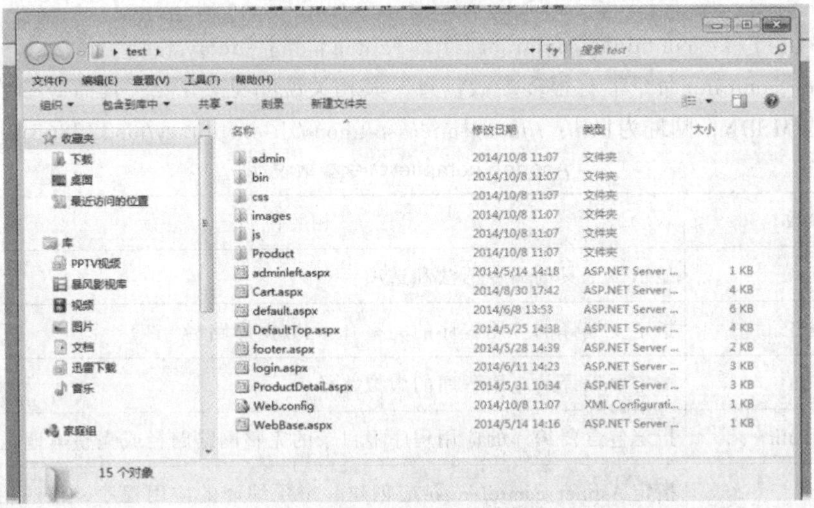

图7-4　发布完毕的网站文件夹

需要注意的是，在发布网站时选择的目标文件夹及其子文件夹中的所有数据在发布过程中都将被删除，所以不要选择包含数据或带有数据的子文件夹的文件夹作为发布文件夹。

（2）网站编译工具。

利用“发布网站”命令可以完成网站的直接发布，但是想要更灵活地对网站的发布进行参数设置，则可以使用ASP.NET编译工具。利用该工具可以就地编译ASP.NET Web应用程序，也可以编译部署到目标位置的程序。预编译有助于提高应用程序的性能，因为在编译应用程序的过程中，最终用户可以避免第一次请求应用程序而导致的延迟。预编译选项及相关说明见表7-1。

表7-1 预编译选项及相关说明

预编译选项	相关说明
就地编译	此选项执行与动态编译期间发生的相同的编译过程，可以使用此选项编译已经部署到成品服务器的网站
不可更新完全预编译	此选项将所有应用程序代码、标记和用户界面代码都编译为程序集，然后将编译后的输出复制到成品服务器
可更新的预编译	此选项类似于“不可更新完全预编译”，不同之处在于用户界面元素保留其所有标记、用户界面代码和内联代码

①Aspnet_compiler命令格式及参数说明

```
Aspnet_compiler  [-?]
[-m metabasePath | -v virtualPath  [-p physicalPath] ]
[ [-u]   [-f]   [-d]   [-fixednames]  targetDir]   [-c]
[-errorstack]
[ -nologo]
[-keyfile file | -keycontainer container]   [-aptca]   [-delaysign]
```

Aspnet_compiler命令带有很多参数信息，其相关说明见表7-2。其命令参数更详细的解释请参考MSDN，网址为http：//msdn.microsoft.com/zh-cnflibrary/ms229863.aspx。

表7-2 Aspnet_compiler命令参数说明

参数	相关说明
-?	显示该工具的命令语法和选项
-m metabasePath	指定要编译的应用程序的完整IIS元数据库路径
-v virtualPath	指定要编译的应用程序的虚拟路径
-p physicalPath	指定包含要编译的应用程序根目录的完整网络路径或完整本地磁盘路径
-u	指定Aspnet_compiler.exe应创建一个预编译的应用程序，该应用程序允许对内容进行后续更新
-f	指定该工具应该改写targetDir目录及其子目录中的现有文件
-d	重写应用程序源配置文件中定义的设置，强制在编译的应用程序中包括调试信息
-fixednames	指定应该为应用程序中的每一页生成一个程序集

续表

参数	相关说明
targetDir	指定包含编译的应用程序根目录的网络路径或本地磁盘路径
-c	指定应完全重新生成要编译的应用程序
-errorstack	指定该工具应在未能编译应用程序时包括堆栈跟踪信息
-nologo	取消显示版权信息
-keyfile file	指定应该将AssemblyKeyFileAttribute（指示包含用于生成强名称的公钥/私钥对的文件名）应用于编译好的程序集
-keycontainer container	指定应该将AssemblyKeyNameAttribute（指示用于生成强名称的公钥/私钥对的容器名）应用于编译好的程序集
-aptca	指定应该将AllowPartiallyTrustedCallersAttribute（允许部分受信任的调用方访问程序集）应用于Aspnet_compiler.exe生成的具有强名称的程序集
-delaysign	指定应该将AssemblvDelaySignAttrihute（指示应该只使用公钥标记对程序集进行签名，而不使用公钥/私钥对）应用于生成的程序集

②Aspnet_compiler命令使用步骤

A.选择“开始”—“程序”—“Microsoft Visual Studio 2010”—“Visual Studio Tools”—“Visual Studio 2010命令提示”命令，打开“Visual Studio 2010命令提示”窗口，如图7-5所示。

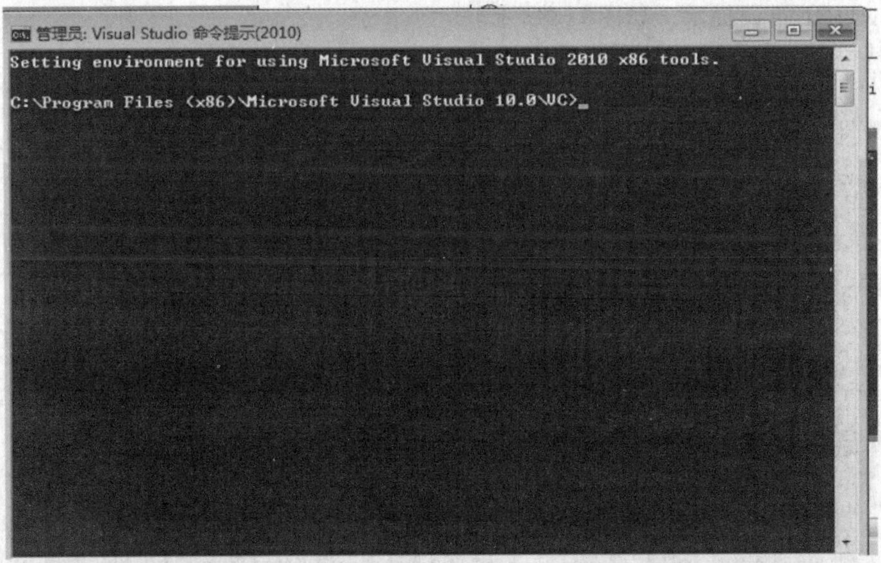

图7-5 “Visual Studio 2010命令提示”窗口

B.在命令行中输入“Aspnet_compiler -?”命令，“Visual Studio 2010命令提示”窗口会将所有的命令参数及相关说明显示出来，如图7-6所示。

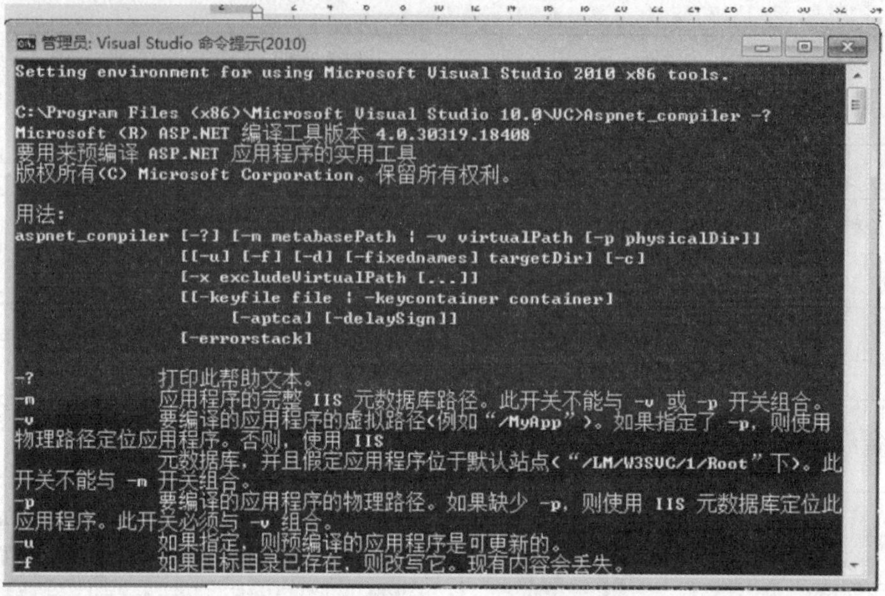

图7-6　Aspnet_compiler命令帮助信息

C.在“Visual Studio 2010命令提示”窗口内输入“Aspnet_compiler -v /shop_fz -u d：\web”命令，如图7-7所示。其中，-v表示要编译的应用程序的虚拟路径，/shop_fz表示在IIS虚拟目录中的网站程序，-u表示预编译的应用程序是可更新的，d：\web表示目标文件夹编译后的网站存放路径。命令执行成功后的效果与图7-6所示一致。需要注意的是，其目标文件夹应该为空文件夹，否则执行命令时会给出ASPRUNTIME错误提示，如图7-8所示。

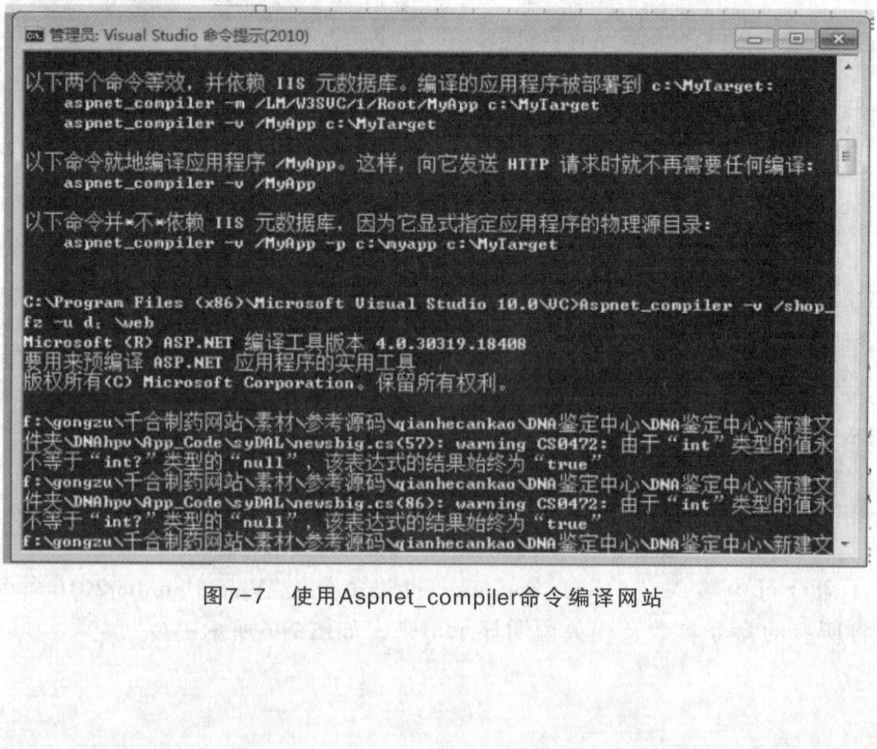

图7-7　使用Aspnet_compiler命令编译网站

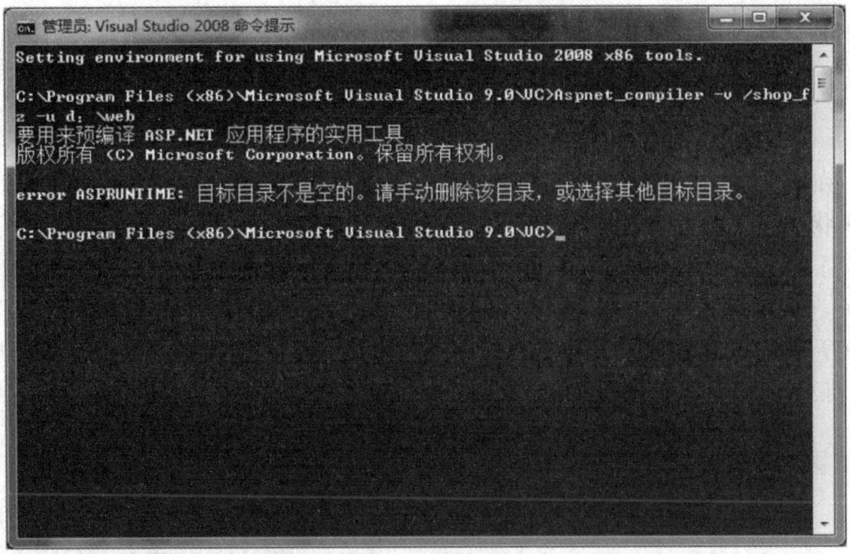

图7-8 Aspnet_compiler命令错误提示

任务7.2 网站的部署

任务目标

1. 知识目标

（1）了解网站部署的流程。

（2）掌握网站部署的操作过程。

2. 能力目标

能够具有网站部署能力，具备完整的网站开发、发布及部署的综合项目开发能力。

3. 素质目标

培养学生爱岗敬业、细心踏实的工作作风，提升学生的思维敏锐程度以及勇于创新的能力。

任务引入

网站发布完成后，接下来的工作就是进行网站的部署，部署完成后，客户端用户才能访问建好的站点。

任务分析

ASP.NET的网站部署的服务器可以选择Windows提供的IIS服务器，该服务器上的网站部署较易实现。

任务实施

我们首先把已发布完成的网站对应的“Web”目录上传到我们的服务器D盘根目录下。

（1）在Windows Server 2010下安装IIS。

默认状态下，安装Windows Server 2010时没有安装IIS功能组件，需要另行安装IIS组件。

①在“运行”中输入“servermanager.msc”命令，打开“服务器管理器”界面，如图7-9所示；或者单击“开始”->“程序”--“管理工具”->“服务器管理器”来打开“服务器管理器”界面。

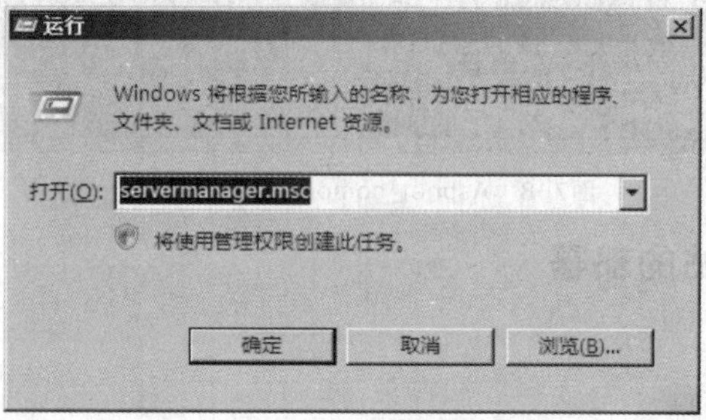

图7-9　“运行”中输入命令界面

②在“角色”选项中，单击“添加角色”，如图7-10所示。

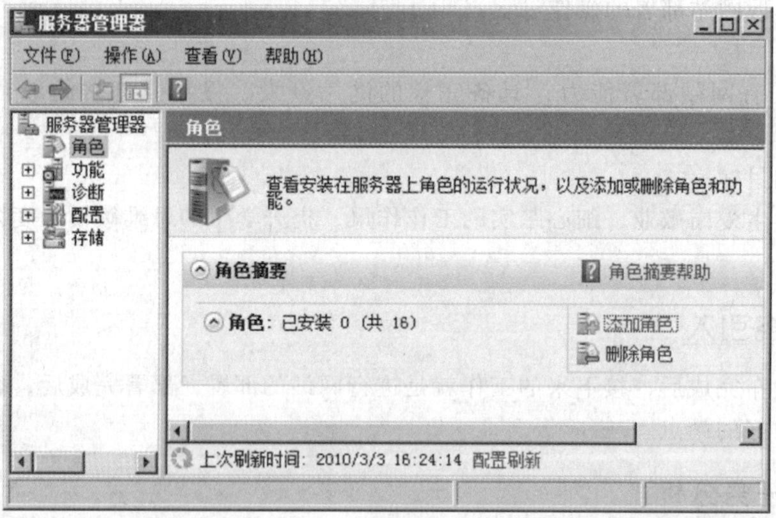

图7-10　“服务器管理器”界面

③在弹出的“添加角色向导”界面中，选中左侧的“服务器角色”，如图7-11所示。

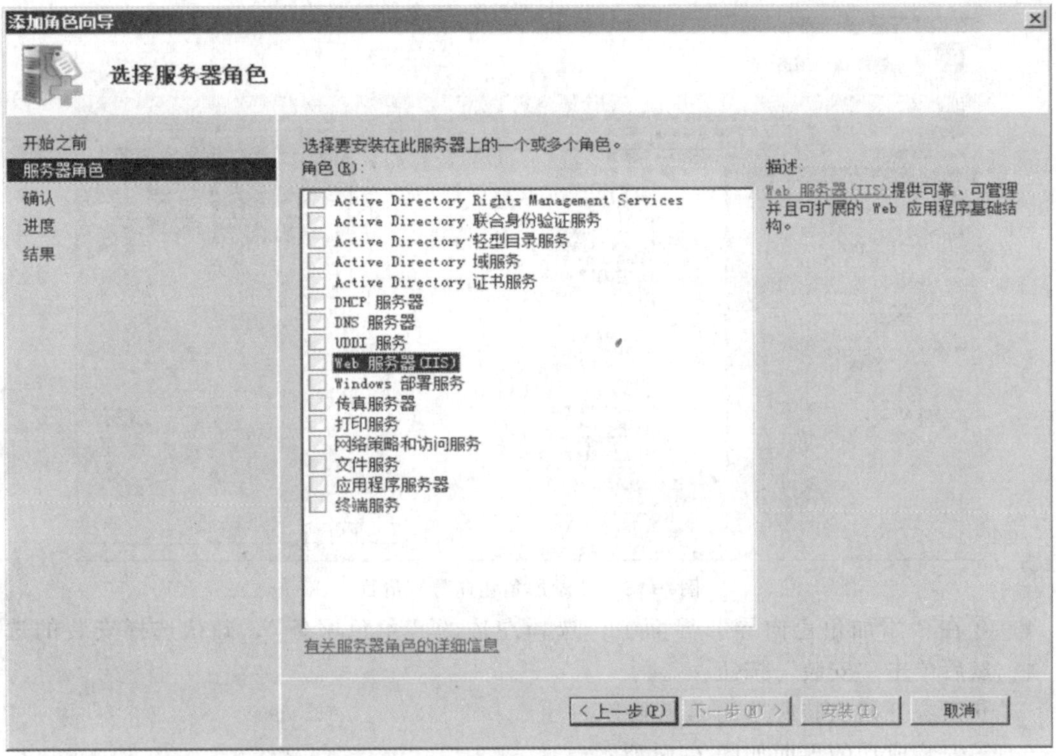

图7-11　“添加角色向导”界面

④单击选中“Web服务器（IIS）”前面的复选框。

⑤在弹出的对话框中，单击“添加必需的功能”，如图7-12所示。

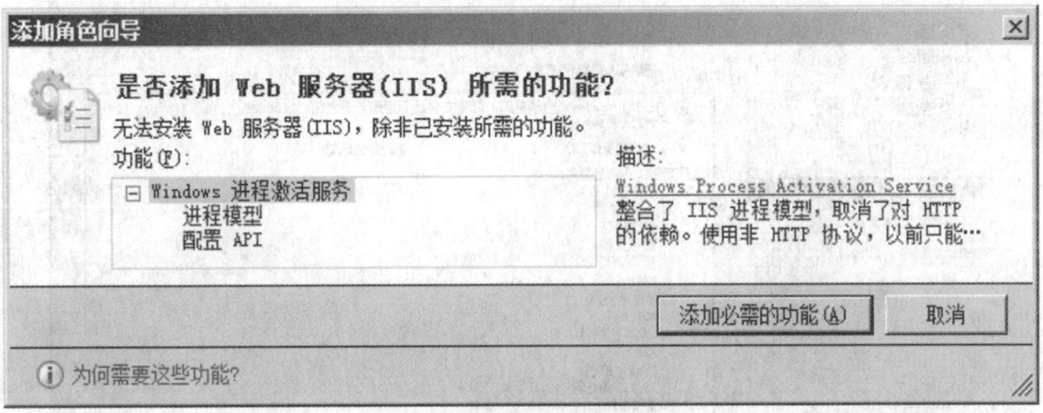

图7-12　“添加必需的功能”界面

⑥在“添加角色向导”界面中，选择左边的“Web服务器（IIS）”，可以看到对Web服务器（IIS）的简单介绍。

⑦在“添加角色向导”界面中，选择左边的“角色服务”，可以看到选择为Web服务器（IIS）安装的角色服务，如图7-13所示。

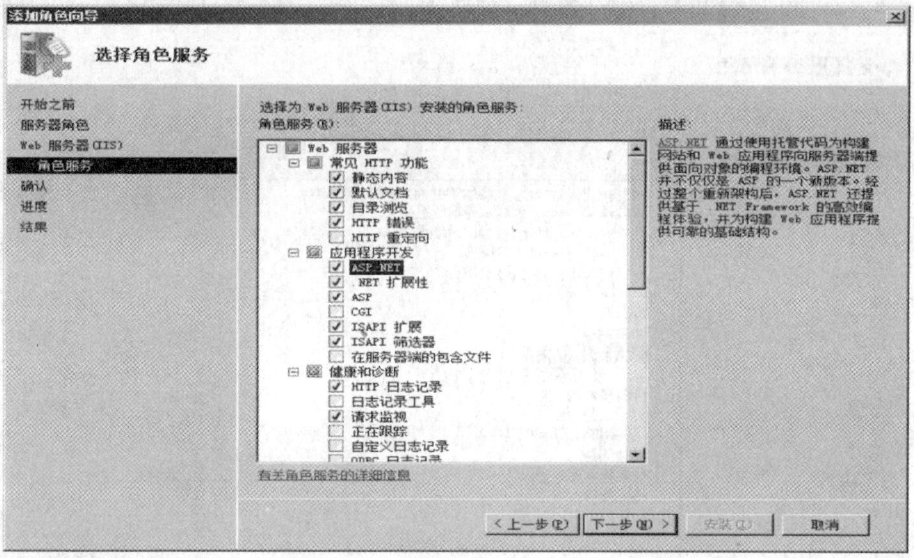

图7-13 “添加角色向导”界面

⑧在“添加角色向导”界面中,选择左边的“角色服务”,确认选择安装的选项,然后单击“安装”按钮。

⑨系统开始安装所选的角色服务。

⑩安装成功的界面如图7-14所示。

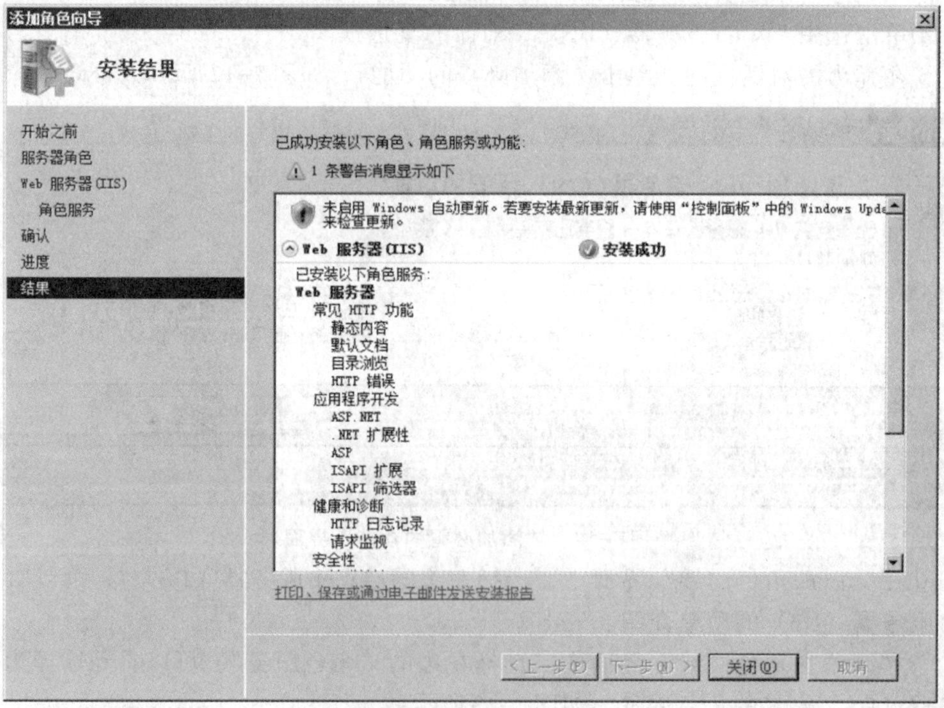

图7-14 安装成功的界面

单击“关闭”按钮。在默认配置下有一个网站在运行了，在浏览器中可以打开IIS默认页面，如图7-15所示。

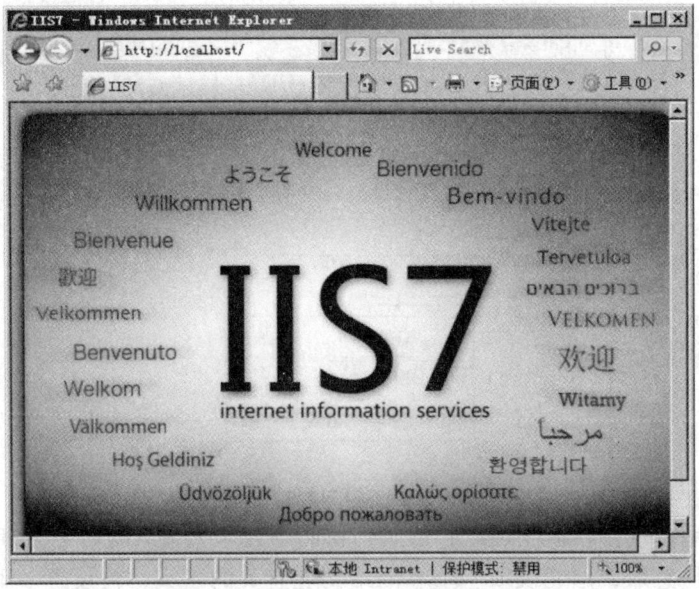

图7-15　在浏览器中可以打开IIS默认页面

（2）在Windows Server 2010下发布网站。

①IIS安装完成后，请选择“开始”->“管理工具”->“Internet 信息服务（IIS）管理器”，进入IIS管理器界面，如图7-16所示。

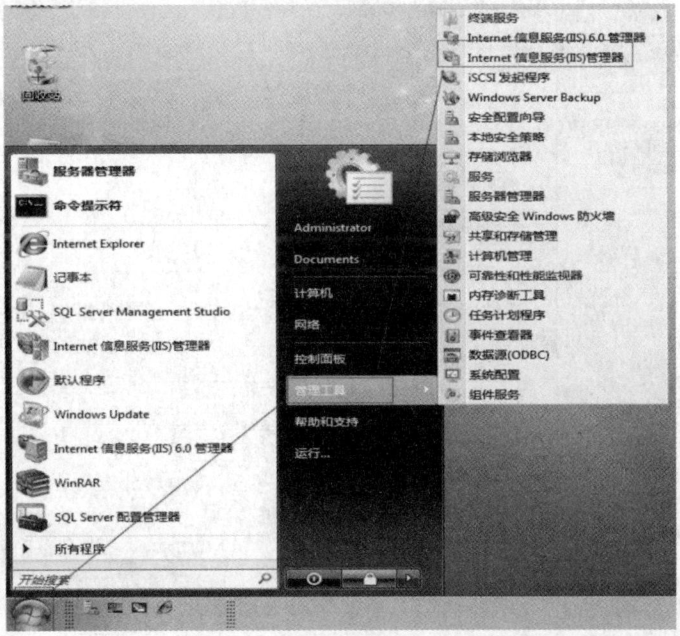

图7-16　打开Internet信息资源管理器界面

②进来之后，就到IIS的管理界面了，这时，里面往往已经有一个默认的站点了，我们可以建立一个新的站点，方法如图7-17所示。

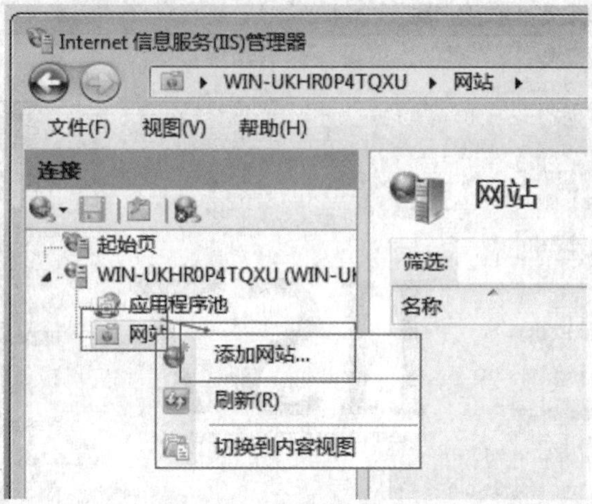

图7-17　添加网站界面

③点击右键，选择新建立站点，然后，我们设置这个站点的名字为HIWEB，这里的网站名字可以任意取，但建议取一个和网站功能有关的名字，再设置一下目录指向的位置，这里的主机名值空着不填（当通过域名来访问本网站时需要设置主机名值为对应的域名，此外如果通过域名访问站点，还需要DNS服务器的支持）。设置如图7-18所示。

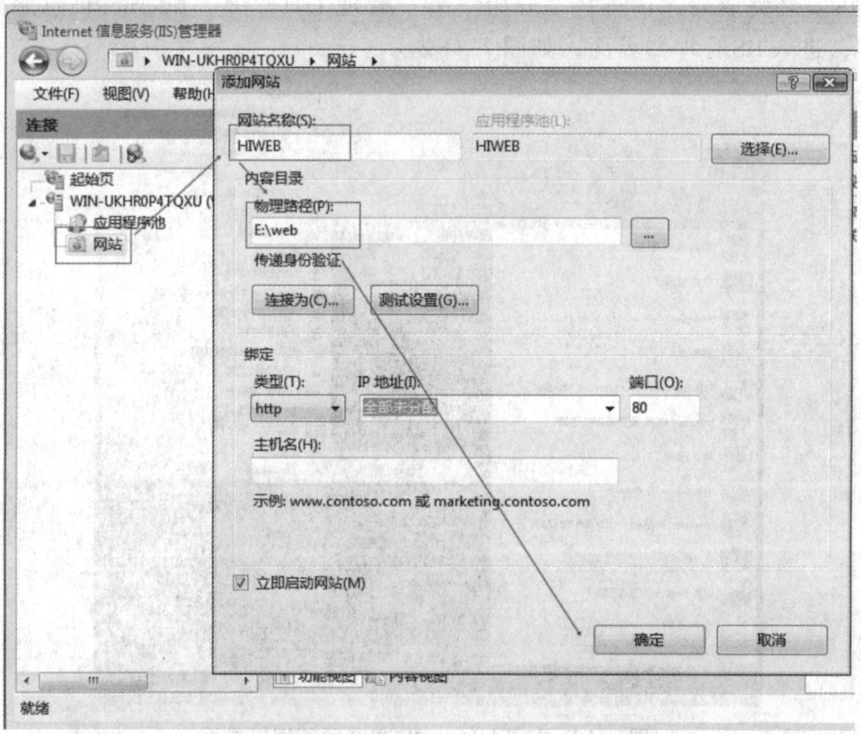

图7-18　设网站目录路径界面

④设置好之后，再看一下应用程序池，这时应该会产生一个叫HIWEB的应用程序池，我们看看托管管道模式是经典还是集成，如果是经典，把它设置为集成，把.NET的版本设置为2.0或更高，如图7-19所示。

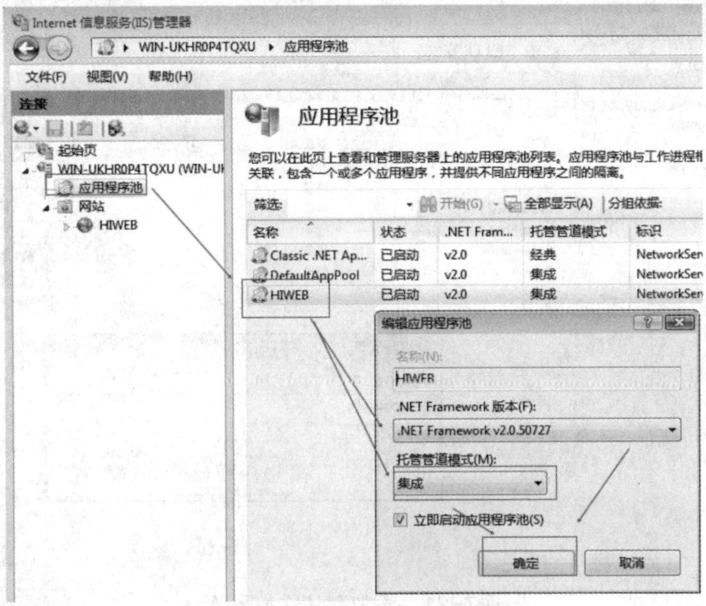

图7-19　编辑应用程序池界面

⑤然后设置一下默认文档，如图7-20所示。

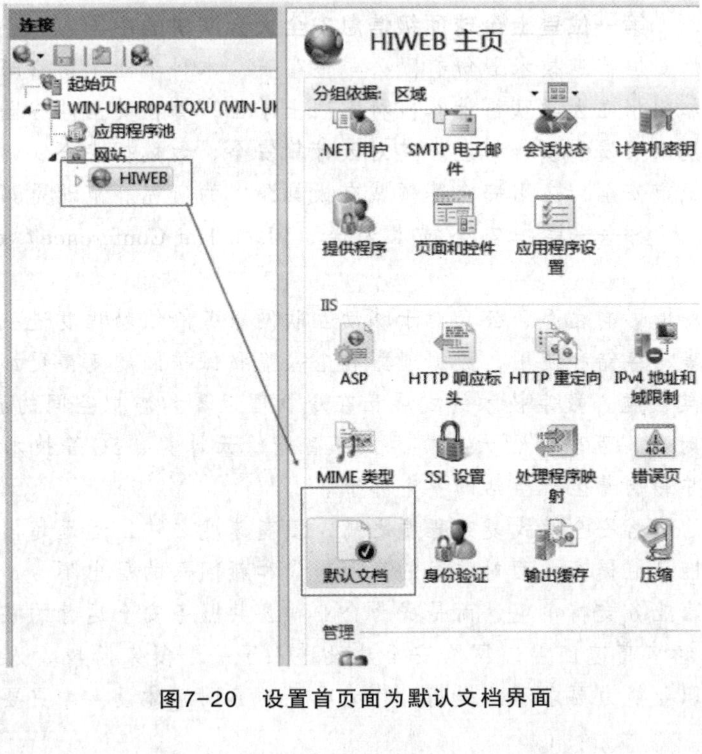

图7-20　设置首页面为默认文档界面

⑥点击之后，添加上 index.aspx，删除 Default.asp，index.asp，如图 7-21 所示。

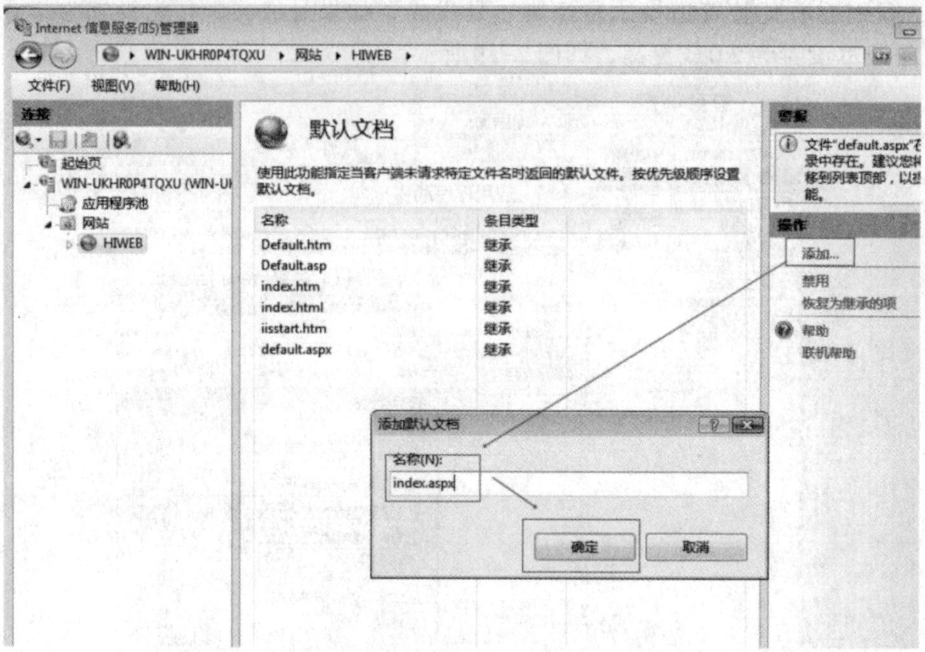

图7-21　添加默认文档界面

小资料

第一位登上全球顶级信息安全大会演讲的中国人

范渊，杭州安恒信息技术股份有限公司董事长，本科毕业于南京邮电大学计算机系，后在美国加州州立大学获得计算机科学硕士学位，曾在美国硅谷国际著名安全公司从事多年的技术研发和项目管理。其对云计算安全、大数据安全、物联网安全、工控安全、智慧城市安全、应用安全等领域有极其深入的研究。范渊是第一个登上全球顶级信息安全大会——黑帽安全技术大会（Black Hat Conference）进行演讲的中国人。

新冠肺炎疫情影响之下，公众对于移动互联网服务的依赖程度进一步加深，海量个人信息被收集、存储和使用，数据泄露和个人隐私保护问题变得更加严峻，用户信息安全成为热点议题。数字技术的发展正在令物理世界和虚拟空间的界限变得模糊。进入数字经济时代，互联网、大数据、人工智能、云计算、5G 等技术全面渗透到各行各业，改造并影响着生产生活的各个环节。

随之而来的网络安全挑战复杂程度之高，演变速度之快，远远超出既往经验。网络安全的重要性日益提高，面对技术的高速迭代和新问题的层出不穷，网络与信息安全不再仅仅扮演业务支持角色，而是成为企业和公共服务安全运营的核心保障。进入 2021 年，国内经济高速回温，网络安全建设进入了一个复杂阶段，人才需求高速增长，对人才的职业能力要求不断提高，作为电子商务网站建设人才更要掌握相应的网络安全技能。

能力拓展

1. 在万网或者新网上申请空间，部署网站，以加深对该部分的理解。

2. 如果你就职于一家小型的食品贸易公司，公司经理安排你负责公司网站管理与维护工作。公司网站上商品信息很多，但内容更新并不频繁。为了确保公司网站数据安全及出于管理的需要，根据公司网站的特点，请你制定公司网站备份策略。

案例实践：电子商务网站数据安全策略及基本技术

电子商务网站数据安全管理主要是对网站的文字、图片以及视频等内容进行备份和监控，以便数据被破坏或丢失时能快速、安全恢复，同时防止网站出现敏感信息和网站内容被采集等。电子商务网站由于网络环境复杂，黑客入侵、硬件故障等原因都有可能造成网站数据丢失，因此，保证公司网站和商城上的大量数据安全就成为一项重要工作。需要制定相应的网站数据备份策略，定期备份数据，以防万一。

另外，随着企业或公司的网上业务知名度的提高，网上会出现一些竞争对手，在论坛、贴吧和微博等网络平台上发布恶意诋毁公司品牌形象的信息。公司针对这些问题，更加需要加强对产品的网络口碑信息监测与处理，维护产品在网络上的良好口碑。

本实践案例中网络安全策略的制定，需要以下列知识点为基础：

一、安全策略制定

1. 确定网站内容安全策略

网站是一个十分珍贵的数据中心，里面的数据十分重要。大部分的数据都集中于数据库内，计算机出现损坏情况，及时备份可以避免各种风险。如果数据丢失，可以换台替补机器，将备份的数据导入，便可立即恢复正常工作。为更好地维护网站，需要制定网站内容备份和监测策略。

2. 备份与恢复网站内容

备份的目的是防止自然灾害、病毒侵入、人为破坏等，企业网站维护与管理需要定期进行数据备份。对于网站数据，除网站的数据库数据外，还包括上传至网站的电子文档、软件、网站代码和相关开发文档的资料以及其他数据。以上这些资料都应该被存储到指定的存储硬盘当中。

3. 监控网站内容

网站维护与管理需要及时有效地了解网站是否运转正常、网站是否安全可靠、网站性能是否满足要求，同时需要采用灵活的报警方式。管理人员应对网站状况了如指掌，快速发现网站故障，减少损失和降低影响。企业网站监控的内容主要包括：可用性监控、网站安全监控和网站性能监控。

二、数据备份

1. 什么是数据备份

数据备份是指为了防止由于操作失误或系统故障等意外情况导致的数据丢失，而将整个系统的数据或者一部分关键数据通过一定的方法从主计算机系统的存储设备中复制到其他存储设备的过程。其目的是确保丢失的数据能够被及时有效地恢复。数据备份就是要解决数据的高可用性问题。

2. 什么是数据安全策略

安全策略是指在某个安全区域内（一个安全区域，通常是指属于某个组织的一系列处理和通信资源），用于所有与安全活动相关的一套规则。这些规则是由此安全区域中设立的一个安全权力机构建立的，并由安全控制机构来描述、实施或实现的。

3. 网站数据安全隐患

网站数据安全隐患有很多，下面是比较常见的4种：

（1）服务器硬盘损坏意外。网站空间服务器难免会出现硬盘故障，如果空间服务商不能给你的网站提供补救数据，发布在网站上的数据就没了。

（2）空间商误恢复数据。有时空间商会一不小心把给另一个网站恢复的数据错误地恢复到了你的空间，这样你网站的数据就有可能被全部删除。

（3）误操作删除数据。有时在维护网站内容的时候，会把网站不该删除的数据给删除了。

（4）黑客入侵或病毒等破坏。有的黑客入侵网站后，会恶意删除网站数据，使网站遭到严重破坏。

4. 网站数据备份的方式

备份是一种实现数据安全的策略，是对原始数据完全一致的复制。根据备份的对象来分，企业网站数据备份大体上可以分为文件备份和数据库备份。文件备份的对象是电子文档、电子报表、图片与影音文件等；数据库备份的对象是数据库文件、数据库日志等。在实际应用中，如何选择合适的备份方法即规划备份策略是一项非常重要的工作，无论何种数据备份都有许多方法，企业应该根据网站数据的大小及数据的修改频率，采取相应的备份策略。

（1）完全备份。网站完全备份就是备份整个网站的文件和文件夹，以及网站数据库。对于一般的电子商务网站来说，这种备份策略比较适合网站发布运行正常后的第一次数据备份或者网站有比较大的改版情况下的备份。因为完全备份网站数据量较大，备份所需时间较长，需要的磁盘空间也大，所以这种备份策略不适合在每天或经常备份数据时采用。

（2）差分备份。网站差分备份就是对网站进行一次完全备份后，在接下来的时间里，只备份网站更新过的文件和数据库。差分备份的优点是无须每次都对网站做完全备份，因此备份所需时间短，提高了备份效率。

此外，数据备份方式还有增量备份、按需备份等。许多企业每天进行差分备份，每周进行完全备份，两种备份方法的结合使用，使得备份过程既有了速度，又有了安全性。

5. 网站预警系统

网站预警系统即网站预警机。针对网站中存在的页面监控、敏感内容（文字、链接、源代码、图片等)、网站性能管理、运维人员管理等问题，预警机提供了完善的内容保障管理方案。

网站预警系统采用搜索引擎核心技术和自然语言智能处理技术，专注于用户监管的网站信息采集与数据的挖掘并提供全面精细的页面监控、敏感信息监控、性能监控、运维人员行为监管及分析管理，实现动态、多层次的网站内容保障管理。网站预警系统主要功能有以下几点：

（1）内容监测。网站预警系统采用网站内容变更前后比对技术，支持全面准确的网页内容过滤，并采用先进的关键字过滤技术，对网站文字、链接、源代码等进行细粒度的内容实时过滤并及时报警，实现灵活精确的内容安全管理。

（2）行为监测。网站预警系统提供全面的网站行为管理功能，根据设定行为管理策略，对网站内容审查、网站重点页面监控、敏感内容检查、暗链检查、网站性能检查等应用行为进行监控，对网站运维人员的管理实现全程行为监管，建立了网站值班读网制度，完善了管理流程。

（3）性能监测。网站预警系统提供网站可用性检查、DNS解析、下载时间检查、内外链接存活检查等管理功能，可实时统计出当前网站中的各种性能指标，并可根据综合性能分析结果及管理策略，合理分配带宽资源，提高网站利用效率。

三、网站安全性分析

从技术上看网站安全取决于以下方面：

1. 网站开发采用的开发语言，安全性从低到高为ASP→ASP.NET/PHP→JSP。

2. 网站采用何种数据库系统。常见的网站后台数据库有Access、SQL Server和MySQL。相对来说，SQL Server由于可以使用存储过程，并且数据库无法被下载，如果设置得当的话，安全性比其他两种数据库稍高些。

3. 看网站被部署在何种操作系统平台上（UNIX>Windows）。

对于电子商务网站来说，其面临的安全威胁主要有：操作系统漏洞、SQL注入攻击、绕过授权等。其中操作系统漏洞主要有允许拒绝服务的漏洞，允许本地用户未经授权提高其权限的漏洞，允许远程用户未经授权提高其权限的漏洞。

四、网站防范木马的基本技术

网站被攻击的过程：

（1）扫描系统漏洞，主要是扫描有没有操作系统漏洞或SQL注入漏洞，扫描漏洞可以用专业的黑客工具扫描，也可以手工扫描。

（2）破解后台登录口令。

（3）利用后台的文件上传功能上传木马软件。

为了防范黑客上传并运行木马程序，一种基本的方法是在IIS中把可以上传文件的目录的“执行”权限去掉，使其不能通过输入木马URL地址的方式来执行木马。执行权限界面如图7-22所示。

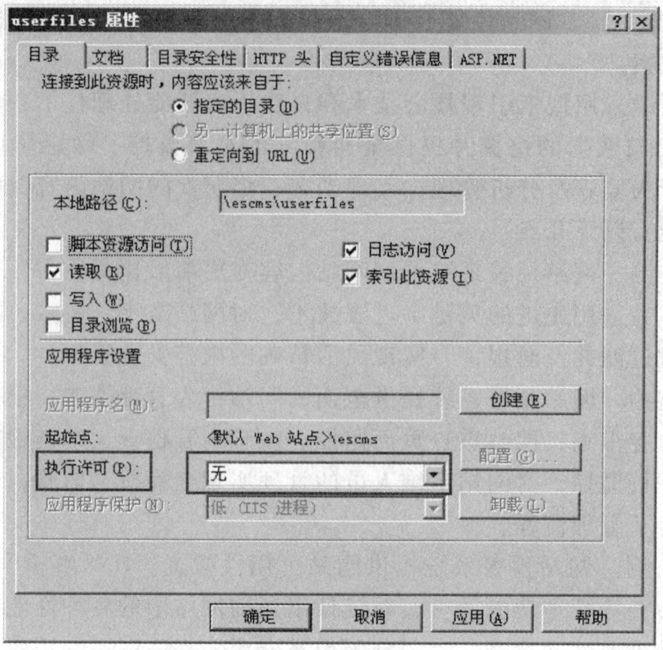

图7-22　执行权限界面

五、网站服务器安全设置及防范恶意下载

（1）基本安全设置

首先在“计算机管理→用户”中创建一个用户，例如“HZY”，然后在IIS中选择某个网站（虚拟主机）为其分配匿名访问用户，按右键选择“属性”，在网站属性对话框中选择“目录安全性”选项卡。身份验证界面如图7-23所示。

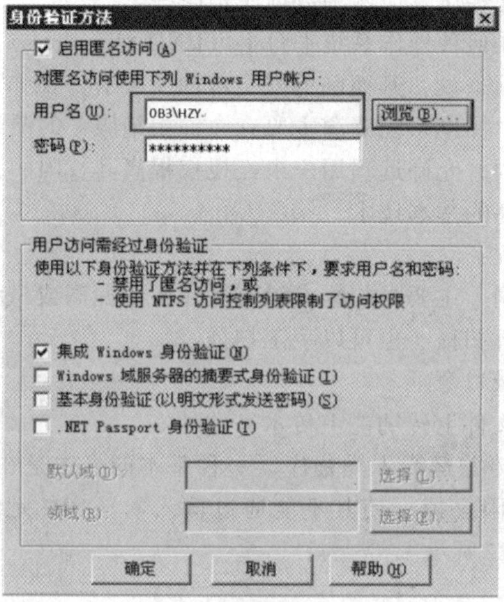

图7-23　身份验证界面

（2）防止数据库被下载

防止数据库被下载有以下几条措施：①将数据库改名。②将数据库的读取权限去掉。③为数据库文件设置重定向URL。④将数据库文件放在网站目录之外。

具体操作可打开数据库文件的属性界面，设置读取权限。读取权限界面如图7-24所示。

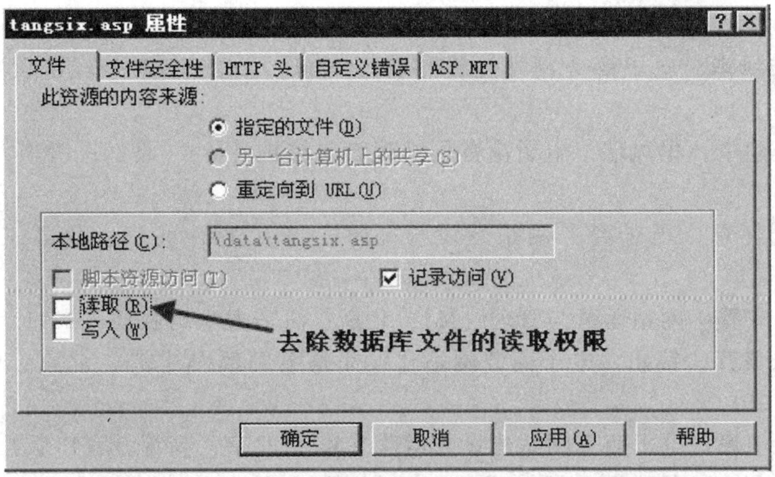

图7-24　读取权限界面

为数据库文件设置重定向URL，将定向地址填入对话框中。定向URL界面如图7-25所示。

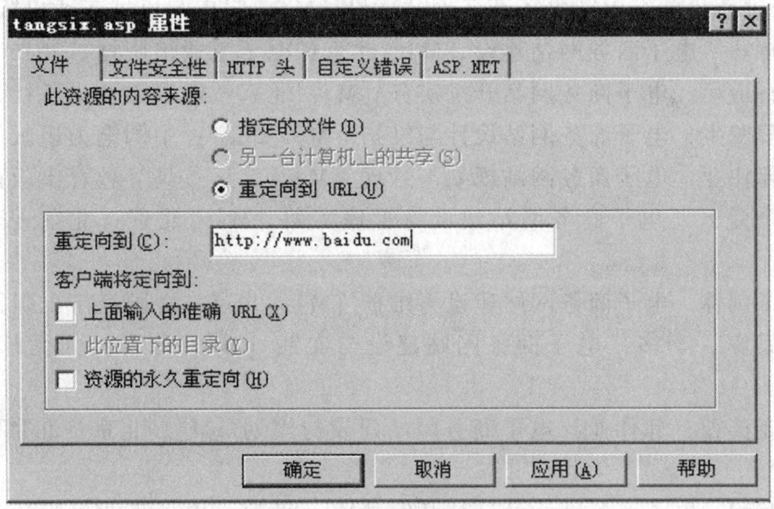

图7-25　定向URL界面

主要参考文献

［1］宋梦华．电子商务网站建设与管理［M］．北京：对外经济贸易大学出版社，2010.

［2］李建中，牟凤瑞．电子商务网站建设与维护［M］．北京：清华大学出版社，2014.

［3］李怀恩．电子商务网站建设与完整实例［M］．北京：化学工业出版社，2009.

［4］赵守香．网站运营与管理［M］．北京：清华大学出版社，2011.

［5］朱美芳，钱娟．电子商务网站建设完整案例教程［M］．北京：中国水利水电出版社，2012.

［6］张卫民．电子商务网站建设与运营［M］．北京：高等教育出版社，2012.

［7］吴伟定，姚金刚．网站运营直通车：网络整合营销［M］．北京：清华大学出版社，2014.

［8］李洪心，王东．电子商务网站建设［M］．北京：电子工业出版社，2010.

［9］李洪心，刘继山．电子商务网站建设［M］．北京：机械工业出版社，2013.

［10］林峰．电子商务网站建设［M］．北京：电子工业出版社，2012.

［11］石道元．电子商务网站开发实务［M］．北京：电子工业出版社，2010.

［12］蒋罗生．电子商务网站设计与维护［M］．北京：中国电力出版社，2009.

［13］郭伟业．电子商务网站规划与管理［M］．北京：高等教育出版社，2009.

［14］余爱云．电子商务网站建设与管理实训［M］．北京：北京理工大学出版社，2010.

［15］章剑林．电子商务网站建设与维护［M］．北京：中国经济出版社，2009.

［16］梁露，李多．电子商务网站建设与实践［M］．北京：人民邮电出版社，2013.

［17］庞英智，郭伟业．电子商务网站建设与规划［M］．北京：北京师范大学出版社，2012.

［18］踪程．电子商务网站设计与开发［M］．北京：电子工业出版社，2012.

［19］赵春燕．电子商务网站设计与制作［M］．北京：北京大学出版社，2012.

［20］杨光，高云莺．电子商务网站设计与制作［M］．北京：中央广播电视大学出版社，2013.

［21］吴强，张杰．Web设计与开发［M］．北京：清华大学出版社，2011.

[22] 梁胜彬，乔保军．Java Web应用开发与实践［M］．北京：清华大学出版社，2012.

[23] 丁士锋．网页制作与网站建设实战大全［M］．北京：清华大学出版社，2013.

[24] 王斐．Java Web开发基础［M］．北京：清华大学出版社，2014.

[25] 中国就业培训技术指导中心．电子商务师国家职业资格培训教程（国家职业资格二级）[M]．北京：中央广播电视大学出版社，2014.

[26] 吉根林．Web程序设计［M］．北京：电子工业出版社，2012.

[27] 李海平．电子商务网站建设与管理实务［M］．北京：中国水利水电出版社，2012.

[28] 臧良运．电子商务网站建设与维护［M］．北京：电子工业出版社，2010.

[29] 商玮．电子商务网站设计与建设［M］．北京：人民邮电出版社，2011.

[30] 北京阿博泰克北大青鸟信息技术有限公司．使用HTML语言和CSS开发商业站点［M］．北京：电子工业出版社，2010.

[31] 张剑桥．ASP.NET Core 跨平台开发从入门到实战［M］．北京：电子工业出版社，2017.

[32] 李晓峰，高巍巍．ASP.NET 入门经典 基于Visual Studio 2015［M］．北京：清华大学出版社，2016.

[33] 任宁，郭艾华，唐国光．ASP.NET 3.5 动态网站开发案例与操作［M］．北京：航空工业出版社，2012.

[34] 陈南泥．电子商务网站建设与管理［M］．2版．北京：高等教育出版社，2019.

[35] 梁露，李多．电子商务网站建设与实践［M］．4版．北京：人民邮电出版社，2018.

[36] 叶敏．电子商务网站建设与维护［M］．重庆：重庆大学出版社，2018.

[37] 李建忠．电子商务网站建设与管理［M］．2版．北京：清华大学出版社，2018.

[38] 王生春．电子商务网站建设与管理［M］．北京：北京理工大学出版社，2016.

[39] 邓凯，唐勇，秦云霞，等．电子商务网站建设与网页设计［M］．北京：人民邮电出版社，2019.

[40] 余爱云，王波，孟丛．电子商务网站建设及维护管理［M］．2版．北京：北京理工大学出版社，2019.

[41] 胡森森．电子商务网站开发实践［M］．成都：西南财经大学出版社，2020.

[42] 范兴昌．电子商务网站建设企业案例［M］．北京：清华大学出版社，2018.

［43］张仕军．商务网站建设［M］．北京：电子工业出版社，2019.

［44］周胜安．动态网站建设实践教程（ASP.NET）［M］．北京：清华大学出版社，2021.

［45］陈孟建．电子商务网站运营与管理［M］．3版．北京：中国人民大学出版社，2021.